78枚の
カードの意味から、
深く占うリーディングまで

タロットの教科書

――――――――――――――――
＊ 西洋占星術研究家 ＊
森村あこ

西東社

Message

　タロットは、その一枚一枚に様々な図像が描かれており、それらはシンボリックな象徴、図形や記号、数字、紋章や寓意などをモチーフとして象徴的な解釈を可能にしています。とくに、それを具現化したのは、アーサー・エドワード・ウェイト博士によって生み出されたウェイト版で、この本でも読み解きのベースのタロットとして取り上げました。近代以降の神秘哲学や思想、宗教的なアイコンや、伝承寓意、古代文明の象意が入り混じった、イメージの多様性の宝庫といえます。

　まるで、曼荼羅のようにあらゆるシーンを彷彿とさせるタロットは、完成された物語でもあり、その奥深さは時代性を超えて、語りかけてくるようです。触れるほどに、あらゆる気付きを通して、タロットへの理解は深まっていくでしょう。

　タロットの持つユニークで独創的で寛容なイメージは、時代が変わっても、変わらない普遍性を宿し、絵的に楽しみながら、占いとして親しまれてきた所以だと思います。人生の

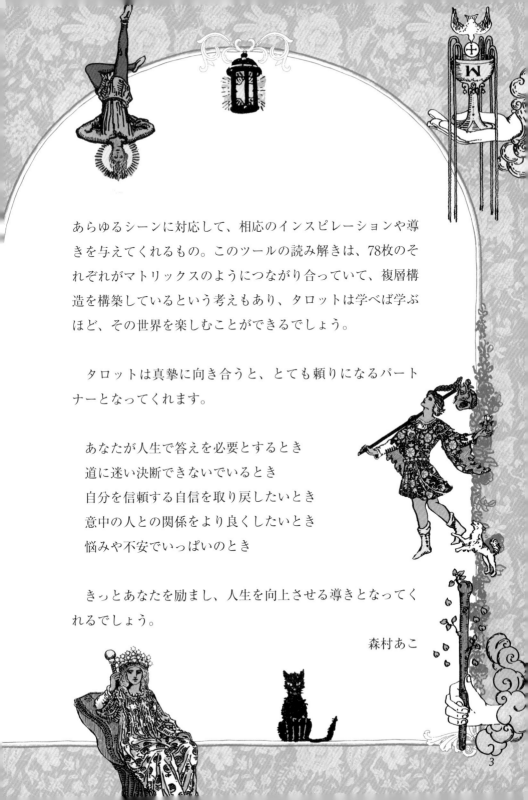

あらゆるシーンに対応して、相応のインスピレーションや導きを与えてくれるもの。このツールの読み解きは、78枚のそれぞれがマトリックスのようにつながり合っていて、複層構造を構築しているという考えもあり、タロットは学べば学ぶほど、その世界を楽しむことができるでしょう。

　タロットは真摯に向き合うと、とても頼りになるパートナーとなってくれます。

　あなたが人生で答えを必要とするとき
　道に迷い決断できないでいるとき
　自分を信頼する自信を取り戻したいとき
　意中の人との関係をより良くしたいとき
　悩みや不安でいっぱいのとき

　きっとあなたを励まし、人生を向上させる導きとなってくれるでしょう。

森村あこ

CONTENTS

215 PART2 小アルカナ実践

本書は特に明記しない限り、2023年９月４日現在の情報にもとづいています。

本書の特徴

初心者の人にもわかりやすく

　タロット占いに初めて挑戦する人でもわかりやすい1冊となっています。三部構成となっていて、段階を踏んでタロットについて学ぶことができるのです。初心者の人だけでなく、リーディング力をもっと高めたい人にも満足してもらえる内容になっています。

　また、タロット占いをする上で、つまずきやすいことをQ&Aにまとめました。初級、中級、応用のそれぞれで、疑問をもちやすいことについての回答が載っているので、困ったことがあれば読んでみてくださいね。

テーマ別の鑑定例が満載

　実際に悩んでいる8人の相談者を、タロットで鑑定したレポートが載っています。実際の鑑定ならではのポイントがたくさん散りばめられているので、ぜひ読んでみてください。あなたが誰かを占ってあげるときや、自分自身を占うときのヒントがたくさん詰まっています。

ウェイト版だけでなくマルセイユ版の絵柄も

　スタンダードなウェイト版のタロットカードの絵柄だけでなく、古典的なマルセイユ版のタロットカードの絵柄も、カード解説ページに載せています。どちらのカードを持っていても対応できるよう工夫しました。絵柄の違いを見比べてみると、おもしろい発見があるかもしれませんね。

この本の使い方

タロットの基本からカードの意味、リーディング力の高め方まで、どんな人でもタロット占いを習得できます。

第一部 初級 基礎 & 実践編

PART1 タロットの基本
⬇
PART2 大アルカナカード解説
⬇
PART3 大アルカナ実践

タロットの基本的な知識や占い方の手順を紹介しています。タロットカードの基本とも言える、22枚の大アルカナについて読み解いていきましょう。まずは、大アルカナを扱えるようにすることがポイントです。

第二部 中級 基礎 & 実践編

PART1 小アルカナカード解説
⬇
PART2 小アルカナ実践

大アルカナの扱い方がわかったら、次のステップに進みましょう。次は、小アルカナについて紹介します。より具体的に占うことができるよう、スプレッドについても解説しているので、じっくり理解を深めましょう。

第三部 応用 実践編

8つの相談鑑定レポート
⬇
読み解きのコツ

最後の応用実践編では、より深くリーディングできるよう、実際の鑑定やカードを読み解くときのコツを紹介しています。行き詰まってしまった場合は、ここを読むことで、ヒントを得られますよ。

第一部

初級

基礎&実践編

第一部では、全カード78枚のうち、大アルカナ22枚のみ使う基本的な占い方を紹介します。タロット初心者や、はっきりとした答えをすぐに知りたい場合は、大アルカナだけで十分です。まずは基本を知って楽しみましょう。

まず押さえておきたい
基本の知識や手順を紹介

タロットの
基本

タロットカードとは
〜なぜ答えが出るのか〜

　タロット占いは、方法としてはとてもシンプルです。他の占いのように専門用語を覚えたり、特別なテクニックを身につけたりする必要はありません。78枚あるカードの意味を必ず暗記する必要もないのです。楽しんでいるうちに自然と覚えていくでしょう。

　78枚のデッキ（カード1組）と各カードの意味がわかるこの本があれば、いつでもどこでも、すぐに占えます。複数枚を広げるときも、本を見ながら並べればOK。望ましい手順や作法も、ごくわずかです。

　初心者でもできる簡単な占いなのに、なぜ、問いにぴったりの答えが出るのでしょうか？　そして、なぜ、これほどまでに人を惹きつけるのでしょうか。それはタロット占いが、イマジネーションをふくらませて読み解く占いだからです。カードに描かれているものから、1人1人が連想し、問いとの関連性を「人」が見つけ出す方法と言えます。人類の豊かな想像力や問題解決能力を駆使できる占いだからこそ、魅力は尽きないのでしょう。

まずは大アルカナ22枚を使い
慣れたら78枚で

　タロットカードは、図柄などからさまざまなメッセージやイメージを受け取ったり、ハッとさせられるような気づきをもたらしてくれる、最高の形のツールです。初めての人は、まず大アルカナの22枚を取り出して、占うとカードを覚えやすいかと思います。慣れてきたら小アルカナも加えて、感じることをメモしたり、占いに挑戦していきましょう。特に、シンクロニシティー的な必然として、重要な意味を感じたら、ノートに記録したり記憶しておくと、占いの精度も上がっていくでしょう。

タロット占いの決まり事

rule 1　同じことを何度も占わない

　欲しい答えが出るまで同じ質問で何度も占うことは、タロット占いの本筋から離れます。いくら深い悩みでも、出たカードが示す象意を受け止め、次の行動のアドバイスを求めてください。特に1日に何度も同じ質問をするのはNGです。質問の切り口を変えて、複数回占ってもかまいませんが、その前に質問を絞り込むこと。

rule 2　病気や生死にかかわることは占わない

　タロットに限らず占い全般に言えることですが、病気と生死にかかわることを占うのはタブーです。元気や勇気を出すためのアドバイスをカードに聞くのはかまいませんが、病気の診断や助言は、専門の医師に聞くべきなのは明らかですね。生死については人間の思考の範囲外です。これを口にする占い師を信用してはいけません。

rule3　人の不幸を望まない

　神秘的な絵柄ですが、カード自体にオカルティックな力を期待してはいけません。妬みや恨みを晴らす方法を尋ねたとしても、幸せに満たされることはありません。そういった負の感情をコントロールし、忘れられる方法こそ占うべきです。あなたの可能性や幸せへの道を知るためなら、カードは的確な助言をくれるはずです。

 ## rule4　ふさわしい時間と場所で占う

　「いつでもどこでも占える」ことに間違いはありませんが、コンディションの良い状態で占うときこそ、的確な答えを得られます。雑音が多く、集中力がそがれる場所は避けましょう。眠気をこらえながら占ったり、時間に追われて雑に占ったりもNG。頭が冴え、気持ちが落ち着いているときに静かなところで行うのがベストです。

rule5　カードはきれいに使う

　新しいカードデッキを用意したら、折れたり汚れたりしないように丁寧に扱うこと。カードを長く使うためには、きれいで凹凸のない平らなテーブルが良いでしょう。さらにタロットクロスを使用すると、カードが扱いやすく、雰囲気も盛り上がります。市販品もありますが、無地のベロア生地が70cm四方ほどあれば十分です。

タロットの種類

　タロットカードにはさまざまな種類があり、世界中で新しく制作されています。その数は数千種にも及ぶと言われています。これからタロット占いを始めるという場合は、最もスタンダードな「ウェイト版」、または古典的な「マルセイユ版」を入手するのがおすすめです。本書では、この2種類を使って、各カードの意味を解説していきます。

ウェイト版

THE FOOL.

　繊細なアール・ヌーヴォー調の絵柄で、ほとんどのカードに人物が描かれているのがウェイト版です。タロットカードと言えばこの絵柄というほど人気があります。さまざまなモチーフが含まれ、人物の状況や表情からも多くのことが読み取れます。

　20世紀初めに秘教、魔術に関する著書を多数残した文筆家のA・E・ウェイトが作りました。イギリスのライダー社から発売されたので、初版の絵柄を踏襲している物を「ライダー版」とも呼びます。画家のパメラ・C・スミスが絵を担当したことから、「ウェイト－スミス版」という表現もします。ウェイトもスミスも19世紀末のイギリスの秘密結社「黄金の夜明け団」に属していました。

マルセイユ版

ウェイト版と並んで有名なのが、タロットの元祖と言われる「マルセイユ版」。色数が少なく、素朴でシンプルな絵柄です。もとは木版画で、17世紀ごろに主にフランス各地で制作されました。それを踏襲してさまざまなデッキが作られ、その総称をマルセイユ版と言います。

一般のマルセイユ版の小アルカナには人物が描かれていません。絵柄から読み取る要素は少なく、各スートのシンボルと数のみとなるので中級者向けと言えます。「愚者」にジョーカー的な意味があることや、大アルカナに描かれた人の数が異なるなど、ウェイト版といくつかの違いがあります。意図的に占星術に対応させたウェイト版とは番号が違うカードもありますが、本書ではマルセイユ版を使った場合でも問題ないように解説しています。

初心者にもおすすめ

基本的なカードに慣れている場合は、新しい絵柄や解釈を求めて、個性的なデッキを手にしても良いでしょう。

ハーブ×タロット

ハーバルタロット
¥4,620（税込）

🏠 BABジャパン
https://www.therapylife.jp/uranai/herb/

スナネズミがかわいい

むぎのタロット
¥4,180（税込）

🏠 ヴィジョナリー・カンパニー
http://company.visionary-c.com/

色鮮やかなデザイン

タロット オブ キュリアス クリーチャーズ
¥5,720（税込）

🏠 ライトワークス
http://light-works.jp/

カードの選び方

購入するときのポイントは？

　タロットカードは、一般的な通信販売サイトやカード類販売の専門サイトで購入可能です。専門販売店や一部の大型書店で実際にパッケージを見て、手に取ってから買うのも良いでしょう。

　大きさもいろいろあります。通信販売で買うときは、カードサイズが表示されていることが多いので、紙をそのサイズに切って手にのせ、確かめると良いでしょう。使いやすいのは、やはり12cm×7cm内外のスタンダードサイズです。

　海外メーカーのデッキは、日本語の解説書がない物もあります。カード自体の解説書は小さく、情報量も少ないですが、本書のようなカード解説を含んだ書籍があれば、輸入品でも安心です。

好きな絵柄でOK

　絵柄のテイストも数多くあります。好みや直感で選んでかまいません。怖い絵柄のカードに抵抗があるという場合は、美しい絵柄の物にするのも良いでしょう。西洋の名画や神話をもとにした華麗な物や、人物を動物に置き換えた可愛らしいデッキもあります。写真を使った物や抽象的なデザイン、キャラクター物までさまざま。価格は1,000円台から1万円近くまであり、多い価格帯は3,000〜6,000円です。

　優先して欲しいのは、絵柄を見てイメージが湧き出してくるかどうかです。あまり心を引かれない、何の絵なのかよくわからないというデッキは避けましょう。通信販売サイトでも、複数のカードが表示されていますから、よく見て選んでください。

開封するときのポイント

外側のフィルムをカッターなどで切れ目を入れてはずし、カード自体に
もフィルムや帯がついていたら、それもはずします。フィルムや帯は捨て
てしまってかまいません。

カードに慣れるためと、あなただけの「占いやすいカード」にするため、
封を切ったら、１枚ずつ手に取って絵柄を見ましょう。「これからよろし
く」と挨拶するわけです。カードがすべてそろっているか確認する意味も
あります。カードのすべり具合なども確かめると良いでしょう。インター
ネットで検索すると、さまざまな感想を述べながらカードを開封している
動画を見つけられますので、参考にしてみるのも良いと思います。

その後、さっそくワンオラクル（Ｐ80〜）などを始めてもOKです。

新品でない場合の浄化の仕方

一から関係を育てていける新品が望ましいのですが、そうでない場合も
あるかもしれません。誰かにもらったデッキ、ヴィンテージのデッキなど、
中古で手に入れた場合は、浄化してから使うことをおすすめします。

浄化法は複数あります。カードを繰り返し交ぜるだけでもOK。「カード
の過去を振り払った」と感じられたら良いでしょう。具体的には２、３分
ほどで良いと思います。使い始めるまでカードの上に透明なクリスタル（水
晶）を載せておくというのも良いですね。コーティングされているカード
なら少量の塩水を含ませたスポンジで拭く、乾燥したハーブを燃やし、そ
の煙に１枚ずつ当てる（表と裏の両面）という方法も、昔からよく行われ
ています。

占いの手順

 占いたいことを具体的に考える

　最初にすべきは、何を占うか決めることです。最も知りたいことを「～ですか？」という質問か、「～するためのアドバイスをください」という形の文にしましょう。あなたの真の願いであることが大切です。あれこれ事情を盛り込んだ長文でなく、枝葉を切ってポイントを絞った短文にします。このプロセスで自分と向き合うことをおろそかにしないでください。

 スプレッドを決める

　スプレッドとは、カードの配置法で、「レイアウト」「展開法」とも言います。2つの選択肢で悩んでいるならツーカード・スプレッド、気になる人との相性を知りたいならヘキサグラム・スプレッドという具合に、占う内容に合うスプレッドを選びます。まずは1枚引きの「ワンオラクル」から始めて、占いに慣れるようにしましょう。

くわしくはP218

 使うカードを決める

　大アルカナ22枚で占うか、78枚のフルデッキで占うかを決めます。小アルカナ56枚で占う、また小アルカナのスートを絞って占うことも可能です。決めたら、出し間違いのないよう枚数を確認してください。人生の転機といった大きな出来事はフルデッキで、日常的な質問は大アルカナのみで占うのがおすすめです。

カードをシャッフル&カットする

①で考えた質問を心の中で唱えながら、両手で円を描くようにカードをかき交ぜていきます。このかき交ぜる動作をシャッフルと言います。シャッフルし終わったら、トランプのように縦横をそろえ、裏向きのまま1つの山にまとめます。その山を3つに分けた後、重ねて1つの山にします。これをカットと言います。どういう順で重ねるかは自由です。

くわしくはP24

 スプレッドの形にカードを置く

逆位置を採用するかどうかも、占う前に決めておきます（逆位置についてくわしくはP26）。選んだスプレッドの図を見ながら、番号順にカードを置いていきます。複数枚を広げる場合は、カードが重ならないよう、また不安定な位置に置かないよう、十分に広く、平らなスペースを確保してください。

ワンオラクルはP80
その他のスプレッドはP218

 カードの意味を読む

いよいよ置いた順にめくって、カードの意味を探っていきます。すぐに解説書を開くのではなく、まずはカードを眺める時間をもつことをおすすめします。めくった第一印象はどうだったかを言葉にし、意味を推測してみましょう。複数枚のスプレッドの場合は、何か傾向がないか全体を見ることも有効です。その後、本書で1枚ずつ意味を調べてみてください。

質問の研ぎ澄まし方

　的中率を上げるために、質問は具体的で研ぎ澄まされたものにする必要があります。ぼんやりとした聞き方では、カードの意味もどれを当てはめて良いのかわかりにくいでしょう。つまり、タロット占いは「質問を整える段階」が重要と言えます。最初に浮かんだ悩みの要点は何か、助言が欲しいのはどういう点かを絞り込んで、言葉を具体的にしてみましょう。

主語を自分にする

　「あの人は私をどう思っているか」は、すぐ思い浮かぶ質問でしょう。占い師に鑑定してもらうときは、聞きたいことの1つのはず。けれど、1人で占う場合、人の気持ちの推測は、自分に都合の良い解釈をしてしまいがちです。相手ではなく、「私はどうすべきか」など、自分を主語にして行動を聞いたほうが読みやすいでしょう。

△ Aさんから返信の間隔が空きがちになって心配です。相手は私のことをどう思っていますか？

○ Aさんから返信の間隔が空きがちになって心配です。私からもっと連絡を入れたほうが良いですか？

質問内容を絞り込む

　「この恋（仕事）はうまくいきますか？」といった質問になっていませんか。でも、「うまく」という状態のイメージはあいまいになりがち。あなた自身が想像できないことは、カードの解釈も広がってしまい、ピンとくる答えになりにくいものです。今イメージできる成功や好結果を具体的な言葉にしてみましょう。

△ 部署異動して、これまでに経験したことのない仕事をすることになりました。うまくいくでしょうか？

○ 異動した部署の新しい仕事に私が早く慣れ、期待されることをこなすための方法を教えてください。

具体的な「数」でなく
行動の仕方を聞く

　具体的な質問が良いとはいえ、「何日で願いはかなう？」「これを実現させるにはいくら必要？」というズバリ「数」を質問しても答えは出にくいです。カード番号やシンボルの数で診断するのも強引です。出た数によって次の行動を決めるといった他力本願な考え方も、本気の願いとは言えません。願い実現のための行動を聞きましょう。

何歳で独立できますか？そのための費用はいくら？／いつ結婚できますか？相手の収入はどの程度？

30代のうちに独立し、結婚もしたい。その資金を貯めるためにどんな姿勢が必要ですか？

2択、3択の質問のコツ

　選択肢が2つか3つあって迷うとき、カードがどちらかを示す他に、「どちらも悪くない」、「どちらも選ばない道もある」と出ることも。これを承知の上で、それぞれのメリット、デメリットをはっきりさせた質問を。拮抗する迷いなら結果を聞く意味がありますが、選択肢のバランスが悪い場合は別の質問にしたほうが良いでしょう。

私としてはどう考えてもA案だけど、一応B案の場合も聞いておきたい。どちらが良いでしょうか？

A案はこういう良さと心配があり、B案はこういう良さと心配があります。どちらを選ぶのが幸せですか？

「～したいのでアドバイスを
ください」を基本にする

　カードが示す未来に必ずなっていくのではなく、占った瞬間から、それを受けてあなたがどうするかで未来は変わっていきます。良い結果ならそのままGO、障害が暗示されればストップして見直すのが、意味のある占い方です。あなたが望む未来の姿をカードに問い、そこに到達するための助言をもらいましょう。

別れた相手を諦められません。復縁できますか？できない場合は、新しい出会いがありますか？

新たな恋をしたいのでアドバイスをください。愛される人になるためにできることは何ですか？

シャッフル＆カットの仕方

カードを広げてよく交ぜ合わせる

　裏向きにしたカードの山の上に、利き手を
すべらせて丸く広げます。カードが折れたり、
表に返ったりしないように気をつけながら両
手で円を描くようにして交ぜます。丸く動か
すことで天地左右が変わり、よく混ざるわけ
です。シャッフルの時間も、右回りか左回り
かも決まりはありません。自分がよく混ざっ
たと思えば、それでOKです。その後、中央
でまとめて、一方向に整えます。

1つにまとめてカットする

　次に上から手で分け、複数の山にし、また
1つに重ねます。3つの山にすることが多い
です。山ごとの枚数をそろえる必要はなく、
おおよその三等分でかまいません。大アルカ
ナ22枚のみで占うなら7枚・7枚・8枚にし
たほうが良いのか、左右どちらの手ですべき
か、どの順で重ねるかなど迷うかもしれませ
んが、そこに明確な決まりはありません。も
ちろん手順を決めたほうが集中できるなら、
あなたのルーティンを作ってください。

③ カードを置いていく

上から順に 1 枚ずつ取り、スプレッドの位置へ置きます。置き終わってからカードを表にするか、置きながら表にするかは自由です。複数枚のスプレッドの場合は、すべて表に返してから診断を。逆位置（P26）をとる場合は、めくるときに真横に開きます。本を開くようなイメージです。上下方向にめくると、天地がひっくりかえってしまい、逆位置の意味がなくなります。

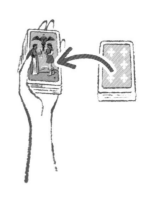

その他の方法 トランプのように交ぜてもOK

トランプを切るときと同じ交ぜ方もOKです。片手に山を持って、もう一方の手で数枚ずつ取って上下を入れ替える。上にした手に山を持って、もう一方の手に数枚ずつ落としていく。下にした手に山を持って、もう一方の手で数枚ずつ抜き出し、山の上に置いていくなど。ただ、トランプマジックで見るような、半分ずつ両手に持ってたゆませ、交互に組み合わせていく方法は、カードが傷みやすいのでおすすめしません。

逆位置について

正位置が主で、逆位置は注意

逆位置とはカードの天地が逆に出ることで、「リバース」とも言います。縦に配置する場合は、上にある人物の頭が下になる。横に配置する場合（P228のケルティッククロス・スプレッドの②など）は人物の頭が右になることを差します。

「逆位置になったことは意味あること」ととらえ、解釈を深めるのに有効です。正位置の意味を主体とし、それに対して逆の意味が発生すると考えましょう。

正位置　　　　　　逆位置

逆位置を恐れなくても良い

「逆」という言葉から悪いことを想像しがちです。けれど、「逆位置だから良くないことが起こる」と安易に考えるのは違います。

不安になるくらいなら、逆位置を採用せずに占ったほうが良いと言えます。欧米では日本ほど逆位置をとらないようです。とはいえ、「逆位置となった」という神秘性に意味があることは事実。そのため、本書のカードの意味に逆位置も入れていますが、ことさらに恐れる必要はありません。

正位置

逆位置

逆位置はどう解釈する？

　単純な逆転とせず、逆になったカードの絵柄を見つめて浮かぶ、正位置とは異なるイメージを大切にしましょう。

　正位置の「真逆を意味する」ことも、ないとは言えません。ですが、正位置の意味を「別の角度から見るとこうなる」と考えることもあります。さらに「正位置より実現に時間がかかる」と読むことも。ただし「遅くなる」という状況はマイナス面ばかりではなく、「待ったほうが良い」「ゆっくり待つ間に、その準備ができる」とも読めるわけです。

解釈の仕方のパターン

　逆位置の解釈にはさまざまなものがあります。まず、「過不足を表す」と読みましょう。「正位置の意味より、やや勢いが足りない」「正位置の意味が過剰になりすぎているので、その点に気をつけたほうが良い」ということです。

　次に「正位置の意味より退行している」「正位置の意味を違った方向に使っている」とするパターンも。本来の意味で進むべき方向があるのに逆向きに動こうとしている、ずれがあって、だんだん象意から離れていくと受け取ることができます。正位置がネガティブな意味の場合は、むしろそこから逃れつつあるとも判断できます。

　「正位置の意味が隠れていて、まだ表面化していない」というケースも。正位置ならばすでに表れている現象が、内面的には生まれているけれど、今ははっきりとしていない、その手前の段階であるというとらえ方です。

カード解説ページの見方

③マルセイユ版の
　カードの絵柄

タロットの元祖と言われるマル
セイユ版のカードイラストです。
マルセイユ版カードの愛用者も
一目で探しやすい配置になって
います。

①カードの名称

タロットの種類や人によって、
名称が変わることもありますが、
この本では最も基本的な呼び名
で解説します。

②ウェイト版の
　カードの絵柄

最もスタンダードなウェイ
ト版のカードイラストを
使って解説します。

④このカードの
　ストーリー

それぞれのカードに描かれ
ている人物や場面をもとに、
どんなストーリーが含まれ
ているのかがわかります。

⑤このカードの
　キーワード

カードが出た場合にまず確
認したい大元の意味です。

⑥正位置と逆位置
　それぞれの意味

それぞれの位置の基本的な
象意です。じっくり読んで
自分の中にイメージを落と
し込んで。

0 愚者①
THE FOOL

THE FOOL.

＊ このカードのストーリー ＊
新たな始まり

未知への探求心と希望を抱く若者の軽い
足取りは、この先で出会う人、あるいは、
これから手にする多くの恵みを表している
ようです。太陽を背にして崖っぷちで天を
仰ぐ姿は、予測不能な未来を暗示していま
す。冒険者である彼が左手に持っている白
い花は、純粋で無垢な気持ちを意味してい
ます。常識や知識にとらわれず、型破りな
方法で未知へと踏み出すのは、愚者にしか
できない所業でもあります。この絶妙なタ
イミングを逃さず、一歩を踏み出せば、大
きな夢を達成できるでしょう。

このカードが
出たときの
キーワード

秘められた可能性⑤

正 位 置	逆 位 置
新しいことが始まる	**状況が混乱している**
新たな一歩を踏み出そうという旅立ちの兆し。目の前に開かれた可能性を示しています。子どものような純粋な思いを胸に、夢や目標に向かって踏み出そうとしている状況です。無限の可能性を信じて飛び出す勇気があるなら、きっと成功するでしょう。	心の奥底に秘めた夢や目標、思いがありながら、しがらみに捕らわれて決断できないのは、環境や状況のせいなのか、それとも失敗したくないという自己保身のためでしょうか。自分の本当の望みをじっくり考えることが大切です。

34

⑦カードが示す 現在・過去・未来

カードがどんな状況を示しているかを解説します。個人や組織、環境など、さまざまな対象に合わせて考えてみてください。

⑧カードが示す 感情と意識

カードがどんな感情を示しているかを解説します。相手の気持ちだけでなく、自分でも気づいていない深層心理がわかることも。

⑨カードが示す 原因と解決策

悩みや問題の原因、アドバイスが欲しいときにこのカードが出た場合、どういった原因や解決策があるかを解説します。

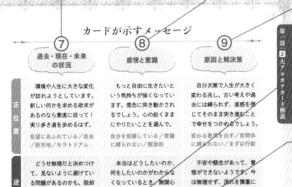

⑩対人関係を 占うときの解釈

家族や友人など親しい人物とのつながりはもちろん、恋愛以外のあらゆる人間関係について占うときのヒント。

⑪お金関係を 占うときの解釈

金運。貯蓄、資金運用、ギャンブルなど、お金に関係する象意。収入の増減の見通しに加え、投資などのヒントにしても。

⑫仕事関係を 占うときの解釈

働き方や才能、仕事に関連する解説。現在の職における可能性を示すとともに、転職や独立など時代のニーズに合わせたヒントも。

⑬恋愛関係を 占うときの解釈

恋人や夫婦などのパートナー、好意を寄せる相手の気持ちを知りたいときに。出会いから結婚まで、恋愛全般を占うときのヒント。

タロットの象徴となる
22 枚のカード

大アルカナ
カード解説

大アルカナのストーリー

0 愚者

1 魔術師

2 女教皇

3 女帝

4 皇帝

5 法王

6 恋人

7 戦車

8 力

9 隠者

10 運命の輪

11 正義

12 吊るされた男

13 死神

14 節制

15 悪魔

16 塔

17 星

18 月

19 太陽

20 審判

21 世界

　ウェイト版のタロットには、占星術や数秘術の要素が盛り込まれていると考えられています。大アルカナは全部で22枚。「0愚者」から「21世界」を1つの循環として読むことができます。何もない0から創造の1へ。対比する2へ進むと知恵が生まれ、3の豊かさへ。4で実りを固めたからこそ5の他者への支援となり、その後、紆余曲折を経て、「21世界」で完結し、0へ戻るという流れです。人間の精神的成長のプロセスであるという見方もあります。

大アルカナ22枚だけで リーディングできます

　1枚にさまざまなモチーフが盛り込まれた大アルカナは、人生や運命といった大きな問いだけでなく、日常的な小さな問いにも答えを見出せる包容力があります。

　タロットを1冊の本としてたとえるなら、大アルカナは22個のテーマが集まった本全体を表し、小アルカナは本の中に散りばめられた56個のトピックスです。初心者はやはり大アルカナから親しんでいくと、大きなテーマの中で質問の答えを見つけやすいでしょう。

　大アルカナのカードには1枚ずつ名称があり、人物や事物の特徴がはっきりしていてインパクトがあります。人類共通の原型的なイメージですから、「女帝や皇帝は権威ある存在？」「恋人は愛情を表す？」という素直な思考で進められます。絵柄には動きがあるのか止まっているのか、暗い状況なのか穏やかな状況なのか、自分の感じた印象も大事にしてください。さらに、それぞれのカードが示すキーワードを、自分が言い換えたとしたらどういう言葉になるのか、占いながら挑戦していきましょう。

数字の意味

　各カードには番号がついています。数字のもつ意味を知っておくと、占うときの理解がより深まるでしょう。2桁の数字は、1桁の数字の意味を組み合わせて考えてみてください。

0 何もない「無」の状態／始まりであると同時に終わりを示す

1 無から有を生み出す／物事を始める力／男性原理／活動的

2 1が二極化／補い合いバランスを取る／女性原理／内向的

3 もっともバランスが取れた数字／競合する／創造性

4 安定／固定／物事に秩序をもたらす／東西南北／四季

5 全体／五体／五感／肉体を統合した全体性／永遠／神秘性

6 創造性を示す3の掛け合わせによる和合／調和

7 周期の終わり／1週間／創造的な3と物質的な4の掛け合わせ

8 無限／物質的な4の掛け合わせ／物質と精神世界の統合

9 物事の完了／ステージの移行／達観した状態／受容

マルセイユ版の「8」と「11」

ウェイト版
「力」は8

マルセイユ版
「力」は11

ウェイト版
「正義」は11

マルセイユ版
「正義」は8

マルセイユ版とウェイト版では、数字の違うカードが2枚あります。本書では両方のカードに対して同じように使えるように解説していますが、もしマルセイユ版を使いこなすようになったら、本来の数字の意味も使って解釈を深めても良いかもしれませんね。

0 愚者

THE FOOL

THE FOOL.

✳ このカードのストーリー ✳

新たな始まり

　未知への探求心と希望を抱く若者の軽い足取りは、この先で出会う人、あるいは、これから手にする多くの恵みを表しているようです。太陽を背にして崖っぷちで天を仰ぐ姿は、予測不能な未来を暗示しています。冒険者である彼が左手に持っている白い花は、純粋で無垢な気持ちを意味しています。常識や知識にとらわれず、型破りな方法で未知へと踏み出すのは、愚者にしかできない所業でもあります。この絶妙なタイミングを逃さず、一歩を踏み出せば、大きな夢を達成できるでしょう。

このカードが出たときのキーワード ▶▶

秘められた可能性

正位置	逆位置
新しいことが始まる	**状況が混乱している**
新たな一歩を踏み出そうという旅立ちの兆し。目の前に開かれた可能性を示しています。子どものような純粋な思いを胸に、夢や目標に向かって踏み出そうとしている状況です。無限の可能性を信じて飛び出す勇気があるなら、きっと成功するでしょう。	心の奥底に秘めた夢や目標、思いがありながら、しがらみに捕らわれて決断できない状況のようです。本音を言えないのは、環境や状況のせいなのか、それとも失敗したくないという自己保身のためでしょうか。自分の本当の望みをじっくり考えることが大切です。

カードが示すメッセージ

	過去・現在・未来の状況	感情と意識	原因と解決策
正位置	環境や人生に大きな変化が訪れようとしています。新しい何かを求める欲求があるのなら素直に従って！実り多き道を歩めるはず。 希望にあふれている／自由／新天地／モラトリアム	もっと自由に生きたいという気持ちが強くなっています。信念に突き動かされるでしょう。心の赴くままにやりたいことを選んで。 自分を信頼している／常識に縛られない／解放的	自分次第で人生が大きく変わる兆し。古い考えや過去には縛られず、直感を信じてそのまま突き進むことで幸せをつかめるでしょう。 変わる勇気を出す／世間体に縛られない／まずは行動
逆位置	どうせ無理だと決めつけて、見ないように避けている問題があるのかも。脱却したいと思うなら、漠然と過ごさず目標を見つけて。 タイミングを逃す／状況が整わない／自堕落な生活	本当はどうしたいのか、何をしたいのかがわからなくなっているとき。無関心でいることで、自分自身を守ろうとしているのかも。 気まぐれ／他力本願／形勢をうかがう／あいまい	不安や懸念があって、覚悟ができないようです。今は無理せず、流れを慎重に見極めましょう。気持ちが定まるまで焦りは禁物。 責任回避せず現実に向き合う／無謀な挑戦はやめる

テーマ別に深く解釈

	対人	お金	仕事	恋愛
正位置	しがらみや束縛のない、気ままな関係を望んでいるでしょう。単独行動をするか、当たらず触らず、軽い関係性がうまくいきます。 自由に行動する／合わない人とは離れる	金運アップが期待できます。普段と違う独創的なアイデアが功を奏すでしょう。型にはまらない自由な発想が、金運を招くとき。 無形資産への投資／損得勘定は抜きにする	大躍進の始まり。挑戦したいことがあるなら、いよいよ実行に移すチャンス。無邪気な発想や冒険心が物事を成功へ導くでしょう。 転職や独立の好機／新しい分野を切り拓く	自分を変えてくれる情熱的な恋がしたいという期待を抱いています。束縛の多い相手から離れたい、別れを意識している場合も。 前向きに見えて夢見心地／恋愛で冒険したい
逆位置	人と関わることが億劫で相手まかせ。傍観者に徹し、依存的で自主性を失っているかも。何を求めているのかわかっていない様子。 本音の言えない関係／信頼できない人	大きな賭けは禁物です。先の見通しもないことには投資しないように注意しましょう。儲け話や詐欺まがいの浮いた話に注意して。 資産運用は慎重に／無計画な使い方／無関心	何かしたいという気持ちだけで空回りしているようです。無計画さが裏目に出そう。目標が漠然としていて、現状に満足できません。 期待はずれ／別の仕事をしたい／目標が不明確	先の見えない関係がストレスになっている可能性あり。不安が募っているのなら距離を置くなど、自分を取り戻すことが大切です。 将来を考えにくい相手／流されている／遊び

1 魔術師

THE MAGICIAN

THE MAGICIAN.

✳ このカードのストーリー ✳

新たに創造する

　魔術師は、道具を使って何かを創造しようとしているようです。彼の前にあるのは、こん棒（ワンド）、金貨（ペンタクル）、剣（ソード）、聖杯（カップ）。これらは現世を構成する四大元素の象徴でもあります。新しい世界をもたらす、最初のきっかけとなるナンバーの1は、主体性。チャレンジの成功は、すべからく本人の覚悟と決意にかかっているのです。ここでは躊躇や不安は百害あって一利なし。あなたがやりたいことに全力で挑むなら、得難い未来が手に入ることを信頼しましょう。

> このカードが
> 出たときの
> キーワード ▶▶

価値ある創造

正位置

望んだ道を歩み始める

　不遇の時期を抜け、願いがかなうステージに立てる兆し。新たな人生が幕開け、思い描いていた理想の道を歩めるでしょう。経験値やスキルレベル、知恵に裏打ちされた自信に加え、周囲からの助けを受けて、奇跡的な成功をものにすることも夢ではないはず。

逆位置

自信が裏目に出る

　過信への注意喚起。才能があっても悪用されないように、コントロールすることが大切。事前の準備のないまま始めると、失敗する可能性が。もし望む未来や、やりたいことがあるのなら、焦って進めようとしないで知識や経験を積むことを優先させましょう。

カードが示すメッセージ

	過去・現在・未来の状況	感情と意識	原因と解決策
正位置	知識や経験を生かして、新たなことにチャレンジすることがテーマのときです。流れをうまくつかむことができるでしょう。 挑戦／チャレンジ精神／新しいものを創造するとき	前向きで積極的な気持ちがあなたを後押ししています。うまくいく予感がしているはず。それを信じることが未来を確実にする鍵。 やる気満々／成功の確信／意気揚々と立ち向かう	たとえ不遇な環境や障害があったとしても、状況は必ず好転するでしょう。心を自己信頼で満たせば夢やプランが実現するはず。 勇気を出して行動を／努力のたまものを手に入れる
逆位置	不安材料や懸念する問題がありそう。大きな決断をするべきときではないようです。もう少し時間を置きましょう。 急いてはことを仕損じる／ハプニングの予感	そこはかとない不安や内向的な気持ちが渦巻いているようです。心の欠損を誰かや何かに埋めて欲しいという心理を抱きそう。 焦り／落ち込む／肩すかしを味わう	悪目立ちしているかもしれません。派手な言動は控えて。また結果を急ぐと失敗するかも。計画は練り直したほうが良し。 悪目立ち／失敗による練り直し／準備不足

テーマ別に深く解釈

	対　人	お　金	仕　事	恋　愛
正位置	個性的で興味深い相手との出会いの兆し。気になっているなら積極的に仲を深めて。あなたの可能性や才能に気づかせてくれそう。 新しい関係の芽生え／魅了する	クリエイティブな活動が収入源に。創作活動を始めるのもおすすめです。副業で臨時収入を得るなど思いがけない成功が。 お金を生むアイデア／副収入のきっかけ	培った経験や能力を存分に発揮してチャレンジを。新たな事業計画や転職、独立は思い描いていた以上の成果となるでしょう。 思い立ったが吉日／成功の獲得／才能の発揮	自分の意志や思いを伝えることで良い関係を築けるとき。素直な思いを隠さないことで信頼のある関係につなげられるでしょう。 告白のチャンス／準備万端／信頼の構築
逆位置	あいまいな関係で深入りはおすすめできません。情報が少なく判断が鈍る場合は、距離を置いて。また、軽率な行動は自重を。 思い通りにならない相手／ミスを転嫁される	金銭管理には慎重に。無計画な使い方や予算オーバーな買い物は控えて、節約をしましょう。控えめな運用が、好転への鍵に。 派手な出費／収入が安定しない／無駄な期待	予想以上に難航しそう。知識や情報の偏りが、冷静な判断力を奪っていることも。詐欺まがいの案件にも注意して。 計画の頓挫／自己過信／思った結果が出ない	恋愛に理想や期待を重ねないで。おかしいと思ったら、相手の言葉ではなく行動から判断したほうが良いでしょう。客観視が大切。 時期尚早／予想外の妨害／期待が空回り

2 女教皇

THE HIGH PRIESTESS

THE HIGH PRIESTESS.

✸ このカードのストーリー ✸

真理への気づきを得る

　知性と宇宙の神秘を表すこのアルカナには、女性の教皇が描かれています。宗教上の最高権力者となる女性は歴史上には存在していないがゆえに、彼女は理想を体現する、特定の宗教を超えた、宇宙の叡智や、神秘性を司る神聖な存在といえるでしょう。また、具体的アクションを起こす魔術師を「動」とするなら、女教皇は「静」の側面を表しています。そして、目には見えないけれど、この世に作用している大宇宙の神秘を象徴しているでしょう。物事の本質を見極める重要性を物語るカードです。

このカードが出たときのキーワード ▸▸

高次の知恵

正 位 置	逆 位 置
### 考えに考えを重ねて	### 行動を起こせないジレンマ
男女や陰陽など、異なる性質や表裏、二元性や二面性を表します。また行動を起こす前に、よく考えてさらに再考するような熟考や思慮深くあることが必要だと告げています。これが答えだと思っても、まだ見落としがあるかも知れず、裏の意図も探りましょう。	何かをしなければ変えられないとわかっていながら、将来への不安などから行動を起こせない状況に。覚悟ができていないため、現実逃避しがちです。でも、本当はもっと、頑張りたいと感じているのでは。もう少しで状況は良くなるでしょう。

カードが示すメッセージ

	過去・現在・未来の状況	感情と意識	原因と解決策
正位置	物事の真実に気づかされ、本当の思いや願望と向き合うことで心願がかなうでしょう。また、高次の意識に導かれている暗示も。 正しい道を歩む／理性的な判断／良い兆候	向かうべき理想や目標が見つかりそう。知識や技能を身につけ、より実力に磨きかけることで、内面的な魅力が輝きを増すでしょう。 心の霧が晴れる／大切なことに気づく／目標の再設定	言葉にならないイマジネーションを受け取るなど、啓示的な出来事が訪れそう。あなたが真に望む目標が明らかになるでしょう。 直感を信じて／ヒントを得る／真に望むもの
逆位置	思い込みや偏見から判断を誤りそう。自らの感覚に自信がないのかも。不安や不信感にのまれず、自己中心的な言動は控えましょう。 間違った導き／他者への反感／自己中心的な態度	自信や希望が打ち砕かれ、見通しの悪い現実に不安を抱きそう。状況や現実が整うまで待ちの姿勢を取ったほうが有益でしょう。 先入観で目が曇る／上っ面で判断／情緒不安定	物事の二面性や裏表を意識しましょう。決断を急がずに、準備を慎重にし、懸念事項を片づければ、状況は好転するでしょう。 思い込みに注意／問題解決は慎重に／殻にこもる

テーマ別に深く解釈

	対人	お金	仕事	恋愛
正位置	サポートを得られるとき。クールに見えて、内面には強い正義感や熱い情熱を秘めた相手と、時間をかけ強固な絆を築くでしょう。 信頼／高次の意識／悩み相談に乗る	堅実な仕事ぶりが評価され、収入増が見込めそう。慧眼によって、クオリティーの高い物件に巡り会えるなど、投資も成功する予感。 正当な報酬／先見の明／財産が増える	仕事上の成長や発展がテーマ。資格取得のための勉強に励むのに適しています。また知識や技能を身につけてキャリアアップも。 迷ったらピンと来た方へ／知識が生きる	精神的な結びつきや尊敬から恋が始まり、強い絆が育まれる。理想を同じくする同志的なソウルパートナーとの成熟した関係。 内面の重視／形に縛られない／魂の結びつき
逆位置	傷つくことを恐れて深い関わりを避け、孤立を招いているかもしれません。苦手意識やコンプレックスが障害となっていることも。 主張の押しつけ／非難する／望まない孤立	不安を埋め合わせるための衝動的な買い物や無駄遣いへの懸念があるとき。迷ったときは大きな買い物はせず、貯蓄したほうが良し。 行き過ぎた傾倒／ヒステリック／過剰な節約	仕事に対する情熱を失いかけているかもしれません。期待と現実とのギャップを表していることも。転職や独立は時期尚早の暗示。 プレッシャー／ストレス／妥協による失敗	相手への思いが強くなりすぎて客観視できていません。距離をおき、冷静になることが大切です。マリッジブルーの可能性も。 思いこみで失敗／冷えた家庭／揚げ足取り

3 女帝
THE EMPRESS

THE EMPRESS.

✳ このカードのストーリー ✳
愛こそ豊かさの根本

　母なるものや、豊かな実りを象徴する女帝。女帝の源にあるのは、大いなる愛です。大地があらゆる生命をはぐくむように、女帝の愛も尽きることなくあふれ出しているのです。彼女は創造的な活動のすべてに祝福をもたらします。どんなにつらく厳しい冬に遭っても、いずれは雪解けし緑が息吹く春が訪れるように、生命力をサポートしてくれるのです。魂の希求する望みに全力を注いでください。あなたがどんな種を発芽させて実を結ばせるのか、愛にあふれた女帝は楽しみに見守っていますよ。

このカードが
出たときの
キーワード ▶▶ ### 愛と豊かさの本質

正　位　置	逆　位　置
過去の努力が実を結ぶ	**不満を捨て自信の再構築を**
物質的な豊かさや収穫、富と繁栄を象徴する女帝は、過去の努力の実りとして享受する、創造的なライフと発展を暗示しています。あなたが本当に望むなら、得難いと思っていた願望も実現できるでしょう。社会的、経済的な成功、生活の向上が約束されています。	期待値のわりに実りのない状況や、思うようにならない不満を表しています。本来なら発揮できるはずの能力や才能をもてあましているのかもしれません。ダメになった過去の体験や恐れからの無力感を手放し、自分を受け入れましょう。

カードが示すメッセージ

	過去・現在・未来の状況	感情と意識	原因と解決策
正位置	自分と他人を愛し、感謝することで、大きな喜びとチャンスがもたらされるでしょう。生活力の向上や物質的な成功も望めそう。 努力が実を結ぶ／収穫のとき／生産性の向上	ポジティブさから願いがかないそう。広い心で接すれば、頼れる人や幸運が引き寄せられてきます。豊かさを分かち合って。 あふれ出すほどの愛／豊かさを分け合う／慈しみ	より良い状況を作り出すことができると告げています。あなた自身の価値を認めることで、心から望むものを実現できるでしょう。 厳しい時期を乗り越える／築いたものを受け取る
逆位置	不満足や不足感にとらわれて、幸せに気づけないでいるようです。エゴを手放すなら、状況は見違えるように良くなるでしょう。 渇望／短所に目が行く／心が不安定／満たされない心	不安からチャンスを逃すことや、心から満たされていない状況を暗示しています。悲観的で理由のない感情が原因で停滞も。 強い感情に溺れる／依存的／求めるほど遠ざかる	自己満足に陥っていないか努力を見直してみましょう。落ち着いて考えれば、自分を磨きなおすヒントが。感情に負けず冷静な対応を。 内省のとき／愛情のコントロール／生活の見直し

テーマ別に深く解釈

	対 人	お 金	仕 事	恋 愛
正位置	与えることで、より豊かな人間関係が築けるとき。人からもたらされるチャンスを感謝して受け入れることが大事ですよ。 交友関係が広がる／気心の知れた仲間	心から楽しい、幸せだと思えることに使いましょう。買い物運は良好で、質の高いより良い物に巡り会えるでしょう。 収入増のチャンス／クラスアップする	仕事の発展と成功が約束されています。社会的な飛躍やポジションアップに伴う地位の向上も。スポンサーに恵まれそう。 芸術的スキル／事業の発展／努力が実る	あなたの優しさや魅力が届き片思いが実ったり、結婚という結実を迎えたりする暗示です。身体的にも深い愛情で結ばれる可能性。 相思相愛／将来を考えた関係／次のステージへ
逆位置	周囲を批判したくなり、自己憐憫を抱きやすいとき。ネガティブなスパイラルから抜けるには、他人のせいにしないこと。 疑心暗鬼／異常な執着／取り残された寂しさ	将来的な不安が強くなり、今の豊かさを信じ切れない状態。ストレスから衝動買いや無駄遣いに走りやすいときでもあります。 身の丈に合わない支出／見栄のための浪費	期待したような成果はなさそう。苛立ちを覚えても、時間をかけて準備したなら状況を好転させることができるでしょう。 不毛な状況に陥る／発展が望めない	期待との隔たりを感じているかも。すれ違いで思い通りにいかないことも。愛のない結婚生活も暗示。復縁は望み薄です。 愛情依存／心が伴わない関係／一方的な愛

4 皇帝

THE EMPEROR

THE EMPEROR.

✳ このカードのストーリー ✳

頂点に立つ強い意志

　左手には輝く宝珠、右手には堅固な王笏を携えた皇帝の表情は厳しく、自信にあふれています。背後の山々は、圧倒的な高みという理想や憧れ、またそれに伴う実力と不動の地位の象徴です。皇帝は、ただ権力や権威に胡坐をかいているわけではありません。頂点の座を保つための並々ならぬ努力と強靭な精神力で、自らの立場を守り抜こうとしているでしょう。どんなに辛い現実や不遇な状況に遭っても、決して変わらない強い意思や覚悟が必要である、と強いまなざしで伝えているのです。

このカードが
出たときの
キーワード ▶▶

優れた統率力

正位置

積極性で社会的成功を得る

　有利な立場に恵まれ、大胆で積極的な行動が、最良の結果や成功を実現するでしょう。すぐれた決断力や、統率力が評価され、信頼や支持を得られることも。圧倒的で社会的な後押しを受け、望む人生を構築できそう。どんな状況でも自分で変えられるはず。

逆位置

自分のことに目が行きがち

　自信がもてず消極的な態度を取りがちに。現状を変えたいと思いながら、今ひとつ信じ切れずに心を閉ざし、その反動で皮肉な見方をしているかも。自己中心的な態度や独りよがりの考えで、反感や不興を買っているかもしれません。視野狭窄な考えは手放して。

カードが示すメッセージ

	過去・現在・未来の状況	感情と意識	原因と解決策
正位置	リーダーシップが求められるなど、社会的な立場が上昇。喜ばしい出来事が訪れる暗示です。多少のわがままも通る強気の運気。 理想のための努力／行動力アップ／願いの実現	自信に満ちた態度で取り組めるとき。今なら何でもできそうなくらい積極的に夢や目標にチャレンジする気持ちに満ちています。 前途洋々／自信に満ちている／前進あるのみ	何を実現したいのか、目標を明確に。揺るぎない気持ちで成功を信じ続けるなら、あなたは有利なチャンスに恵まれるでしょう。 覚悟を決める時／大胆な行動を／成功の確信
逆位置	視野が狭くなり融通が利かないときです。行動する勇気も失いがちに。自分を鼓舞できなくても、諦めず機が熟すのを待って。 消極的／バイタリティーの欠如／裏目に出る	不完全燃焼気味でどこか的外れな行動がネガティブな気持ちを誘発。不安や自己保身から、かえって安定を壊してしまいがちです。 築いたものを失う不安／尻込みする／先走る	強引に事を進めてはいけないときです。周囲の理解と準備を大切にして。面倒なことを避けなければ、次第に状況は好転します。 身勝手／一歩一歩確実に／無理やり進めるのはNG

テーマ別に深く解釈

	対 人	お 金	仕 事	恋 愛
正位置	リーダーシップを発揮するとき。健全な自尊心から信頼を得られそう。有力者や成功者と縁ができ、後押ししてもらえることも。 指導力／適度な自己主張／プロとの縁	努力が功を奏し重要なポストの就任や、収入増が見込めるとき。投資や運用は、即断即決が鍵に。また、自己成長のために使うと◎。 組織の発展に寄与／家を買う／貯め時	社会的な評価や現実的な成功を得られる兆しです。周囲を圧倒する栄光を手に。また、何らかの場でトップに立つでしょう。 出世／プロジェクトの成功／抜擢／決断	愛する人やパートナーと信頼で結びついた関係を築けそう。玉の輿や将来性のある相手と出会える暗示も。魅力に磨きをかけて。 望む相手と恋人に／告白／責任の伴う関係
逆位置	傲慢な態度が反感を買ってしまいそう。無自覚でいると孤立しかねないから、発言は控えて行動で示すことが大事です。 失言／足並みの乱れ／陰口／独断専行	見栄や自己満足のために予定外の出費をしそう。無謀な運用は裏目に出やすいときだから、慎重に慎重を重ねましょう。 無駄づかい／的外れの投資／予算オーバー	逆境や大きな障害が立ちふさがっているように感じているかも。チャンスがあってもみすみす逃してしまいそうです。 部下からの不信感／失敗がやり玉に	決め手にかけるときです。結婚や付き合うタイミングではないかもしれません。復縁したい願望は気の迷いの可能性も。 高望み／チャンスを逃す／出会いがない

5 法王

THE HIEROPHANT

THE HIEROPHANT.

※ このカードのストーリー ※
天と地を結ぶ理想

　世俗的・社会的な意味での権威であるのが皇帝なら、法王は精神的な権威の象徴。静かに座し、2人の僧に教えを説いている法王は、その表情からも高い徳を備えていることがうかがえます。法王は、人類すべてにとっての正しさを重んじる存在なのです。またこのカードの出現は、現実世界を超越した宇宙意識や、神性といった、この世ならざるものの介在を示します。物質的な価値にとらわれず、理想を実現するように環境や周囲がサポートしてくれることを暗示するでしょう。

このカードが出たときのキーワード ▶▶ 理想・信仰・実行力

正 位 置	逆 位 置
視野が開け成功への道が	**身勝手さから道を見失う**
広い視点や視野のある先見性や、高次の意識からのメッセージを司ります。導きを求める人には、直感が頼りになるでしょう。優しさや寛容さを併せ持った人格者を表してもいます。内面性に磨きがかかり輝かしい経歴を築けるでしょう。	精神的な支配や身勝手な考えを意味しています。完璧さを求め、足りないものに目がいきがちです。何か障害に直面し、信じてきた価値観が意味をなさなくなって、進むべき道を見失っていることも。焦らず必ず開ける未来を信じて、逆行を乗り越えて。

カードが示すメッセージ

	過去・現在・未来の状況	感情と意識	原因と解決策
正位置	迷いや悩みに的確な答えや導きが得られる兆しです。素直にアドバイスや直感に従うなら、協力者を得て、最良の道を歩めるでしょう。 正しい選択／ルールの順守／曇りのない心	誠実で信頼のおける人になりたいと願います。周囲の考えや立場や環境を受け入れて、そのなかで最大限に努力したい気持ちに。 道徳的な態度を望む／正々堂々／穏やかさ	高いモチベーションや精神力で、物事を臨機応変にとらえ、最善の選択ができそう。見えざる介在や導きを信頼し、理想をかなえて。 理想が具現化する／良識のある態度を／導きに従う
逆位置	人知れず不安や悩みを抱えているかも。信頼すべき相手を間違えず、最終的には自分で解決すれば状況は改善されるでしょう。 猜疑心に見舞われる／規範が重荷に／ルール違反	混乱していそう。細かいことを気にし本道を見誤っている節もあります。固定観念や古い考えは通用しないと気づくかも。 五里霧中／価値観が変わり戸惑う／後ろ暗さ	慎重さや礼節に欠けた態度で、独断と偏見に陥りがちです。気持ちが乱れ、本来の能力を発揮できないことも。判断は時間をおいて。 クールダウン／高い視点を／客観性を取りもどす

テーマ別に深く解釈

	対人	お金	仕事	恋愛
正位置	信頼のおける仲間や協力者に恵まれ、発展的な流れにのれるとき。アドバイスやサポートをするとより結束が強くなるでしょう。 落ち着いた関係／経験が生きる／親との和解	計画的な運用がうまくいくとき。先々を見据えて投資や貯蓄を。誰かのために使うとさらにお金巡りがよくなるはずです。 蓄財／募金／正当な対価／安定した収入	出世や栄転がかなう時。指導的立場や権限を得られそう。また専門分野の知識を身につければ、独立や成功が約束されるでしょう。 管理職への昇進／上司や年長者が味方に	周囲から認められる結婚や、尊敬できる相手を暗示。精神的にも成長できるでしょう。アプローチはもっと積極的に。 お見合い／信頼筋からの紹介／誠実な交際
逆位置	周囲の評価や噂を真に受けすぎたり、逆にスルーしすぎたりして孤立しそう。まずはあなたが相手の役に立つことが必須です。 時間や約束にだらしない／杓子定規すぎる	情報に踊らされ、散財をしてしまいがち。冷静さに欠けていると感じたら、不動産など大きな買い物は控えたほうが良いでしょう。 詐欺や盗難の被害／罰金／出所不明なお金	理想と程遠い環境やしがらみで苦労するかもしれません。労働環境の悪化ややっかみなどつらい思いをしそう。転職は準備が必要。 分からずや／良識の欠如／法的措置／失職	相手に支配される関係や不倫の予感。社会的に問題のある相手や困難な結婚を暗示しています。誰かに邪魔されている場合も。 モラルのない関係／反対される結婚／二股

6 恋人

THE LOVERS

※ このカードのストーリー ※
愛による選択

　男女が描かれているものの、まだ何も始まってはいない状態です。恋に発展するのか、それとも友人、あるいはビジネスパートナーになりうるのか、この時点での決断と行為が未来を確実にすることになるのでしょう。男女の和合によって新たな生命が誕生するように、人との協力によって、1人では生み出せないものを創出できるように、創造のエネルギーを顕現させる、重要な転機をあらわしているのがこのアルカナです。美しい創造の試みを選択することを宇宙は祝福しています。

このカードが
出たときの
キーワード ▶▶ ## 幸運の兆し・選択

正 位 置	逆 位 置
新たなスタートの決断を	**直感に従い決断の見送りを**
新たな始まりのための選択の時期、パートナーシップの変化や、あらゆる新たな出会いなどを暗示しています。ここで決断したことが、未来への道筋を決めることになる重要な転機でもあります。適切な決意や意思によって明るい発展が約束されるでしょう。	今はまだ決断したくない、はっきりさせたくない何らかの理由や問題が隠れているようです。期待したい気持ちがあっても、それに見合った状況でないということを感じ取ってもいるでしょう。チャンスを待つ中で本当の意思が見えてくるかも。

カードが示すメッセージ

	過去・現在・未来の状況	感情と意識	原因と解決策
正位置	何かが誕生する暗示です。それは、人生の目標や夢、出会いかもしれません。ワクワクする刺激的な生活を期待できそうです。　きっかけをつかむ／運命を感じる出会い／人生の選択	幸せな気分や、ワクワクした期待感で高揚している気配。恋のはじまりや成就、結婚など道筋がおぼろげにも見えてくるでしょう。　希望が膨らむ／進むべき道の発見／大きな幸せの予兆	今を逃さず素直な気持ちの告白や決断をすることが大切です。純粋な思いからの選択は、正しかったことが証明されるでしょう。　選び取る勇気を／人生のターニングポイント
逆位置	望みや希望が明確ではないために思うよう進まない状況のようです。消極的な態度からチャンスを逃しがちに。信念と決断が大事。　決定打に欠ける／話し合いが足りない／優柔不断	価値観や性格の不一致など不和の兆し。何かを続けるべきかやめるべきかで迷っているのかもしれません。現実逃避は禁物。　決断をためらう／期待はずれな関係性／気まぐれ	予想と違う展開になっても、状況に向き合ってください。障害があるほど自分が試されていると思って。自分を信頼しましょう。　予期しない問題／決断に向かないタイミング

テーマ別に深く解釈

	対人	お金	仕事	恋愛
正位置	あなたの個性や価値観を大切にすると魅力的な出会いにつながりそう。直感に従った選択で周囲と調和し、交流が広がるでしょう。　周囲との調和／趣味による縁／大事な出会い	お金に関して直感が冴えています。念願の品の購入や直感に従った投資は良い結果に。気持ちが傾いているのなら、貯金も◎。　親和性／直感が冴える／アイデアが湧く	新たなアイデアや企画が新規開拓につながりそう。協力者に恵まれて発展する兆しです。また転職や独立はカンに従えば良い流れに。　チームワーク／新鮮なヒラメキ／新規開拓	恋の始まりや恋愛成就、結婚のチャンスの兆し。相手への好意や気持ちをはっきり示すことが、確実に幸運をつかむ鍵です。　理想のカップル／幸福な家庭に／決心する
逆位置	すれ違いや誤解で、関係に支障をきたしたり、疎遠になったりしそう。意見や価値観が合わなくても、相手を尊重して。　言葉足らず／人任せ／付和雷同／被害者意識	あれもこれも欲しくなってしまう傾向。欲望のままに買い物をしてしまうと、後悔してしまう可能性があります。慎重に。　気持ちが散漫／判断が鈍る／誘惑に流される	判断ミスしやすいようです。集中力が散漫になっているケースも。モチベーションが上がらないならリセットも必要です。　集中力の欠如／疲労や過労／ミスやトラブル	曖昧な態度で決定的なチャンスを逃したり、相手を前にすると素直になれなかったりしそうです。嫉妬や不安のコントロールが大切。　半端な状況／決めきれない／相手任せ

7 戦車
THE CHARIOT

THE CHARIOT.

❋ このカードのストーリー ❋
勝利のための挑戦

　黄金の八芒星と月桂樹を模した冠を頭上に戴き、自信に満ちた若き王の出陣姿が描かれています。覚悟と決意を胸に、次の挑戦に向けて勇猛果敢に前進する姿には、一切の迷いはありません。希望や理想をこの世界に具現化させるためにチャレンジしていくのでしょう。天蓋付きの戦車は、凱旋まで織り込み済みで想定されているかのようです。勝利の勝算があればこその出陣であり、栄光を掴むための冒険に負けの入る余地はなし。勝つ気でいくから勝てるという勝者の心得を伝えているのでしょう。

このカードが
出たときの
キーワード ▶▶

前進する好機

正 位 置	逆 位 置
成功につながる好機が手に	**大きな壁にぶつかる予感**
あなたの人生を変える素晴らしい好機が訪れています。求めていたチャンスをものにして、新たな環境を切り拓き、成功をつかめるでしょう。独立心や冒険心が、大きな夢を実現する鍵。もっと自己実現を楽しんで、可能性に目を向けてください。勝利は確実です。	どう頑張っても越えられそうにない壁に直面したり、停滞や限界を感じたりしているかもしれません。コントロールできない状況に苛立ちや焦燥が増すことも。でも無理は禁物ですよ。逆にここぞという時に実力を発揮できない可能性もあります。

カードが示すメッセージ

	過去・現在・未来の状況	感情と意識	原因と解決策
正位置	目的が定まり、モノにすべくチャレンジするときです。障害や困難も必ず乗り越え、成功をつかむことができるでしょう。 勝利の確信／新たな道を切り拓く／スピーディー	困難な状況も自分の力で乗り越えられるという確信が。たとえ最悪な状態に陥っても、屈することなくクリアできるはずです。 限界突破の気概／動きたくてうずうず／熱意が湧く	力の出し惜しみをしないで全力投球を。かつての壁も楽に乗り越えられるはずです。あふれる情熱を闘志に変えて前進しましょう。 思い立ったが吉日／前進あるのみ／やるなら全力で
逆位置	望まぬ形で問題に巻き込まれたり、コントロールできない状態に翻弄されたりしそう。運命に立ち向かう勇気が必要です。 問題発生／難航／コントロールできない状態	期待していた形での進展はなさそう。裏目に出ることや、不利な立場になって焦るかもしれません。限界を感じることも。 空回りする／焦りが見え隠れ／後悔／力及ばず	前に進めない日々を過ごしているかもしれません。でも、ここで手放したら負けです。抗う気持ちをもち続けるなら逆転は可能に。 意欲がそがれる／気持ちがついてこない／耐える時

テーマ別に深く解釈

	対 人	お 金	仕 事	恋 愛
正位置	まっすぐな強さと行動力で、誠実で信頼のおける人と評価されそう。何事にも自信をもってのぞむ姿が好感をもたれているはず。 仲間が多い／言いなりにならない	金運が勢いづいているとき。華々しい成果による増収や臨時収入に恵まれそう。投資や新規事業で一花咲かせることも。 成功による報酬／弱い自分を乗り越える	いつでも軌道修正はできるから、とにかく前へ！ 目標達成や、プレゼンの成功、新規の獲得などビジネスシーンで成功の暗示が。 猪突猛進に／攻めの一手／勝利／熱中	積極的なアプローチが功を奏すとき。一目惚れなどの情熱的な恋愛の暗示もあります。結婚もトントン拍子で進展するでしょう。 急速な発展／連絡はすぐに／スピード婚
逆位置	わかりにくい人と思われていそう。コミュニケーションが片手落ちだったり、無謀な行動が不興を買っているかもしれません。 天邪鬼／強い怒り／もめる／失言して後悔	ギャンブルや投資で不利益を被りやすいときです。慎重になり出し渋るくらいで◎。他人の判断を鵜呑みにしないこと。 期待したものが得られない／過信による失敗	仕事がスムーズに進みづらいとき。孤立や理解してもらえない苦悩を感じるかもしれません。ペースダウンやリフレッシュが必要。 緊張状態／タイミングを間違える／判断ミス	過去の失恋から臆病になっているかもしれません。つらい思いをしたくない、と心を閉ざさないで過去から脱却しましょう。 暴走気味／勇気が足りない／不本意な縁組

8 力

STRENGTH

欲望のコントロール

　花冠を飾りつけた美しい女性が優しいまなざしで獅子を手なずけているこのアルカナは、強靭な力のコントロールの重要性を伝えています。本来簡単には懐かない獅子は本能や感情、特に欲望の象意です。それを平和的に使えてこそ、理想を体現する真の自己実現が可能になるというメッセージを含んでいるのです。強すぎる欲望や本能のままの行動は破滅につながりやすいですが、強固な意志と理性で誘導できれば、無限の可能性が与えられるでしょう。善にも悪にもなり得る「力」を有効に導いて。

このカードが
出たときの
キーワード ▸▸ ## 強固な意志・自制

正 位 置

意志とバランス感覚で成功

　前向きな強い意志をもちながら、力技だけではないコントロールを意味する、とても調和の取れた状態です。判断を誤らずに物事の達成まで自分を導くことができるでしょう。周りや自己の内にあるドリームキラーもうまく制御して理想を実現できるでしょう。

逆 位 置

状況の読み違えに注意

　自惚れや自己過信に注意を。招かざるミスや失敗で困難に陥るかもしれません。以前ならできたことができず、不可避な障害に右往左往していることも。予定調和でどうにかなるときではないため、冷静な判断が必要です。助けを求めることも大切。

カードが示すメッセージ

	過去・現在・未来の状況	感情と意識	原因と解決策
正位置	強い意志や忍耐と覚悟が十分にあり、成功や発展の条件がそろっています。必要なら待つこともできるため完全勝利は確実。 均衡状態を保つ／強い意志と覚悟／逆境もしのげる	努力が実を結び始め、成功や幸せを目前に感じそう。状況が良くなることを感じて、明るい気持ちで取り組めるときです。 精神力のたまもの／感情の制御／希望をもって歩む	最後までやり遂げる決意と覚悟があるのなら、あなたは現状を変え、夢や目標もかなえて幸せに満ちた人生を歩めるはずです。 意志を貫く覚悟／衝動に負けないで／粘り強さが必要
逆位置	意志の強さや覚悟が足りないようです。思い入れが強すぎて現実が見えていないのかも。希望的観測で事を進めるのはNG。 状況を見誤る／バランス崩壊／一時的な感情	無理や忍耐を重ねてきたストレスで、限界に。自信を喪失し、現実を変える力があることを今ひとつ信じきれていないようです。 実力の過信／不安や弱気／最初から諦めて努力しない	問題や障害がどんなに大きくても、自分には解決する力がないと思い込まないで。向き合い続ければ、いずれ現実が味方します。 楽な選択に逃げないで／自分の弱さに打ち勝つ

8 力

テーマ別に深く解釈

	対人	お金	仕事	恋愛
正位置	円満な関係を築けているとき。周囲の人にも幸せを分け与えることができるでしょう。あなたが先にサポートすると◎。 自分から心を開く／強さを優しさに変えて	目標設定さえすれば培ってきた才能や実力で、収入増や臨時収入などの成果。投資や投機も信念のもとに行うなら吉です。 積み立て／収支のバランス／禁欲的	実力や実績から重要なプロジェクトを任されるなど、精神的にも社会的にも成長できるとき。大きな成果を得られるでしょう。 くじけない心／長期戦の予感／価値の再発見	自分を貫きながらも相手を尊重することで、ほど良い関係を構築できるとき。恋愛成就もかないそう。結婚は粘り強さが必要。 自分より相手の尊重を／時間をかけて成就
逆位置	孤立感を深めたり、周囲と折り合いが悪くなったりするかも。でも、ここで踏みとどまれば、関係は好転するでしょう。 力づく／思いが伝わらない／ピンチに弱い	金銭感覚が綻びやすいときです。非現実的な運用や、ストレスからの爆買いに注意。誰かのために使うともち直すでしょう。 欲に負けた浪費／怠け心／収入が不安定に	思い入れから失敗したり、トラブルのある案件をふられたり、厳しい時期のようです。不満の吐露は悪化につながるので忍耐を。 寄らば大樹の陰／権力行使／転職は長期戦	相手を意識しすぎず、もっと弱さや本当の気持ちを伝えることが大切です。咲かずに終わらせたくないなら勇気をふるってください。 見込み違い／不信感／諦め／自己中心的

9 隠者
THE HERMIT

✴ このカードのストーリー ✴

隠された目的

　闇夜の底をランタンで照らす隠者は、旅人や冒険者の行く手に導きを示す老賢人の象徴です。物語に急展開をもたらす転機の予感があります。彼は、主人公が気づいていない心の暗部や、問題を提示するでしょう。または旅を完了させるための知恵を、ランタンの輝く光によって与えてくれることも。しかし、それらは全て主人公自らが気づいて受け取るものであり、答えは自身の中にあるのです。最後には自らに問いかけ、見つめ直すことによって、より高い意識を得るのだと暗示するアルカナです。

このカードが出たときのキーワード ▶▶ 内省する・思慮深い

正 位 置	逆 位 置
真実を追い求める	**現実逃避したくなる**
真実の探求や物事の核心など、隠された事実を明らかにします。深い熟慮や内省など、考え抜いた末の決断を意味することも。得た気づきは、先に進むための道標となって、必ず成長できるでしょう。魂の目的や使命への気づきを得て大成していく兆しです。	相手も自分も信じ切れずに、前向きな行動や決断をできない様子。人生や社会への不満や恐れから、悲観的な考えに陥っていることも。現実に向き合えないまま、逃避的に自分の世界に引きこもることを意味します。自分と向き合う中で答えを見出せるでしょう。

カードが示すメッセージ

	過去・現在・未来の状況	感情と意識	原因と解決策
正位置	真実の自分に立ち返り究極の目的を達成することを暗示。本当に大事なものに気づき、スケールアップするための好機が訪れます。 自分自身と向き合う／真理に気がつく／正しい反省	当然のようにできたことがうまくいかない、楽しかったことに興味がもてないなど、変化の兆し。生き方の模索がテーマです。 本当に求めていることを見つける／洞察力に富む	自分のことを振り返って内省を。当たり前に思っていたことへ感謝があふれ、真の喜びは自分のもとにあると気づくでしょう。 1人で考える時間／逃げ出さない／過去を振り返る
逆位置	基本的なことが誤解されていたり、足もとの大事なものに気づけていなかったりする状況を暗示。閉鎖的な考えからの脱却がテーマ。 心が狭い／嫌なことを片づける／間違いに気づかない	現実社会に背を向けて閉鎖的で引きこもりがちに。内にこもりたくなっても、あえて活発にしたほうが状況は改善されます。 思い込みにとらわれている／頑なさ／孤独を感じる	こだわりや、わだかまりを解消するとき。過去の問題にとらわれ続けなければ、目の前に大きなチャンスがあるとわかるはず。 負の感情と向き合う／外に出る／大きな視野で

テーマ別に深く解釈

	対 人	お 金	仕 事	恋 愛
正位置	人と距離を置きたいモードになっているかも。静かに過ごす時間の中で、本当に大切な人が浮き彫りになるでしょう。 人間関係に疲れた様子／問題の根本を見直す	とても堅調な流れにあります。将来のための貯蓄や投資は順調に運ぶでしょう。節約やリサイクルを心がけると、さらに貯まるはず。 堅実に貯められる／収入増加／おおむね良好	じっくりと集中して取り組めます。実務がはかどるでしょう。また、完璧さを求められるシーンで、重要な役割を果たせそう。 将来へのステップ／契機／信念を明確にするとき	一途な思い、長年の片思いなどを拗らせていそう。慎重さが仇になっていることも。尊敬や父性的なものへの憧れの場合もあり。 じっくり愛を深める／結婚成立／心のつながり
逆位置	相手を信頼することから始めましょう。寛大な態度で接すれば、相手からの悪意や不満を跳ね返すことができるはず。 疑心暗鬼にならないこと／悩みは素直に伝える	衝動買いや無計画な散財、高額出費で収支のバランスを崩しがち。冷静さを欠いて、危ない橋を渡ることのないように、自重を。 普段はしない高額な買い物／趣味にお金を使う	苦労の多いわりに、成果や実入りは今ひとつかもしれません。すべてが徒労に終わるような疲労困憊な状況に陥りそう。 苦労を乗り越え活躍する／チャンスが巡ってくる	根本的なところでわかり合えていない関係を暗示。これ以上続けても孤独感が増すだけ。前進させるには相当な努力が必要です。 素直に伝えられない／凝り固まった考え方

10 運命の輪

WHEEL of FORTUNE

WHEEL of FORTUNE.

※ このカードのストーリー ※

流転する運命の定め

　天空に浮かぶ大きな車輪は、とまることなく流転変化する、宇宙の原理を象徴しているようです。輪の頂点に座したスフィンクスは剣を手にし、何者もこの輪から逃れられないことを暗示しています。ときの定めは、変えることもとめることもできません。運命の輪は、まるで曼荼羅のように、栄枯盛衰、盛者必衰の真理を物語っています。喜びも悲しみも、すべては究極の使命を全うするための道理にすぎず、変わらないと思っていた現実さえも、今まさに変わろうとしていることを伝えているのです。

このカードが
出たときの
キーワード ▶▶

運命的な変化

正 位 置	逆 位 置
好機の訪れ	**良くない兆し**
予想もできない運命的な出来事の去来により、あなたの望んでいた方向へ状況が変化するでしょう。とても重要な人生の分岐点や変容を暗示しています。幾多の困難にも障害にも屈しなかった人は、這い上がるための逆転の「好機」が訪れるでしょう。	思惑通りに行かない現実や予測していなかった出来事など、今後の進退に関することで何か不安を抱いているかもしれません。恐れていた事態が起きたり、予期していなかった問題に巻き込まれたりすることも。ここでの楽観は禁物です。慎重すぎるくらいが大事。

カードが示すメッセージ

	過去・現在・未来の状況	感情と意識	原因と解決策
正位置	人生が大きく変わる好機の到来です。どんな些細なこともチャンスと思ってください！思いがけない展開が訪れるでしょう。 苦労や苦悩が報われる／人生を変える運命的な出会い	あなたを取り巻く環境が急速に変化するときです。ようやく肩の荷が下りて、自分らしさを取り戻せる期待ができます。 急に開放的な気持ちになる／何でもできそうな気分	運命を変えるチャンスが到来。ずっと温めてきた願いが実現する兆しがあります。人生に追い風が吹いてくるでしょう。 成功へのチャンスを逃さないで／幸運をつかみ生かす
逆位置	雲行きの危うい気配が漂います。流れを読み違えたり、思わしくない状況へ引き込まれたりしてしまうかもしれません。 甘い言葉に流されないで／人を頼りにしないこと	思いがけないことが起きても、吉凶判断にとらわれないでください。大船に乗った気持ちで受け止めると好転するかもしれません。 見込み違いの場所／救いの手が差し伸べられる	大きな転機を迎えたとしても、望まない方向への暗転となるかもしれません。ジタバタせずに、冷静な対処をしてください。 他力本願は禁物／期待はずれの結果／空回り

テーマ別に深く解釈

	対人	お金	仕事	恋愛
正位置	交友関係の発展や変化が起こるとき。苦手に感じていた人との急接近や予想外の出会いが人生を変えるきっかけになるかも。 出会いの急増は幸運の兆し／協力者の登場	これまでの努力の結果が実りそう。昇給や思いがけない臨時収入の予感です。先々のために使うなど、自己投資はすべて吉。 金運の上昇／ラッキーに恵まれる／棚ぼた	仕事運が徐々に上がりつつあるとき。新規の企画やビジネスチャンスに恵まれるでしょう。やりがいを感じたら、それをキープして。 転職や独立の好機／追い風が吹いている	運命的な出会いや恋愛が発展する兆し。これまで気持ちを抱きながら疎遠になっていた相手と急展開の可能性もあります。 偶然を必然に変える／チャンスを逃さないで
逆位置	重要な人間関係で、すれ違いやトラブルが起こるかもしれません。意地を張ったり仲違いをしたりすると、後を引く恐れもあります。 発展の芽をつぶす可能性／家族関係の問題	予想外の出費や衝動買いなどで、散財しやすいとき。何かに取り憑かれたかのように衝動的になる場合は、特に要注意です。 物欲や金銭欲を抑える／余計な出費を防ぐ	大事なシーンでミスをしたり、決断のタイミングを逃しやすいかも。空回りしている感じがあるにも関わらず、どうにもできない状況。 焦らず変化を待つ／立て直しが必要／失敗	不運な出来事や喜ばしくない出会いが起こりそう。想定外のトラブルや妨害が入って心身ともに消耗や消沈するかもしれません。 タイミングの悪い状況／楽観できない

11 正義

JUSTICE

すべてはバランス

台座に座した女神が右手に持つ剣は権力を、天秤は正邪を測る正義・平等を表し、公平に権力を行使することを意味しています。その姿は「剣なき秤は無力、秤なき剣は暴力」といった「法の下の平等」の理念をあらわす法の番人そのものです。人間のもつ美徳の一つでもある正義は、複雑な社会を維持する上で重要なモラルで、生かしあうために必要な共有の概念。そうした「正義」を正邪のジャッジをすることで公平に力を行使しようという公明正大さがこのカードのテーマなのです。

> このカードが出たときのキーワード ▶ **冷静な決断・モラル**

正 位 置	逆 位 置
まっすぐで公平な気持ち	**視点や思考を変える**

まっすぐで公平な気持ち

社会的・心理的に圧のある強めのカード。安定や常識、世間体がバランスの取れた状況を表し、公明正大で公平な正義感あふれる人物や評価を意味します。個人的なエゴではなく、道徳的で客観的な視点が重視されるでしょう。誠実で信頼できる人柄を暗示します。

視点や思考を変える

思い通りにならない閉塞的な状況や、なすすべのない状態を暗示しています。著しくバランスを欠いていたり、不公平で独断的な窮屈さに、心身が傷ついていたりするかもしれません。現状は厳しく、ものの見方や考え方を変えない限り好転は望めないようです。

カードが示すメッセージ

	過去・現在・未来の状況	感情と意識	原因と解決策
正位置	公正で冷静な判断ができる、調和の取れた状態です。問題を解決して、現実を切り拓いていくことができるでしょう。 正しい道に進む／後悔しない選択／バランス／公平	安定や世間体、均衡状態を意味。公平で正義感あふれるバランスの取れた心理状態でしょう。これまでの努力が正当に評価されそう。 環境の向上／状況が味方している状態／真実を見抜く	冷静沈着で、勘がかなり冴えているようです。常に正しい判断を下すことができるので、満足のいく結果を手にできるでしょう。 直感を信頼して正解／主張を訴える／実行する
逆位置	抱えている問題に対して解決の目処が立たない状況や、不穏を暗示しています。問題が浮上して、進退窮まる状態かもしれません。 立場の不安定さや不和／楽観できないとき／判断ミス	良かれと思ってしたことが裏目に出たり、感情や周囲の状況に振り回されたりして、冷静な判断力を喪失しているかもしれません。 決断の決め手がない／どっちつかず／感情的になる	焦って無理に進めようとするよりも、一呼吸置いて、冷静に判断することを努めてください。これまでの常識を疑ってかかるのが吉。 アイロニカルに構える／困難な状況／悪の道に進む

テーマ別に深く解釈

	対 人	お 金	仕 事	恋 愛
正位置	周りの人と、お互いに心地よい人間関係を築こうとします。穏やかで、平和に過ごすことができるでしょう。仲介役をするのも◎。 分け隔てなく交流する／信頼を得られる	とてもバランス良く、安定していくことを暗示。毎月のサラリーなど、定収入を得て、将来設計が可能なことも表しています。 計画的に蓄財すると安定／正当な報酬	責任をしっかり負う覚悟があるなら、仕事での成功は約束されます。誠実で正直な態度が、評判や業績を上げることにつながりそう。 正論がまかり通るとき／論理的／役割分担	対等な関係、バランスの取れたパートナーを暗示。初対面でも、今後発展する可能性が高く、将来的に結婚する期待がもてそう。 信頼が根底にある良好な間柄／冷静な相手
逆位置	相手とのバランスに問題があるようです。噛み合わない態度や関係性に、不毛さを感じているかもしれません。裏切られる可能性も。 偏った考え／固定観念を正す必要がある	受け入れがたい状況を表しています。予定していなかった出費や収入減など、期待はずれな出来事に困惑するかもしれません。 管理できない／元本や元手を失う／不安定	思い通りにいかない現実や計画倒れなど、苦労が降りかかる気配。過密で過酷なスケジュールに、忙殺される可能性がありそう。 仕事を見直す時期／ブラック企業／抱え込む	優柔不断な態度で相手を翻弄したり、あるいはされたりと、空回りしている関係のようです。期待が大きいほど失望する可能性大。 現実を客観視する／誠意のない相手との別れ

12 吊るされた男
THE HANGED MAN

THE HANGED MAN.

視点の変化で得る気づき

　苦痛極まりない、屈辱的な姿勢にもかかわらず、男の表情は落ち着き払い、頭部には後光が差しています。この奇妙でアンバランスなアルカナは、矛盾やあつれき、悩みからの解放を示すとも言われています。苦痛や苦悩を伴うその先にある、手に入れ難い真理の獲得や魂の向上など、目には見えない大いなる悟りを象徴するのです。ここで手にした核心的な心の真実は揺るぎないものとなり後に現実となるでしょう。栄光と栄誉は本人が気づいていないだけで、すでにその手にあるのですから。

このカードが
出たときの
キーワード ▶▶

自己犠牲

正 位 置	逆 位 置
生きる目的を見つける	**誤った現実認識**
大きな課題や目標を抱えています。人生を通してやり遂げるような大義や目標など、自分を超えた社会や世界への貢献となることに、身を捧げるような試練を受け入れることが背景のテーマです。束縛や制限の多い状況を通して、学ぶべきことがある暗示。	努力してきたことや方向性が間違っていることを意味しています。利己的な願望や視野狭窄で閉塞的な状況に陥ったり、周囲の反対を押し切って孤立していたりするかも。疲労困憊も激しい時期で、出口や解決策のない中、変わるべき自分に気づくことが大事。

カードが示すメッセージ

	過去・現在・未来の状況	感情と意識	原因と解決策
正位置	正直、楽な状態ではありません。我慢や忍耐を伴う修行のような、試練にさらされていそう。厳しい状況はしばらく続くでしょう。 厳しい状況の先に明るい未来が／再チャレンジする	試練や忍耐を強いられていそう。どうしてこうなった！と自問しても、答えや改善策を見つけられず存在価値を見失っているかも。 気分が重い／焦りを感じる／苦しいことがある	試練を越えた先には、明るい希望が見えます。無理にどうこうしようとしないで、ひたすら努力して磨きをかけることが大事。 楽な状態ではない／耐え忍ぶ／状況を受け止める
逆位置	すべてが水泡に帰すような、虚しさを味わっているかも。努力のかいもなく何も生み出せていないことに消沈していそう。 目的や手段を見直すこと／打開策が見つかる兆し	進退窮まった吊るし上げの状態は、閉塞感の表れです。しなくても良い苦労や、頑張っても報われない残念さを感じているかも。 過去を顧みること／解像度が高くなる／穏やかさ	どこで間違ったのか原因の追求が大切なとき。視点や物の見方を変えましょう。投げやりにならない限り突破口が見つかるはず。 しなくて良い苦労から抜け出す／気づきを大切にする

テーマ別に深く解釈

	対人	お金	仕事	恋愛
正位置	あまりうまくいっていない様子。煮えきらない態度にヤキモキしたり、どこまでも自分が試されている気がしていたりするかも。 焦ってもどうにもならない／指摘される	目に見える成果や報酬は期待できない様子。辛抱強く後々のために、少しでも多く残したり、自己投資のために使いましょう。 無駄に使わなければ金運上昇／転換期	小休止のとき。忍耐を必要とする企画や、何かしらの問題、その前ぶれの可能性もあります。あなたの実力を試されそう。 困難から成長のチャンス／努力が認められない	自分の気持ちを見つめ直して。恋に恋しているとか、結婚したいだけなら見送るべきです。結婚に至るまで時間がかかりそう。 本当の望みを知る／困難な状況／味方がいない
逆位置	相手のためにしたことや気遣いが徒労に終わるとき。話し合いの成果はなく、溝が深まりそう。相手より自分自身と向き合って。 人間関係の見直し／1対1の関わりを深める	まるで財布に穴でも空いてるかのように無駄な出費がかさむ傾向。かといって、モラルを欠如したやり方で進めると本末転倒に。 悪い誘いには乗らないこと／浪費が止まらない	望んでいた結果には遠く、努力が報われない様子。スランプを感じている場合も。仕事の方向性や基本的なスタンスの見直しを。 不遇な時期／可能な限り力を尽くす／プレッシャー	偽りの思いや不誠実な態度を見直す必要があることを暗示しています。あなたの正直な気持ちを伝えることが大切です。 自己反省をするとき／結婚観の変化／本当の愛

13 死神

DEATH

DEATH.

✳ このカードのストーリー ✳

終わりは始まり

　物質世界における死が、魂の解放や新たなステージへの通過儀礼であるように、死神は「死と再生」の象徴です。死は終わりであるとともに始まりを意味するため、価値観の反転も示します。慣れ親しんだものや人との関係性を終わらせることがテーマ。過去との決別や環境からの離脱は痛みを伴いますが、きちんと再構築するには、スッパリと断ち切ることが何よりも重要なのです。生命力を失った、古い価値観や囚われてきた関わりから離れることで、本当に価値ある人生を新たに生き直せるでしょう。

このカードが
出たときの
キーワード ▶▶ **根本的な変容・秘密の開示**

正 位 置	逆 位 置
新たな世界へ	**しがらみや枷を断ち切る**
苦境の末の顛末として、終結や解体などで終わらせると、根本的な解決をもたらすという意味があります。やめること、終えることで新境地が開かれるなど、ある意味では解放を象徴。思い切って考え方やスタンスを変えることが最善策に結びつくでしょう。	現状が逆転していく逆位置では、進展していたことが突然に終止符を打ち、進まなかったことが急に進み始めるでしょう。苦しかったことから解放され、ようやく前に進めるように、新たな道が開かれていくのです。過去への未練を断ち切って、踏み出すことが大事。

カードが示すメッセージ

	過去・現在・未来の状況	感情と意識	原因と解決策
正位置	状況に決着をつけることがテーマ。あいまいな関係や覚悟の伴わないことを手放し、憂いや禍根を残さずに断ち切ること。	どうにもならないことを終わらせて、新しく出発したいようです。このままでは負のループになると感じたら、原因との決別を。	状況に決着をつけ、新しい展開を受け入れることが、苦難からの解放になります。無駄なものを排除して、気持ちも環境も一新して。
	執着していたことを手放す／変化するとき／終了する	限界／弱さ／こだわり続けてきたことを手放す	過去を振り切る／決断することで明るい未来の兆し
逆位置	転機の訪れを暗示。チャレンジしていなかったことにトライしたり、悪習慣を改善したりして新しいスタートを切りましょう。	スッキリしない状況が続いていて、停滞している暗示です。執着や因縁など悪習慣の原因を断ち切り、切り替えることが抜け出す鍵。	終わらせたいのに終わらせられず、悪縁や悪習慣を続けているなら、第三者を頼りましょう。本気の自己改革が必要なときです。
	あいまい／何かにすがっている／断ち切れない	決断せずダラダラ続ける／気力がでない／未練がある	悪い状況をズルズル続けないこと／現実を見つめ直す

テーマ別に深く解釈

	対人	お金	仕事	恋愛
正位置	環境変化ですべてが新しくなるかも。無理していた関係や背伸びしていた関係を手放すことで、心地よい人間関係を得られます。	お金の流れが変わる兆し。新たなステージへ上がったり、収入が増加したりするチャンスを切り拓くことができるでしょう。	区切りを迎えています。合わないと思っていた職場であれば、転職を決意することで、本当に進みたかった道が開けてくるでしょう。	関係が終わり、新たな関係やステージが始まります。進展のなかった恋は忘れることで本命との出会いが訪れるでしょう。
	新しい関係を築く／親しい人との別れのとき	本当に得たい物／正直に決断する／破産する	退職や転職の好機／決断すべきとき／計画終了	婚姻関係が破綻／恋人関係の解消／別れのとき
逆位置	悪縁をなかなか断ち切れないようです。居心地が悪くても抜け出せない優柔不断さで、ズルズル我慢する関係が続いてしまうかも。	ストレスでの浪費や、見込み違いの投資による損失の暗示。目的以外の衝動買いや、うまい話に騙されて破滅に至らないよう注意。	仕事をしていても、どこか周りとかみ合わない、うまくいかないと感じてしまいそうです。努力しても認めてもらえずストレスに。	向き合えていなかった関係に向き合うチャンス。一度は離れてしまった気持ちが復活したり、恋が再燃したりするかも。
	腐れ縁を断ち切れない／脱することができない	己の力でお金を得られない／稼ぐ目的を見つける	提案を否定される／変化を恐れる／安定に固執	今までと違うステージなら円満に／復縁の好機

14 節制

TEMPERANCE

TEMPERANCE.

※ このカードのストーリー ※

今あるものの素晴らしさ

　天使が2つのカップを持ち、中の水を移し替えているこのアルカナは、調和的で穏やかな営みを象徴しています。頭上には光輪が輝き、正しい行いがなされていることを暗示。また意識が大きく刷新されることも表しています。足りないものばかりに目を向けず、この世界の美しくも豊かな恩恵を自覚して、周囲に分け与えることの重要性を感じてください。そうすれば過不足なく、必要なものを得て生きられるでしょう。節度を保つことは美徳であり、最終的には全てを生かす道につながるのです。

このカードが
出たときの
キーワード ▶▶ 循環・保護・調和

正 位 置	逆 位 置
コントロールする	**変化の訪れ**
節制は2つのものをバランスよく扱い調和的な秩序をもたらすことを表しています。物事が滞りなく進展し、その流れは脈々と続いていくでしょう。自然体でマイペースな、バランスの取れた在り方を意味する他、過去を浄化して、希望に向かう導きでもあります。	逆位置では節度とバランスを欠いた状態を暗示しています。変化はこの世の常なれど、中には受け入れがたいものもあり、留まりたいときもあるかもしれません。けれども、このカードが現れたなら、表面的には見えにくい大きな変化が到来することを暗示します。

カードが示すメッセージ

	過去・現在・未来の状況	感情と意識	原因と解決策
正位置	節度や安定、調和とバランスが取れた状態で、幸福な良い方向へ向かっています。無理せずさまざまなことができるようになりそう。 人生を満喫できる／穏やかな毎日／バランスが取れる	穏やかで温かいムード。過度で酷な状況を続けることや、自分の気持ちに反してまでする必要はないことを実感していそう。 良好な関係／ほどよく自重する／何事も続けられる	心の声をないがしろにしないように。あなたの真の欲求や心と向き合う中で、本当に取り組むべきものがきっと見つかるでしょう。 譲れない気持ちがあるなら手放さないで／歩み続ける
逆位置	不安定で停滞した状況を暗示しています。バランスを欠いた状況や体調不良など、平穏さが乱されている時期にあり、無理は禁物。 衝動的に行動しないこと／突発的な決断は控える	進退がはっきりするとき。自分には何かが欠けている気がしそうです。心の弱さから逃避や依存など逃げたい心境になるかも。 不安定な状況に嫌気が差す／惰性／コントロール不能	もう少し我慢が必要なとき。投げやりな気持ちだとしても、逃げたら後悔するでしょう。今を乗り越えたら、状況は好転する兆し。 調和を取り戻す／休息が必要／エネルギーを蓄える

テーマ別に深く解釈

	対 人	お 金	仕 事	恋 愛
正位置	絶妙なコミュニケーション能力を発揮できそう。相手からの信頼を得たり、オープンマインドな関係を築けたりするでしょう。 調整役や仲介にツキがある／ちょうどいい距離感	収支のバランスが取れて、お金の管理も卒なくできるでしょう。本当に欲しい物や自己投資に使うと、金運が上がるはず。 安定／節約／運用や蓄財がうまくいくとき	協調性のある仲間意識の高い職場など、良好な環境が期待できそう。安定して働ける転職先や働きがいのある仕事に恵まれる暗示。 職場環境が有望／努力が実る／作業が効率的に	互いに満たされるようなバランスが保たれています。相手はあなたのことを大切に思っているでしょう。順調に関係が続きそう。 犠牲的な愛情／協力し合える関係／愛に満ちる
逆位置	思惑通りにいかず、現実逃避から時間を浪費して、自己コントロールできていない状況が、悪影響を及ぼしているかも。 心のゆとりを失わないこと／常に気を張る関係	浪費や、散財傾向などでバランスを崩した収支の暗示。自制が効かず、衝動買いや無駄遣いでストレスを発散してしまいそう。 ギャンブルやショッピング依存症／無駄な浪費	上司や同僚の関係で消耗するなど、ワークバランスが乱れがち。現状の維持が難しくなって、神経的にハードなら転職もおすすめ。 繰り返しに嫌気が差す／ケアレスミス／だらける	恋人がいるのであれば、関係が停滞してしまう恐れが。片思いの相手であれば、あなたを意識していない状態だと言えます。 本音を言えずすれ違う／不満をそのままぶつける

15 悪魔
THE DEVIL

THE DEVIL.

※ このカードのストーリー ※
無意識的な欲求

　半人半獣の姿で描かれる悪魔は、人間の想像が生み出した架空の存在ですが、恐れや不安、恐怖、本能、欲望に対する戒めの象徴でもあります。また、その姿は人の理性と獣性も表しているのでしょう。人は我欲や本能にあらがえず、悪と知っていながら身をゆだねてしまう弱さを秘めています。しかし悪へと堕ちないように目を光らせる悪魔は、ここで踏みとどまることで、破綻や崩壊を回避できる最後通告でもあります。実は光に目覚めた状態へ導こうとしているアルカナなのかもしれません。

> このカードが
> 出たときの
> キーワード ▶▶ # 本能・衝動・禁忌

正 位 置	逆 位 置
悪夢のようなことから脱出	**警告**
何をしても空回りしているような、苦労の多いとき。誘惑に流されてしまう人の心の弱さや怠慢など、内的な問題を表してもいます。乗り越えるべきは、そうした自分自身であることを自覚すると、泥沼や負のループから抜け出す方向性が見えてくるでしょう。	これ以上の継続は、心身ともに消耗して危険。今までの依存や依頼心など、誰かが何とかしてくれることを期待したり、周囲や環境のせいにしたりしても無駄だと気づくべきときです。冷静になれなくとも、感情や勢いなどの衝動に呑まれないことが大事。

カードが示すメッセージ

	過去・現在・未来の状況	感情と意識	原因と解決策
正位置	気苦労の多いとき。誘惑に負けそうな気持ちや、悪い方向に流されそうな危険を暗示。自己中心的な考えや欲望は控えて。 悪循環に陥る／魔が差す／あらがうことができない	可能なら避けたいと思っていたことに直面しそう。嫌な出来事が現実化して、信じたくない事実が露見。逃げ出したい気持ちに。 欲望のままに行動する／制御不能／向上心がない	自分に厳しくしたり、苦手を克服したりすることを心がけましょう。欲望に負けないで、自分をコントロールすることが最重要課題。 邪悪な気持ちと向き合う／自堕落な生活を改善する
逆位置	泥沼から脱しようともがいている状況。弱さと向き合い、過去を精算してあがくものの、簡単には抜け出せない様子。 マイナスのエネルギー／無自覚のうちに闇落ちする	このままではいけない、と思いながら、背徳的な考えや悪い方向へ流されようとしています。強引に進めようとすると失敗するかも。 自己防衛だとしても良くない方向へ／思い込み	意志の力で本能的な欲や怠慢を跳ね返すことが、悪魔の囁きに陥らないコツ。もうひと頑張りすると負のループを抜け出せるはず。 客観視する／抜け出すには相当の努力が必要

テーマ別に深く解釈

	対人	お金	仕事	恋愛
正位置	誘惑の多い人間関係や、魅惑や蠱惑的な相手を表しています。執着心にとらわれていたり、あなたにとって良くない関わりを暗示。 安寧を望むなら断ち切ること／1人よがり	難があるとき。無駄なことに散財したり、お金で関心を買おうとしたりするなど、悪手な使い方で身を滅ぼすかもしれません。 お金で買える物では幸せになれない／散財する	仕事に行き詰まった状況にいるようです。パワハラなど、ブラックな環境によるつらい現実に追い詰められているかも。 制約や制限がかけられる／いい加減／不正行為	欲望や情熱、強烈な感情や嫉妬などを刺激される相手や一過性の相手に先を望むのは難しい関係であることを暗示しています。 結婚に向かないパートナー／相手に執着する
逆位置	重く苦い感情や、ズルズルと続いた人間関係からようやく解放されそう。もう二度と経験したくないと思っているなら明るい兆し。 相手を制御したくなる／誹謗中傷／欺く	苦労から抜け出せる暗示。健全な使い方や運用が身について、ようやくバランスが取れます。身の丈にあった生活を心がけて。 プラスへ転換できる／身にあまる物を買う	仕事に関しての不正や欺瞞に陥っている可能性があります。違法な行為や不正な手段に関わるなら、身を引くことも視野に入れて。 引き返せばことなきを得る／努力が実を結ばない	停滞していた時期が終わり、新しい段階へ向かいます。ストレスの多い恋や相手への未練を断ち切り、新たな恋へ踏み出せそう。 激しい束縛をする／相手への依存／しつこく追う

16 塔

THE TOWER

THE TOWER.

✳ このカードのストーリー ✳

崩壊と誕生

　この塔は、聖書に出てくるバベルの塔に重ね合わされることが多く、人間のエゴを象徴しています。悪魔の警告を無視した人間の欲求は留まることを知らず、遂には天の怒りによって、欲望が打ち砕かれ、地上へ放り出されるのです。しかし落雷は一方では恵みの雨をもたらす天恵ともされています。破壊の後には必ず再生が訪れるように、この清算の試練を通して、本来の魂の目的を果たすべく正しい道へ導かれていることを知るでしょう。最悪を通して最上を得るピンチをチャンスに変える好機です。

このカードが出たときのキーワード ▶▶ ## 急激な変化・改革

正位置

ターニングポイントの訪れ

　困難や崩壊、失敗や物事の終局を意味します。先に進むためにはどうしても乗り越える必要のある挫折や通過儀礼のようなものだと思ってください。塔の場合は壊れることで、新たな選択が可能になる、人生の再スタートや関係性の再構築の恩恵が大きいのです。

逆位置

破綻してからの始まり

　これまでの状況に終止符を打つなど終焉が訪れ、新しい生き方を始めることが可能になりそう。重く苦しかったものを完全にクリアにして清算することがここでの課題です。向き合うのが厳しくとも、しっかりと立ち向かうのなら起死回生の好機をつかめます。

カードが示すメッセージ

	過去・現在・未来の状況	感情と意識	原因と解決策
正位置	不運やつらい出来事を通して生き直す、イニシエーションを表します。ずっと変えられないと思っていた環境が激変しそう。 外的な要因によって危機的な状況に／一時的な破綻	何もかも失って、放り出されたような心もとない気持ちかも。現状を受け止めることで精いっぱいでも、希望を失わないことが大事。 後悔する／うまくいかない／ショックが大きい	地道に積み上げたものが崩壊して、どうしていいかわからなくなっても、まだ試していないことに挑戦して、乗り切りましょう。 七転び八起きの心構え／気づきをもたらす／魂の成長
逆位置	突然の変更や予期せぬ出来事に直面して、混乱する状況の対応に追われそう。メンタル的にハードな時期を暗示しています。 立ち直るのに時間がかかる／混乱した状態	覆水盆にかえらずな現実で、寂しさや後ろ髪引かれる気持ちに。焦燥感や放心的な自失状態が続いても、回復は早いはず。 呆然としている／何をすれば良いかわからない	乗り越えられない出来事は起きません。この経験を生かせるはず。立ち止まるのはやめ、こだわりを捨てて新しい道へ踏み出して。 大きな幸せへ導かれている途中／流れに逆らわない

テーマ別に深く解釈

	対人	お金	仕事	恋愛
正位置	事態の急変や予期せぬ出来事によって、人的トラブルが起きやすいとき。積み重なった負の感情が爆発したり、喧嘩別れに至るかも。 必要な相手を見極める／大きなケンカ	思いがけない出来事により、経済面の出費がかさみそう。予定していた入金や収入の不足などで、計画が頓挫する場合も。 資産運用の見直し／改善が必要／経済的な不安	スランプや行き詰まりのとき。地道に積み上げたものがあっさり崩壊して、転職や独立を余儀なくされそう。現状維持はマイナス。 倒産や経営難／部署変更／企画の中断／減給	関係性の継続が難しいほどの大ゲンカや別れの危機の暗示です。これまでも幾度となくあった別れの予感がついに現実になるかも。 不倫や浮気の発覚／別れ／未来がない相手
逆位置	予想外の出来事や不和によって、トラブルや混乱に巻き込まれるかも。何とか保ってきた関係に、決定的な亀裂が入りそう。 関係の解消／傷つけられて本来の自分が見つかる	突然の経済的な損失や財政悪化の暗示です。これまでのやり方を終了させ、リスクを回避することが先決。無駄な出費をセーブして。 収入が減る／消費を減らすことで改善の兆し	キャリアの見直しや、このままでは立ち行かない状況に突き当たるかも。トラブルから心身ともに消耗して、体調を壊す懸念も。 慎重な対応／目標を見失う／楽な道への逃避	亀裂を生じたり、良くない方向へ進んだり、関係悪化が長期化するかもしれません。心のすれ違いは修復が難しいでしょう。 結婚の話が思わしくない方向に／未練が残る

17 星

THE STAR

XVII

THE STAR.

✳ このカードのストーリー ✳

約束された未来

　古くより希望の象徴とされてきた天空に輝く星。この特別に大きな星は、未来は絶対的に明るく、夢はきっとかなうという暗示です。また描かれた女性は、生命力や再生、まだ現れていない理想の具現化を予兆しています。たとえ、まだ兆しすら見えなくても、目でとらえられていないだけ。確実にその理想は達成され、あらたなビジョンや夢へとつながっていくでしょう。生命の果てることのない泉の水を自在にあやつり大地に注いでいる姿は、生命の拡大と発展に関与しているともとらえられます。

> このカードが出たときのキーワード ▶▶ 恵み・居場所を見つける

正位置	逆位置
夢がかなう兆し	**進むべき道が見えていない**

正位置

夢がかなう兆し

　未来への希望や期待、輝かしい可能性を表しています。夢に描いていたことが実現する兆しや、今後の発展や将来性に関する良い暗示と言えるでしょう。たとえ今が不遇で、まだ現実的には何も起きていなかったとしても、この先、きっと良くなります。

逆位置

進むべき道が見えていない

　不安や迷い、自信のなさが足かせや障害となっているかも。近視眼的な考えなどで、本当は環境にも恵まれて、将来性もあるのに、それに気づいていないということもあるでしょう。心の曇りが晴れたなら、希望に輝く星が道を示していることに気づけるはず。

カードが示すメッセージ

	過去・現在・未来の状況	感情と意識	原因と解決策
正位置	状況が刻々と変化する中、前向きな理想と夢に向かっている場合は、いずれ実現するという暗示。多くのサポートを受けています。 目的を見つけ出す／スタートする／夢をかなえる	アイデアやインスピレーションがあふれて、将来の夢やビジョンが生まれる兆し。具体的に深める中で大きなチャンスを得られます。 大きな期待感を抱く／切実な思い／一筋の光	物事の良い面や未来を信じることで、どんどん状況が改善されていくでしょう。心身ともに健やかに自己実現していくことが可能です。 新たな夢や目標が見つかる／やる気が高まる／着実に
逆位置	ネガティブに考えているだけで、実際は良い流れにあります。不安や自信のなさは、実際に行動する中で解消されそう。 間違った理想に進む／目的の場所を見失う	悩みや不安が妨げとなって、今ひとつ未来を信じ切れない様子。思った以上に実現までの道のりを遠く感じていることも。 がっかりする／甘い誘いを断れない／夢見がち	思うような発展が難しいようです。絶好のタイミングが訪れるまでしばらく待ちましょう。あなたが見失わない限り達成できるはず。 進むべき道がわからなくなる／夢を他人に預けないで

テーマ別に深く解釈

	対人	お金	仕事	恋愛
正位置	目標となる相手が見つかりそう。理想的な人間関係を築けるでしょう。出会う相手から幸運がもたらされる暗示もあります。 相手に心を開いて／羨望の眼差しを向けられる	才能に磨きをかけたり、自己投資に積極的に使ったりしましょう。大きな収入となって戻ってくるはずなので、惜しまずに使ってOK。 未来につながる出費／習い事／資格取得	憧れていた仕事や企画に携われそう。思いがけず脚光を浴びる、輝かしいキャリアのチャンス。夢や理想があるなら転職も好機。 目的に一直線で進む／可能性にあふれている	理想的なパートナーとの出会いや、将来性のある恋の予感。相手も好意的に受け止めていそう。周囲から祝福される結婚の暗示も。 タイプの人と恋人に／恋愛をしたい思いが湧く
逆位置	コンプレックスが刺激され、不安を駆り立てられるかも。あなたを思っての苦言やアドバイスなら聞いておくべきです。 良いように利用される／何も生まれない関係性	つい欲にかまけて、無駄遣いや予定外の出費をしがちなとき。将来への投資や、自己実現につながること以外の出費は抑えて。 浪費／欲望のままに散財する／期待はずれ	期待していたビジョンに陰りが見えて、気持ちが揺らぎそう。続けるべきかの進退で悩んでいても、転職や新しいことはNG。 方向性がわからなくなる／実現が難しい／見誤る	高嶺の花の相手と関係性を進めるには時間がかかりそう。十分に信頼を積み上げ、相手を知ることが大事です。結婚は時期尚早。 相手の嫌な部分が目につく／かなわない恋／妄想

18 月

THE MOON

THE MOON.

※ このカードのストーリー ※
潜在意識と対話する

　満ちては欠け移ろう月は、生命のバイオリズムにも作用する地球の衛星です。母性や、女性性の象徴であり、感情を司るとされています。月光の下では、光も影もその輪郭が失われ、あいまいになっていくように、自己の感覚も、現実と妄想や空想の境界が同一化するような不思議な感覚にとらわれやすいもの。そして満月の狂気は不安をより助長しやすいのです。心の内に潜んでいたものが暴かれ、直面したくない問題に向き合うことになったとしても、自己の弱さに立ち向かう。それがテーマです。

このカードが
出たときの
キーワード ▶▶ **不安・不確実・移ろう心**

正 位 置	逆 位 置
克服すべき問題	**問題解決の暗示**
暗中模索するような見通しの立たない状況や、不安定な精神を暗示しています。出口の見えない問題や悩みを抱えて、悲嘆や落胆する気持ちが強くなっていく気配を表しているでしょう。ここでは、隠されていた問題が露見するなど、克服すべき課題がテーマ。	出口が見つかる気配や、状況が好転していく変化を表しています。混乱していた問題は終わりを迎えるでしょう。まだ行ったり来たりを繰り返すことはあるかもしれませんが、精神的にも落ち着いて、事態も収束へ向かいます。事後の整理はしばらく続くかも。

カードが示すメッセージ

	過去・現在・未来の状況	感情と意識	原因と解決策
正位置	不安定な状況が続く中、心もとない気持ちをもてあましているかも。また、悲観的に考えすぎて、現状から抜けられないでいる暗示。 不確か／どことなく不安／気のもちようで変化する	不安や期待がないまぜになった複雑な思い。肝心の気持ちがはっきりしません。不確実で欺瞞を含んだ移り気な思いです。 不安や恐怖が湧き上がる／動揺する／マイナス感情	混乱した中で、具体的な行動を起こすのはやめたほうが良いでしょう。事態を静観して、有用な情報を集めるなど、備えが大事。 感情に流されない／真実を見極める努力を／徒労
逆位置	低迷や混乱した状況に終止符が打たれ、事態が解放へ向かう兆しです。明るい気持ちを取り戻し、障害や困難を乗り越えられます。 問題点が浮き彫りになる／悩み解決はもうすぐ	ようやく、不安のスロープを抜けて、明るい状況へと導かれていく兆し。悩んでいたことが嘘のように前向きさを取り戻せます。 心配していたことが現実となる／報われない／不十分	思ったよりは楽に事なきを得るでしょう。過去の失敗やトラウマを克服することが、これから訪れるチャンスをものにする鍵です。 問題から目を背けない／自分が原因の可能性がある

18月

テーマ別に深く解釈

	対 人	お 金	仕 事	恋 愛
正位置	相手に対して疑心暗鬼に。周囲を心からは信頼できず、不安感や不信感を募らせるかも。心の内側が外にも現れることを忘れないで。 混乱する／ひどく落ち込む／攻撃的になる	見通しが立たない不安から、無駄遣いや危険な投資をしてしまい、さらに悪化させる懸念が。無駄な散財や浪費を控えましょう。 不安が拭えない／無理して節約をしようとする	モチベーションが著しく低下しそう。未来への不安や心配から集中できないなど不安定な状態です。転職や独立はNG。 やる気をそがれる／失敗を怖れる／将来が不安	恋への不安や相手への不信感が隠れているようです。大きな問題にはなっていなくても、結婚に関しての障害やわだかまりがあるかも。 愛を実感できない／嫉妬や疑心／相手を試す
逆位置	誤解やすれ違いが解消されて、仲間や周囲との信頼関係が生まれる兆し。初対面の相手からも好意をもたれる期待があります。 気持ちのずれが解消される／初対面の人と仲良く	流出していたお金や金運を下げていた原因がわかり、狂っていた金銭感覚が正常化へ向かいそう。役立つことに使い始めると好転。 浪費していたことを見直す／金銭感覚が治る	やるべきことや、これから先のことが明確になり、精神的に安定しそう。頑張れば乗り越えられるという指針や確信を得られる暗示。 見通しが立つ／精神的な安定／目標へと進む	次の展開へと進めそう。感情的な空回りがなくなって、冷静に受け止められます。復縁や、結婚に対して前向きな結論が出る予感。 悩みや不安が晴れる／次のステップへ進めそう

19 太陽
THE SUN

THE SUN.

自己表現の喜び

あまねく世界を照らし、生命をはぐくむ太陽は、古くから生命エネルギーや力の象徴とされてきました。地上の生物の成長に欠かせない太陽、そして太陽の花とも言われるひまわりをバックに笑みをたたえる子どもの姿は、輝かしい人生の勝利や栄光、再生や発展など、希望に満ちた未来の暗示です。傷ついた心は癒やされ、本当の意味で求める生き方にシフトできます。また自己実現の象意でもあります。長い間克服できなかった、自己の限界や壁を超えて、魂が求めていた人生を創造できるでしょう。

このカードが
出たときの
キーワード ▶▶ **幸福・新たな創造**

正 位 置	逆 位 置
輝かしい栄光	**エネルギー不足**
将来性に満ちた輝かしい展望や発展を表して、努力がいずれ実ることを暗示しています。情熱に満ちた創造性や独創性は無邪気な子ども心に宿ることを表しているようです。生命力にあふれたこのアルカナは純粋な喜びに、成功や幸福が宿ることを伝えています。	現状への不満や不安など、満たされていない欲求を表しています。周囲からは、成功していて幸せそうに見えても、本人の内面では、欠乏感ややりたいことができない苦悩を抱いているかもしれません。ここでの葛藤は、将来的にはクリアされるでしょう。

カードが示すメッセージ

	過去・現在・未来の状況	感情と意識	原因と解決策
正位置	才能や能力が認められ、高く評価されるでしょう。今ならどんなチャレンジもできる！と思えるくらいエネルギーにあふれています。 自分を取り戻す／力強さ／突破口が見出せる	視界が開け、幸せや喜びで満たされる暗示。情熱を感じ、まっすぐ突き進む中で、本当の望みが手に入ります。運気は最高潮！ 心が満たされる／自分をさらけ出す／楽しい	目の前のことを楽しむと、よりポジティブな発展へ導かれるでしょう。あなたが現状に満足して、幸せを感じることが成功の鍵です。 心の内を話す／満ち足りた人生／全力を尽くす
逆位置	日陰を表す逆位置は、期待はずれの結果や、疲労困憊、徒労を意味しています。不足を補い、逆境から抜け出す行動が必要です。 パワーが下がる／用心すれば無難に過ごせる	ハメをはずしすぎたり、無計画が裏目に出たりする気配。経験のあることでも、楽観しないで慎重に対応したほうが良い時期です。 自信たっぷりで空回り／意思が弱くて決断できない	曇天だとしても、雲の上は晴れ渡っているように、心の曇りが晴れたなら、状況は一転します。迷いや不安を払拭することが大事。 望みを手放す／本当の自分を取り戻す／真の価値

テーマ別に深く解釈

	対人	お金	仕事	恋愛
正位置	良好な人間関係を築けるとき。明るく賑やかな仲間に恵まれて、周囲からも頼りにされたり、人気や評判も上がっていく兆しです。 自己表現／本音で話し合う／仲睦まじい	仕事での成功や高い収入を得る兆し。ボーナス的な副収入や副業で思わぬ臨時収入を得るなど、お金に関してうれしい出来事が。 金運が絶好調／思わぬお金が手に入るとき	前途有望で、見通しは明るい兆し。能力や技術が認められて、天職に就ける可能性大。これだ！と思ったら迷わずチャレンジして。 もてはやされる／計画的に進む／成功を収める	互いに好意的で、明るい恋の予感。接点が多いほど進展が望めるでしょう。結婚は、後一押しが必要そうですが、おおむね順調。 ステキな出会い／魅力的／喜ばしい／満ち足りる
逆位置	好ましくない関係に足を引っ張られたり、人間関係から問題がもち込まれるかもしれません。ネガティブワードの多い相手は要注意。 積極性のなさ／わがままな相手に振り回される	使い方の見直しが必要なときです。無駄な出費や経費を抑え、節約を心がけましょう。今は、大きな買い物やギャンブルはNG。 十分な所持金がない／賭け事はやめて堅実に	予想が大幅にずれて、落ち込みモード。見込みの薄い空気を感じて転職や、休職を考えそう。次を目指すなら焦らず、時間をかけて。 自信がない／実力を生かすことができない／失敗	なかなか進展しない恋。友情の延長のような状況で、本命になるには足りないものがあるようです。将来に結びつかない相手かも。 相手を制御したくなる／アプローチできない

20 審判

JUDGEMENT

JUDGEMENT.

❋ このカードのストーリー ❋

復活と再生

　巨大な天使が天空からラッパを吹き鳴らし、地上では人々が復活の歓喜をあげている姿から、聖書の「最後の審判」に結びつけられてきました。幾多の困難や試練、もう二度と立ち上がれない絶望を経験し、それまでの価値観や考えを消失した先で、人生の意義や意味を見出し、再び生還する様子を表しているようです。絶望の先の喜びを得て、人生は劇的に変化するでしょう。苦しみと喜びは常にともにあり、立ちこめる雲の彼方には、希望の天使が祝福をもって見守っていることを知るのです。

このカードが
出たときの
キーワード ▶▶

不滅の精神

正位置

覚醒、意識の変容

　目覚めや覚醒を意味するこのアルカナは、過去の状況が刷新され、新しい目標が生まれたり、理想や希望がかなえられる暗示です。人知れず努力してきた人は、ようやく日の目を見られたり、天の導きと思えるような、大きなチャンスが到来するでしょう。

逆位置

トラウマ

　このままでは望む結果にならないことを感じているかもしれません。トラウマやコンプレックスなど、過去の傷が障害となっている可能性もあります。自分と向き合い、何を恐れているのかを見つめたり、障害となっている原因を突き止めることが大事。

カードが示すメッセージ

	過去・現在・未来の状況	感情と意識	原因と解決策
正位置	起死回生のターニングポイントを暗示しています。諦めかけていたことの実現や、新しい環境へ誘われることがありそう。 復活する／良い方向に立て直す／光が差す	ポジティブで活気のある気分に包まれているでしょう。頑張って良かった！と思える成果を手にし、未来の輝きを感じているはず。 ほっと一安心できる／大切な気づきがある	ターニングポイントや人生の岐路に立っているとき。積み重ねた努力や経験がようやく日の目を見そう。チャンスを逃さないで。 心を一新する／チャンスをつかむ／人生を見つめ直す
逆位置	すべてを投げ出したい気持ちに駆られたり、続けたくないと強く感じたりしているかも。心境の変化は生き方を変えるステップに。 つらい／長引く逆境／再び力を取り戻すのが難しい	喜ばしくない結果を前に暗い気持ちになっているかも。新しい生き方の模索や変化への抵抗を感じていそう。まずは気持ちの整理を。 諦めが悪い／執着する／再チャレンジを望む	過去への心残りが決断する勇気を奪っているようです。また失敗したくない、傷つきたくないという葛藤を乗り越えることが課題。 あっさり諦める／新たなスタートを切る／路線変更

テーマ別に深く解釈

	対人	お金	仕事	恋愛
正位置	煩わしい関係に白黒つけられそう。はっきりしない関わりの縁は切れます。本当に大切な人との縁が深まったり復活したりしそう。 関係を修復する／古いつき合いが復活／再会する	価値観がガラリと変化しそう。買い物依存や不安などの悪循環から解放されます。自己投資や目的をもって使うことで金運は上昇。 価値観の変化が起こる／生計を立て直す	長い間の努力が報われて、評価されるでしょう。責任や重圧から解放されて、本当にやりたかったことを始められます。 良い環境に変化／すべきことを思い出す／再挑戦	お互いの思いが通じ合い、ようやくつらい時期を抜けそう。よりを戻せたり、縁が結び直されたりする時期。結婚運も良好。 新しい好機／過去の思いを手放す／恋に前向き
逆位置	孤立したり、周りとの関係が悪化したりしそう。理解し合うのは難しくても、諦めないで、寄り添う努力をすれば好転しそう。 失望する／再起不能／心残り／否定的／孤立	なぜか出費がかさむ傾向。無意識にお金を使うことでストレスを発散したり、代償行為の道具にしたりしているかもしれません。 先行きに期待できない／無駄に気づけば好転	成果や努力が認められない虚しさを感じ、何をやってもダメな気がしているかも。問題解決には時間を要すが、任は果たせそう。 悔しい思いをする／実力不足を思い知る	過去に未練を残しているなど、新しい恋を始めるには、心の準備ができていないようです。結婚までには未解決の問題がありそう。 過去を思い返し後悔する／復縁を望む／執着心

21 世界

THE WORLD

THE WORLD.

✳ このカードのストーリー ✳

完全なる完成と調和

　天空に浮かぶ4つの四大元素の象徴と月桂樹の巨大な環のなかで舞う女神が描かれたこのアルカナは、すべての物事の完成や歓喜を示しているのでしょう。統合も意味するため、自己矛盾などをクリアにした完全体としての融合や、唯一無二の存在の象徴でもあります。生命の根底に流れる無限の愛とエネルギーを一体化する、ここが最終ステージなのです。現実を突破して、より良い世界を再構築しましょう。無限の創造の環の中で、ダンスするかのように人生を楽しんでいく極意を得られそうです。

このカードが出たときのキーワード ▶▶ **完成と統合・達成**

正位置

最高の幸せや達成感

　物事の完成や成就、目標達成を意味しています。一連の状況においての成功と完結をあらわすため、すべての願望の最終結果として現れた場合、最強、最高の幸せと言えるでしょう。幾多の障害や制限を乗り越え満足できる環境や状況を手に入れた状態です。

逆位置

未完成

　完成まで後わずかというところで、行き詰まり終わりを迎えるかもしれません。目標達成までの道半ばにして、強制終了するなど、前に進めなくなってしまった状態を表しています。未完の終了は、最初の理想やゴールの設定が壮大すぎたということも。

カードが示すメッセージ

	過去・現在・未来の状況	感情と意識	原因と解決策
正位置	すべてにおける成功や発展の暗示。将来を有望視される状況です。満ち足りた生活を送ることができるでしょう。 運命的な出会い／チャンスの到来／最善の状態	満ち足りた気分です。物事が順調に進展して、シンクロも多いとき。引き寄せ力も高まっているため、欲しい物が手に入りそう。 達成感を得る／自己肯定感の高まり／引き寄せる	理想の実現や、求めていた結果を手にできるときですから、躊躇しないで行動しましょう。夢に描いていたことが現実になるはず。 願望が成就する／最高の幸せを受け取る／至福のとき
逆位置	これまで進めてきた物事が、中途半端な状態で落ち着いてしまうとき。道半ばにして状況が完結し、前に進めなくなる状態です。 低迷する／もう少しのところで挫折する／不満足	不完全で中途半端な気持ちを抱いていそう。もやもやとくすぶった感情が、足を引っ張っています。気分を一新させることが課題。 絶望感に苦しめられる／自信を失う／不調からの脱却	「それは本当に必要なの？」という自問自答が大切。不要なことに使っていたエネルギーを取り戻せば、うまく軌道に乗れます。 原点に戻る／目標を再設定する／方法を模索する

テーマ別に深く解釈

	対人	お金	仕事	恋愛
正位置	理想の人間関係に恵まれて、穏やかに過ごせるとき。あなたを通して、さらに広がりができてネットワークを築けるでしょう。 最高のチーム／助け合える関係性／和解する	欲しかった物を入手できて、投資やギャンブル運も良好です。将来のために運用しておくと、未来に大きくリターンされる暗示も。 大きなお金を手にする／資産運用／実りがある	目標を達成して、さらなる高みへ進むチャンスが訪れるでしょう。才能や経験を高く評価され、自信をもって臨むことができる暗示。 長く夢見ていたことがかなう／高い目標の達成	片思いの成就や、理想的なパートナーの獲得を暗示しています。交際の結実としての結婚や出産など、慶び事が訪れるでしょう。 両思いになる／好きな人とつき合う／魅力を発揮
逆位置	コミュニケーションが足りず、気配りできていないため、ギクシャクしています。聞き役やサポートに徹すると好転するでしょう。 わがまま／口論／協力関係の破綻／軋轢が生じる	低調気味のようです。勝手な見込みで今の財を使い果たしてしまわないように、節約などで出費を抑えておくなど安全策を。 満足な収入を得られない／節約が大事なとき	満足できない状態で停滞しているようです。二転三転する中で、方向性を見失っていることも。初心を思い出すことが大事。 成功をつかめない／目標が高すぎる／行き詰まる	状況の停滞や悪化から、すれ違いや冷却期間を迎えているかも。惰性的な関係の場合、終わることで成就に至るかもしれません。 恋が終わる／一方的な思い／距離が縮まらない

タロットカードは
単純な吉凶では語れません

　絵の印象で、吉凶をとらえたくなるタロットですが、単純に怖い見た目だから凶事、とは言い切れない背景が描かれています。

　たとえば、不吉に感じられやすい死神のカードは、よく見ると中央右に太陽が描かれています。タロットカードには「右側が未来で、左側は過去を表す」という説があるのですが、未来に描かれた太陽は希望というイメージそのもの。死によって訪れた夜が、まもなく明けようとしているのです。そう考えると、明るい兆しを感じられませんか？タロットカードには善と悪、または精神と物体など、二元論的でありながら二律背反する意味が込められており、とてもよく構築されているのです。もちろん時代や地域に応じて、考え方は多岐に渡ります。DNAのように、主溝と副溝の２種類による二重らせん構造のような考え方で捉えることもできるでしょう。

　雨が降れば作物が実り、嵐がきてすべてをさらってしまった後には新たな希望が残るように。また、自然界の厳しい掟の中にも、生命を育む根源的な作用が働いているように。人間の都合上での吉凶は、目先のことしか見えていないからこそ感じるもので、大局的には、すべてが成長へと向かうステップに過ぎません。

　どんなカードからも、その背後にある慈しみ深い愛とエネルギーを感じられたなら、図像の如何に関わらず宇宙から応援され、新たなステージへと誘われていることをきっと自覚できるでしょう。

22 枚のカードを使って
基本の占い方をマスター

大アルカナ
実践

ワンオラクルの占い方

シャッフル

カット

山の一番上の
1枚をめくる

　まずは大アルカナ22枚から1枚を引いて診断する「ワンオラクル」から始めましょう。1枚だけでは物足りないかもしれませんが、どんな質問にも端的に答えをくれるので、手軽ながら万能な占い方です。ビギナーには、大アルカナ1枚ずつの名称、絵柄、解釈を知るのにうってつけです。中級者でも、新しいデッキを手にしたときにはワンオラクルでカードと親しくなりましょう。

　質問を決め、大アルカナのみを抜き出し、十分にシャッフルとカットをします。次に1つの山にまとめ、一番上のカードを引きます。または、カードを扇状か横一列に広げて、直感的に1枚を選んでもかまいません。

　その1枚をじっくり眺め、答えを得てください。

毎朝の
ワンオラクルルーティンのすすめ

　タロットカードは、占うほどに扱いやすくなり、イメージも湧きやすくなります。カードは大事にして欲しいのですが、厳重にしまい込み、たまにしか取り出さないなら、なかなか慣れることができません。毎朝のワンオラクルをルーティンにすることをおすすめします。

「今日の運勢を教えて」または「今日の私にアドバイスをください」と聞いて占います（P86に「1週間の運勢」の読み方実例がありますので参考にしてください）。徐々に、「今日の仕事運」「今日の買い物」についてなど質問を変えていくと楽しいでしょう。

　朝は時間がないという場合は絵柄を見るだけにし、すきま時間に改めて解釈を読んでもかまいません。夜に翌日のことを占う形でもOKです。

ワンオラクルを記録するのが、一気に慣れるコツ

　さらに深くタロットカードとつながるために、ワンオラクルの結果を記録することをおすすめします。占いで出たカードの名称とピンときたキーワード、実際の出来事を短文で日記のようにつけてみましょう。特に決まりはありませんから、あなたの書きやすいスタイルにしてください。

　カードの意味がぐんぐんわかるようになる。実際の出来事との関連性を検証することができる。当日はわからなかったことも、折にふれ見直すことで気づきを得る……と良いこと尽くしです。

　疑問が浮かんだり、自分のコンディションがいつもと違ったりする場合は、それをメモしておくのも良いと思います。占いの精度が高まっていくはずです。

カードの読み取り方

カードの解釈を読んで、ピンとくる語を選ぶ

　カードのメッセージの読み取り方は、いくつかあります。

　まずは該当する解釈のページに並ぶキーワードから拾う方法です。絵柄が個性的なデッキを使った場合は、番号も見て、カードを間違わないようにしましょう。正位置の場合は「目的」の項の該当箇所だけでかまいませんが、初回ならストーリーもご覧ください。逆位置で出た場合は、逆位置の項目の他に正位置の部分も読み、基本的な意味を頭に入れて。

　解釈の中に質問の答えとなるフレーズを見つけられたなら、素直にそのまま診断とします。「今の質問の答えは○○」と○のところにキーワードを入れ、意味の通る文になりますか？　ならない場合は、キーワードの類語や連想できる語を入れてみてください。

例

Q 今日の運勢を教えてください
▶▶「運命の輪」

　解釈文は「幸運のチャンス到来」「ストレスからの解放」。良い知らせがあったり、願望に近づけるきっかけが訪れたりする日と診断できます。その流れで、しばらく感じていたストレスがなくなるといううれしい運気です。

全体の印象、色、人物に注目する

全体の印象が明るいか暗いか、描かれている人物が何をしているか、または、あなたにどういう口調で何を言いそうかで診断します。目に飛び込んだ色から、「青なら冷静、赤は情熱、黄色は実り……」など一般的な色の意味で質問の状況を探ることも可能です。

例

Q ケンカをした〇さんと仲直り できますか？ ▶▶「隠者」

ウェイト版の「隠者」は暗い色。雪山に立った人物はうつむいていて、「まだ相手は怒っている」「反省を続けろ」とつぶやきそうです。けれど、持ったランタンには明るい光が。「今は難しくても、希望はある」と読めます。

カードのモチーフをピックアップ

人物の背景、動植物、持ち物、服装、天体、記号など、さまざまなモチーフがあります。それらから運気や心理状態を診断可能。なぜ、これが描かれているのかと気になったら、その意味を検索してみましょう。逆位置の場合、正位置とは違うものが目に入ったり意味が変わったりもします。

例

Q 今日のプレゼンは成功する？ ▶▶「魔術師」

道具を広げ、手には棒、頭上には無限大のマークが。準備万端で臨め、主導権を握れ、無限の可能性を感じさせることができそう。赤いバラ、白いユリが咲き乱れる様子は人気、創造物を連想できます。プレゼンは成功するはず！

Q 趣味サークルで
軽視されないようになりたい

※P84〜87の実例は、すべて正位置とします

趣味のサークルに参加して
数ヵ月。内容は興味深く、続
けたいのですが、古いメン
バーの数人から軽く見られて
いるのが気になります。メン
バーにもっと尊重され、楽し
く活動するための助言をくだ
さい。

診断

　現れたカードは「戦車」。鎧を着た若者が2頭のスフィンクスに
ひかれた戦車に乗っています。この2頭は、理性と本能など2つの
相反する力で、それを「うまく御していく」という意味になります。
　質問につながるキーワードは、「攻めの姿勢」「自分から接近する」
です。古参たちは、自身のポジションを守ろうとマウントを取って
いるのでしょう。自分から相手の懐に入っていき、趣味に対する熱
意で相手の心を動かしましょう。相手におもねることは必要ありま
せん。気に障る言動があってもスルーし、自信をもって、「一緒に
楽しもう」と盛り上げていってください。スピード感のあるカード
ですから、早い時期に心配はなくなりそうです。

❮ 実例 **2** ❯

転職活動を始めても良い？

　会社で組織の再編成があり、慣れ親しんだ部署がもうじき他部署と統合されます。私はそれなりのポジションにいて、すべきことは成し遂げたという実感があります。このタイミングで転職活動を始めてもいいでしょうか。

THE WORLD.

診 断

　月桂樹の輪の中で女性が躍り、四隅の人間や動物が見守る「世界」。大アルカナ最後の21番で、1つのサイクルの終わりを示します。色は明るい水色で、爽やかさや平穏さを感じます。

　キーワードの中では、「完成」「次のステージへ」がぴったりくるでしょう。会社が1つのサイクルを終えて再編成が行われること。相談者が中途半端な状態ではなく、「卒業」の気分があること。この2つゆえに出たカードでしょう。結果は、「転職活動を始めて良い」「次の世界が待っている」として問題ありません。転職活動もスムーズに進み、これまでの経験が生かされたハッピーエンドとなるでしょう。より高い目標に向かって一歩を踏み出しましょう。

1週間の運勢

月
曜日

　新しいことが始まろうとしているという意味の「愚者」。足元は崖で危ういものの、天気は良く、表情も明るいカードです。心軽く、自由に動ける日となるでしょう。新たな冒険の一歩を踏み出す日と診断。過去に縛られないことが大切だと心に留めて。

火
曜日

　公平さを表す天秤と、判決を下す剣を持つ女性が描かれ、「後悔のない決断」というキーワードの「正義」です。あなたの正しさを問われたり、自分で何かをジャッジしたりする日になるでしょう。冷静に物事を比較し、判断できる運気と読めます。

水
曜日

　男女と、2人を結びつけているかのような天使の絵の「恋人」です。「紹介による（または運命的な）出会いがある日」とシンプルに読む他、「公私を問わず良いパートナーシップが築ける」「大事な契約がまとまる」とも判断することができます。

木
曜日

　高い「塔」が雷に打たれ、人物が落下しています。予期せぬ出来事や意に沿わない変化があるかもしれません。仕事か人間関係で、これまで築いてきたものから放り出される暗示もあります。けれど、すべては意味のある変化なので、どんとかまえていて。

金
曜日

　片足を縛られ、逆さ吊りにされている「吊るされた男」ですが男性は穏やかな表情で、頭には後光が。自力では制御できないことが起こる運気です。助けてくれる人はなく、孤独な戦いとなりますが、むやみにあらがわないことで気づきが訪れます。

土
曜日

　女性性を表すザクロ柄のローブをまとう「女帝」。背景も自然の恵みであふれています。豊穣、生産の意味から「努力が実る」「物心両面の満足」「愛ある対人関係」というキーワード。心が満たされる、うれしい日でしょう。周りの人に愛を注ぎましょう。

日
曜日

　大きな「太陽」、白馬に乗る裸の子ども、ヒマワリと大きな赤い旗という明るく健康的な図です。命のエネルギーにあふれ、無邪気に楽しめる運気です。いろいろなことのあった1週間でしたが、元気の充電ができます。自分らしさを取り戻しましょう。

初級編 Q & A

Q 自分でこじつけた解釈にならないか、
不安です。

A 「こじつけ」とは、無関係なものを強引に結びつけることです。タロット占いは、質問の答えをカードの象意の中に探す占い。つまり、どのカードとも関連性を見つけられるし、関連性があるからそのカードが出たとも言えます。こじつけではありません。絶対の正解を求め、自分は間違っているのではないかと不安になる必要はないのです。

Q どのくらい先の未来までと、
どのくらい前の過去を占えますか？

A 3ヵ月先くらいまでが目安です。「今この瞬間の可能性」を軸に、それに伴う近い未来の方向性を示すのがタロット占いだからです。例外的に12ヵ月を見るスプレッド（P232）もありますが、数年後など遠い未来を占う場合は、占星術など他の占法が適しています。過去の出来事は現在につながっているので期限はありません。

Q すべてのカードの意味を
覚えなくてはなりませんか？

A 暗記する必要はありません。むしろ、覚えないほうが良いとも言えます。1枚のカードに2つ、3つのキーワードを結びつけて記憶してしまうと、その言葉から離れられなくなり、解釈の幅が狭まる怖れがあるからです。占うたびに本書など書籍と照らし合わせてぴったりくるキーワードを選び、連想を広げれば良いのです。

1日に何回も占っても良いのでしょうか？

　質問内容が変われば、かつ、集中力が続くならかまいません。タロット鑑定師は1日に何回も占います。ただし、うまく読み取れないとか、望むような結果ではなかったと感じて、同じ質問を続けることはやめましょう。1つの質問で異なる象意が出ることになり、かえって解釈に迷いが生じます。最初の結果を踏まえ、別の側面を占って。

 同じ質問をしたいときは、
どのくらい時間をあけると良いですか？

　ルールはありません。鑑定師に聞いても、24時間、3週間など答えはさまざまでしょう。質問のスケールや内容によると言えます。1回目の占いの結果、意識や言動を変えることで環境に変化が現れたなら、改めて占うと納得の結果が出るでしょう。一方、何の変化もない短時間のうちに同じ質問をしても、意味はないと言えます。

 「悪魔」や「塔」など悪いカードが出たときは
何かしなければいけない？

　明るい未来を示していないというケースはあっても、悪いカードというものはありません。占った時点での現実ですから、そのメッセージを受け止めるだけで良いのです。解釈ページでわかるように、「悪魔」「塔」「死神」も警告や忠告を促すもので、ポジティブな意味もあります。現れるたびに、お祓いのような儀式は必要ありません。

「自分のことは占わないほうが良い」と
聞きましたが、なぜ？

 　願望が強くなり、不都合な点は無視するなど、勝手になりがちなので「自分を占わないほうが良い」という説があるのでしょう。また、結果を気にしすぎて、行動を制限するのも良くないことです。しかし、自分を占わずにタロットと親しむのは難しいでしょう。自分のことも、人に相談されたつもりで客観的に診断しましょう。

 シャッフルがうまくできません。
どうしたら良いですか？

 　練習することで上手になっていきます。十分に交ぜることが目的なので、ゆっくりでかまいませんし、P24〜の方法からできるものをいくつか組み合わせてもOKです。シャッフルの途中で1枚が手から飛び出したなら、それは「ジャンピングカード」。何らかのメッセージをもつものとして横に置き、判断の要素とします。

 シャッフルするときは、
何を考えれば良いですか？

 　無心になり、シャッフルだけに集中したいところですが、実際には難しいかもしれません。他の雑念が浮かばないようにするために、質問を心の中でゆっくりと繰り返すと良いでしょう。けれど、「こういう結果が出ますように」、また「こんな結果は出ませんように」と念じることはしないでください。結果に影響します。

占いを途中でやめても良いですか？

 緊急時は別ですが、基本的には中断しないほうが良いでしょう。中断すると、集中力も途切れますし、手順がわからなくなってしまいがちです。席を立つ必要が生じたときは、初めからやり直しましょう。一方、何か起こって占う意欲がそがれた、必要性を感じなくなったという場合は無理に続行せず、やめたほうが良いと言えます。

 カードを１枚なくしてしまいました。どうしたら良いですか？

 予備のカードが付属していれば、それで代用することはできます。また、意味の似たカードがあるので、１枚欠けた状態で占っても、それなりの結果は出るでしょう。ただ、一時的な対処法としてください。各カードの絵柄から受け取るものが多いので、一式そろっていることが大切です。新しいデッキを用意することをおすすめします。

 カードを汚してしまいました。汚れを落とす方法は？

 多くのカードがコーティングされているので、ウェットティッシュなどでふくことが可能です。汚れを落とした後は乾いた布でふき、水気を残したままにしないようにしましょう。洗剤や研磨剤はカードを傷める恐れがあるので、使わないで。占いに支障が出るほど頑固な汚れや傷がついた場合は、新しいデッキに替えてください。

第二部

中級

基礎＆実践編

大アルカナ22枚に慣れたら、小アルカナ56枚も含めた占い方に挑戦しましょう。78枚すべてを使うことで、より具体的に掘り下げて占うことができますよ。基本的な占い方は大アルカナと同じ。解説を読みながら占えば簡単です。

56枚が表していることを
1枚ずつじっくりと紹介

小アルカナ
カード解説

ワンドのストーリー

ワンドのエース	ワンドの2	ワンドの3	ワンドの4	ワンドの5
ワンドの6	ワンドの7	ワンドの8	ワンドの9	ワンドの10
ワンドのペイジ	ワンドのナイト	ワンドのクイーン	ワンドのキング	

　ワンドとはこん棒や木の杖です。エースから順に眺めてください。ワンドが1本、2本と増えていくほかに、さまざまな様子の人物がいます。これは「青年が理想を求め、人生を切り拓いていく冒険譚」という一つの物語です。まず情熱が湧き起こり、冒険の目的地を見据え、城に着いて一休みします。そして再び旅立ち、行く手を阻まれて争い、勝利して凱旋。そしてまた戦い、急速に進展し、最後の戦いと到達点につながるのです。

ワンドは「火」の象徴
精神分野が得意

　ワンドは西洋哲学の四大エレメントのうち「火」に対応します。「炬火に火をつけて掲げる」とイメージするとわかりやすいでしょう。

　火は情熱、生命力、創造性、意志の力、希望、行動力、独立、推進力の象徴。火が人間にとって光と熱であり、物事を燃やして変容させる力、エネルギーであると思い浮かべれば、自然にこれらの象徴と結びつくでしょう。心の4つの機能でいえば「精神」となります。

　ワンドのカードが現れたとき、その絵柄から受け取るものと、青年の冒険のプロセスとともに、「火」の要素も頭に置いてください。どんな火が背景にあるのかを想像すると、ピンとくることもあると思います。

　ワンドが示すジャンルは、情熱や意欲、目標に関わること、仕事やクリエイティブな活動、エネルギーの使い方やアピールの方法と言えます。このジャンルを占うときにワンドが出た場合は、より具体的な解釈につなげることができるでしょう。

ワンドの エース

ACE of WANDS

創造への情熱

　天空に現れた大きな手に握られているのは、大きなワンド。ワンドは火のエレメントを表し、人類が火を用いて文明を発展させたことから、創造の根源的なエネルギーを象徴します。ワンドの始まりであるエースは、理想に燃え、無から有を生み出そうとする衝動を意味しているのです。いまだかつてないことをやってみようとする試みは、周囲の目に無謀なチャレンジだと映るかもしれません。けれど、本人は気にしていないでしょう。このアルカナは、思いのままに突き進む情熱を表現しているのです。

ACE of WANDS.

このカードが
出たときの
キーワード ▶▶ 根源的なエネルギー

正 位 置

新たに何かを始める

　心境が変化し、新たに何かを始めようとしている状態。自分の中で、目指していきたいことや気になっていることがあるなら、思い切って一歩を踏み出しましょう。あれこれ考えるよりも、勇気を出してアプローチすることで良い結果につながっていくはず。

逆 位 置

出る杭は打たれる

　なぜか周囲に理解されず、やりたいことをわかってもらえないことに孤独を感じそう。強引に押し通そうとすると裏目に出るので、まずは落ち着いて現状を見返して。一度引いて態勢を整え、計画を立てれば、来るべきときに思いがかなうでしょう。

カードが示すメッセージ

	過去・現在・未来の状況	感情と意識	原因と解決策
正位置	何かが始まろうとしています。内心で新しいチャレンジへの期待が高まっているので、未知の経験や成長の機会を求めて行動を。 スタート／何かが起こる／新たな挑戦／チャレンジ	常識や固定観念から解き放たれるときです。自分が頭の中で考えていることや、ひそかに浮かんでいるアイデアを形にしてみて。 希望が高まる／失敗が怖くない／思いつきやアイデア	新たなスタート地点に立っています。あなたのなかで「無から有を生み出したい」という気持ちが上昇。自分の信念を貫いて。 言葉を磨く／常識に縛られない／型破りな発想
逆位置	やりたいことに横やりが入り、モチベーションが低下しそうです。行く手を阻まれているなら、今は動くタイミングではないはず。 邪魔されて進めない／準備が必要なとき／孤軍奮闘	気持ちをわかってもらえず、落ち込んでいる様子。アイデアが素晴らしいのに理解してもらえないのなら、準備不足の可能性も。 素直な心／自信が揺らぐ／不安や不信を感じる	周囲の理解が得られない様子。もっと慎重に考えてことを進める必要が。一歩退きつつ、反対する人たちとの意見交換を図って。 周囲と話す／意見を聞く／一歩退いた立場で見る

テーマ別に深く解釈

	対人	お金	仕事	恋愛
正位置	仲間が増えて新しい関係性が始まりそう。違う意見や視点が加わると、刺激的なアイデアが。リーダーシップを発揮できそう。 積極的な態度／支持者ができる／交流	新しい収入源を確保でき、収入が急上昇。自分の能力で稼げるので自信もついてきそう。経済的自立を果たすにも良いとき。 才覚を生かす／能力で稼ぐ／自己投資	未知の分野で新しい事業を始めると、刺激的で挑戦的な経験に。賢い人のアイデアを受け入れることで、バリバリ働けるはず。 変化への柔軟性／革新的な意見／新ジャンル	好みの相手と楽しい恋が始まりそう。積極的に行動するとステキな関係を築けるはず。共通の興味や流行の話題について話して。 情熱的なアプローチ／勢いに相手を巻き込む
逆位置	周囲からの反対を受けてストレスを感じ、強引な態度を取る暗示。アドバイスをくれる人の意見や感情を尊重すべきタイミング。 孤立無援／共感性の欠如／敵を作り兼ねない	将来へのぼんやりした不安を感じそう。正当な対価が得られない状況に直面する可能性も。自己評価やマネー戦略の見直しを。 見込みが甘い／本質があいまい／未払い	計画の穴を無視して強引な態度を取りすぎた結果、衝突が。職場でケンカしても良いことはないので、意見をしっかり聞くべき。 周囲の無理解／計画が甘い／やる気の低下	誰にも愛されていないという不安に悩みがち。欠点や弱点に焦点を当てるのではなく、長所や良い面にも目を向けるのが正解。 肩透かし／短所が目立つ／自己否定

ワンドの 2

TWO of WANDS

✳ このカードのストーリー ✳

輝く理想を思い描く

　過去に手にした栄光を背に、主人公はこれから切り拓こうとしている世界に意識を集中しているようです。過去に築いた王国はプロセスにすぎず、眼前に広がっている世界が暗示する未来だけが、彼を突き動かす原動力となっているのです。左手にワンドをつかみ、右手に世界を乗せた彼は、現実を踏まえた上で、新たな目標に向かっているのでしょう。自分の目的地はどこなのか、そのために何をすれば良いのか……。使命を全うするには、これからが本番。今、彼は具体的に考えているのです。

このカードが
出たときの
キーワード ▶▶

理想の具現化

正 位 置

手にしたい夢を現実にする

　夢をかなえるには、自分が本当に実現したいものをイメージすることが必要。自分と向き合い目標設定を行いましょう。興味や情熱を見直し、取るべき行動を決めて。ゴールを決め、それを達成するための具体的なステップを考える姿勢が未来への足がかりに。

逆 位 置

悩みながら成長する

　本当にこの方向で良いのか悩みがち。思い切って動けないときに大切なのは、自分自身の内面を見つめ、じっくりと考えることです。ここで悩んだ経験には必ず意味があります。迷いを通じて成長し、悩んだことにも意味があったといずれ思えるようになるはず。

カードが示すメッセージ

	過去・現在・未来の状況	感情と意識	原因と解決策
正位置	物事が拡大し、発展するとき。重要な決断を下さなければいけない場面もありますが、自分の能力と未来を信じてください。 重大決心するとき／学びを得る／温故知新	自分に磨きをかけたくなりそう。この先、どのような分野で成長したいのか、具体的な目標をはっきリさせて、努力を心がけて。 野心をもつ／もっと成長したい／向上心がある	さらなる発展を目指したい様子。夢を描くことは、成長するための大事なステップ。本当に望んでいることに焦点を当てましょう。 ビジョンをもつ／上昇志向がある／意欲を見せる
逆位置	足踏み状態になり、思いがけないトラブルに直面する可能性が。そんなときこそ、原因や状況を冷静に分析して乗り越えて。 本質を見る／停滞しがち／進めない／トラブルの対応	進むべき方向性が見えず、迷いがち。そんなときこそ焦らずに自分の心と向き合い、試行錯誤しながら、自分を信じて前進して。 目指す場所が定まらない／現実逃避願望／迷い	目的を見失い、気持ちが引き気味になっています。しかし、逃げずにとことん悩むことで、内省や洞察を深めることができるはず。 深く掘り下げる／じっくり考える／熟考／観察する

テーマ別に深く解釈

	対人	お金	仕事	恋愛
正位置	周囲からの支持を得る好機。自身の行動やリーダーシップによって、友達や仲間が支持し協力したくなるような環境を作って。 味方が増える／主導権／居場所ができる	長期的な金銭プランを立てると将来の安定や目標の達成に役立ちそう。有力な支援者の存在やアドバイスを活用するのもおすすめ。 貯蓄の習慣／財政面の安定／割の良い投資先	高い目標を設定し、新しいプロジェクトに取り組むと、成長や達成感を得られます。方向性がブレなければ、努力が成果になりそう。 志は高くもつ／賢い立ち回り／新プロジェクト	恋をしたくなる。自分がどんな関係を求めているのかを知ることで、理想のパートナー像が明確になり、自然と関係が深まります。 理想的な相手／出会いのビジョン
逆位置	孤立したり、足を引っ張られたり、束縛、苦手な人との関係性に悩みがち。本能で嫌悪感を抱いたときはノーと言う勇気をもって。 信用できない／無理な要求／距離を置く	思わぬ損失や散財、予想外の支出に直面しそう。なぜ欲しいものと違うものを手に入れてしまったかを考え、無駄遣いを減らすこと。 失敗に学ぶ／疑いを抱く／見込み違い	予定外の出来事に遭遇し、周囲が騒然としている場合でも、前向きな姿勢で柔軟な対応を。状況を把握し、計画を再調整して。 再考／予定通りに進まない／問題発生	相手への落胆が大きくなるのは肩がきなどの条件で見ているから。理想にこだわることをやめれば、トラブルも避けられるはず。 期待はずれ／本当は好きではないと気づく

ワンドの 3

THREE of WANDS

✳ このカードのストーリー ✳

冒険への旅立ち

　眼前に広がる輝く大海原と、遠くに見える肥沃な大地は、主人公がこれから手にしようとしている世界を象徴しているようです。彼は志を果たすために、新たな目的地へと旅立とうとしているのでしょうか。穏やかな海原は、彼の冒険が安全で、実りあるものだということを暗示しています。流転していくこの世界で、たとえひとときでも理想を実現するのは、簡単なことではありません。だからこそ、彼はやりがいや使命を見出し、強い精神力を支えに壮大なビジョンを描いて突き進むのです。

このカードが
出たときの
キーワード ▶▶

実り多き計画

正 位 置	逆 位 置
今こそ動くべきとき	**踏ん切りをつける**
行動を起こすことによって、手に入れることができるものや経験が多くあります。今は信念が試されるとき。後悔するより実行し、目標や望みを追求することで、成長できるし満足感を得られます。自分自身を信じ、前に進む勇気をもちながら突き進んでください。	進みたくても進めないと感じるとき。踏ん切りをつけるには、恐怖心を克服する方法を見つけましょう。思い切って飛び出すことが怖く感じるかもしれませんが、腹をくくり決断して一歩を踏み出すことで、恐れていたほどの困難ではないことがわかるはず。

カードが示すメッセージ

	過去・現在・未来の状況	感情と意識	原因と解決策
正位置	前途洋々とした未来が広がっていると感じるなら、今が動くべきとき。自分自身の目標やビジョンを明確にし、進んでいきましょう。 チャンスは常に存在する／機会を見つける／主体性	未知を恐れずに進む姿勢は、新たなひらめきや創造性を引き出すことにつながります。好奇心や想像力を大切にしましょう。 積極的な意識／自由な発想／アイデアが冴える	やってみたいことがあるなら、しがらみを断ち切り、新たな挑戦をすることは成長のための大切な一歩。周囲に左右されないで。 困難に立ち向かう意欲／自信をもつ／踏み出す
逆位置	一時停止や妨げは人生の道程につきものです。大事なのは、冷静に対処し、問題の解決策を見つけること。再び好機は訪れます。 すんなりいかないが再び前進する／タイムラグ	思い通りに進んでないと感じている状態。新たな挑戦に対して不安や恐れを抱いています。自分の成長のために、肯定的に考えて。 後ろ髪を引かれる思い／煮え切らない感情／逡巡する	現状がうまくいかないとしたら、それは不安や恐れが原因。自分が本当に飛び込みたいと思うことにチャレンジしてみてください。 リスクを度外視する／気持ちを整理／思い切ってやる

テーマ別に深く解釈

	対人	お金	仕事	恋愛
正位置	夢に情熱を抱く姿に周囲の人が共感します。リーダーシップを発揮して主導権を握り、自分のペースで突き進むことでうまくいくとき。 公私にわたる関係／パートナー／同じ理想	お金になるアイデアや儲け話に期待がもてそう。自分のスキルや情熱に基づいた収益源を見つける。自分に投資するのもおすすめ。 体験や学びを発信／副業で稼げる	転職や独立して新しいビジネスを始めることは、クリエイティブな才能を発揮する良い機会。やりがいを追求しましょう。 得意な分野／興味のある領域／独立志向	チャンスをつかむ勇気が必要なとき。自信をもち、積極的にアプローチすることで、初めて見るタイプの相手とも良い関係に。 マッチングがうまくいく／自分から話を振る
逆位置	足を引っ張られやすいとき。消極的で優柔不断な相手に注意。自己実現に向けて頑張っていれば、より良い仲間を得られます。 変化しない関係／見切る選択／すれ違い	意味のある使い方を考えるべきとき。お金をかけるところを間違えると、資金不足につながります。財源を大切な目標に集中させて。 出費を減らす／無駄な保険／資金難	逃したチャンスや理想に固執していると、自己成長や将来の成功の妨げに。すぐに進展しなくて心が折れそうでも努力を続けて。 誤った判断／反対される／実行できない	相手の気持ちを気にし過ぎて、本当の気持ちを伝える勇気がありません。好きなのに怖がるばかりで、行動できない状況です。 ライバルに先を越される／思い切りが悪い

ワンドの 4

FOUR of WANDS

満ち足りた平和

成功や豊かさを象徴する城を背景に、和気あいあいと祝福のダンスを繰り広げる人々の姿は、幸せな恵みに満ちた世界を表しています。主人公の旅は順調で、迷いも不安も拭い去られ、理想へのチャレンジは、それなりの成功を収めたのでしょう。目指すゴールはまだ先ですが、祝福と歓待を受け、ひとときの安らぎを得たはずです。ただひたすらに走るばかりではなく、ときには立ち止まって英気を養い、豊かさや幸せに包まれたときを過ごすことの大切さを、このアルカナは伝えているのです。

> このカードが出たときのキーワード ▶▶ **繁栄・安らぎのひととき**

正位置	逆位置
安心感を抱ける	**平和に過ごす**
続けてきたことに結果が出てきたり、うまくいかなかったことに希望の光が差したりして、安心や喜びを感じられるとき。1人で行動するだけでなく周囲の人々に頼りながら、心を通わせて。頑張ってきたことが実を結んだなら、自分で自分をほめてあげること。	混乱が落ち着き、安心感を抱けるでしょう。心配していたほど悪いことにならずに、事態が良い方向に進んでいきそうです。ただし、行動を起こすパワーにあふれているときではないので、問題提起や改善を行うことは避けて。今は平和主義で過ごしましょう。

カードが示すメッセージ

	過去・現在・未来の状況	感情と意識	原因と解決策
正位置	これまでの努力が報われ、助けの手が差し伸べられます。周囲の人々があなたの努力や成果を認め、支えてくれるでしょう。 心強さを感じる／わかってもらえる／安堵感がある	安心感を得られるとき。今までの疲れを癒やし、心のバランスを整えるためリラックスして過ごしましょう。自分自身を大切にして。 心地よい時間／ほっと一息つける／人生の充実	精神的なゆとりやリフレッシュを意識したいとき。あれこれ手を出さず、運動、趣味に没頭するなど、自分に合った方法を見つけて。 ストレスを軽減／しっかり充電／休息を取る
逆位置	これまで落ち着かない状況が続いてきたかもしれませんが、現状は思ったほど悪くなさそう。周囲への感謝の気持ちを示しましょう。 穏やかなひととき／「ありがとう」を言う	心の軽さや自由さを感じることができる。すぐ動くより適切な休息を取り、バランスの取れた食事や良質な睡眠を意識しましょう。 プレッシャーから解放される／平穏な時間／平和	人間関係の調和を保つため平和的な解決を図りたいとき。感情的になると交渉が決裂するので、穏やかな口調を心がけつつ話をして。 事を荒立てない／適切な言葉／傷つけない配慮

テーマ別に深く解釈

	対　人	お　金	仕　事	恋　愛
正位置	助けの手を借りることや良い友人を得ることで、人生が豊かに。感謝の気持ちを忘れずに、和気あいあいとした時間を過ごして。 支えてくれた人に感謝／今までの恩に報いる	思いも寄らない臨時収入やギフトがもたらされて、うれしいサプライズに。アロマやマッサージなどにお金を使うと満足できそう。 優雅にくつろぐ／癒しの時間／労わる	仕事が一段落して成果が上がるとき。解放感とともに、自信や充実感を得ることができます。職場環境がより良くなる可能性も。 職場仲間との交流／アットホームな雰囲気	恋が進展するチャンスが到来。始まったばかりの恋のときめきを大切にしながら、お互いを理解し合い、関係を深めてください。 楽しいデート／ステキな時間／より深い絆
逆位置	自己主張も大切ですが、相手の意見や感情を尊重することも大事。特に今迷っているなら、友人の助言にヒントがありそう。 意見に耳を傾ける／丸く収まる／言い分	自己実現のためには、安定した収入を得ることが大事。たとえお金が入っても、娯楽については適度な範囲で楽しむよう心がけて。 きちんと対価が支払われる／経済的な安定	計画が順調に進んでいる様子。ただし仕事に没頭しすぎて疲れがたまると、パフォーマンスに悪影響を及ぼすこともあるので注意。 心身の休養は急務／トラブル解決／働きすぎ	ドラマチックな展開はないものの、平穏な関係を築いていくことに意義があるとき。誤解が解け、信頼関係が築かれる兆しも。 パーティーでの交流／社交／穏やかな間柄

ワンドの 5

FIVE of WANDS

✷ このカードのストーリー ✷

問題に立ち向かう

　混乱した状況や葛藤を暗示するこのアルカナは、乗り越えねばならない山場を象徴しています。理想が高いほど、望みが大きいほど、実現への過程で遭遇する試練は大きいでしょう。精神的な苦痛や葛藤に直面するのは、避けられないことなのです。主人公の旅路に現れた反対勢力は、彼自身の魂を試そうとしているのでしょう。反乱を収束させるためには、妥協したり、打開策を講じたりしなければなりません。けれど、それによって彼は一回り大きく成長し、真の勇者にふさわしい人物となるのです。

 このカードが出たときのキーワード ▶▶ 対立・信念を試される

正 位 置	逆 位 置
困難に負けない情熱	**冷静に判断する**
不利な仕打ちや理不尽な状況に直面する可能性が。人生は挑戦と困難の連続ですが、情熱と意志の力をもって立ち向かえば、いずれ成功を勝ち取れるでしょう。苦しい問題に直面したときには、自分自身を奮い立たせ、戦い続けることを心に留めてください。	不利な状況が長引き、歩みが止まりそう。トラブルの対処に追われることもありますが、冷静に動けば事態はいずれ落ち着きます。一時的に現状維持を選択し、いちいち感情的にならずに判断することが、状況を改善し前進するための貴重な経験となります。

カードが示すメッセージ

	過去・現在・未来の状況	感情と意識	原因と解決策
正位置	混乱や対立に巻き込まれがち。冷静な判断をすることで、問題を解決する道が開けるはず。何事も深入りしない姿勢を貫いて。 状況を客観的に見つめる／不利な立場／深入りはNG	混乱した状況や感情を抱えることになるかも。一度にすべてを解決することは難しいかもしれませんが、冷静さを保ちましょう。 問題解決に向けた行動／プレッシャーを克服する	ひるまずに困難に立ち向かう姿勢が求められます。戦うことは決して簡単ではありませんが、自分の意志と努力をもってぶつかって。 成長への経験／成功への道を開く／勝ち取る
逆位置	事態が悪化し、問題が長引いている状況。焦らずにコツコツと取り組み、状況の改善に向けて努力を続けることが重要です。 一歩ずつ前進／問題解決への道を探る／地道な努力	苦しみを感じ、気持ちが揺らいで疲労困憊している様子。1人で抱え込まずにサポートを求めることで改善されるでしょう。 心身ともに弱っている／疲れが溜まる／自信がない	奇跡を願うより着実な努力が必要になるとき。一気に状況を好転させようとせず、困難を乗り越える過程での教訓を大切に。 丁寧に向き合う／1つずつ解決／地道な努力

テーマ別に深く解釈

	対 人	お 金	仕 事	恋 愛
正位置	対立構造に直面した際は、冷静な判断と客観的な視点を保つこと。面倒な問題に巻き込まれても強い意志と柔軟性をもって対応を。 反対勢力の登場／信頼への裏切り／試される	予定したお金が入らなかったり予定外の出費が重なったりして、経済的困難に見舞われる。失望感を抱かず、予算を見直し問題解決を。 信じていた相手にだまされる／大きな支出	一から仕事をやり直すことや大幅な路線変更により、困難で忙しい時期がもたらされそう。前向きな姿勢で行動することを心がけて。 息つく間もない慌しさ／反対を押し切る	ライバルの出現や相手に好きな人がいる可能性を知ると、不安や心配が生じそう。周囲の反対を受けても、好きな気持ちを大切に。 恋のライバル／一方通行の恋／祝福されない
逆位置	内紛や協調性の欠如、仲間の分裂や絆の喪失など、困難な状況に。冷静な判断と協調性を発揮し対話を重視しながら解決に取り組んで。 信頼を失う／時間をかけて説得／内輪揉め	不況に陥り収入源を失ったり貯金を切り崩したりする厳しい状況に。節約や新たな収入源を探すなどの方法を模索しましょう。 金銭トラブル／景気の悪化／節制への意識	計画が頓挫し、交渉がまとまらないとき。問題が解決しない状況は苦しいものですが、感情的になって選択を誤らないで。 思うように進まない／ヒステリー／判断ミス	進展しない状況やすれ違いに悩みがち。会えない期間が長く続く場合も、焦らずに現状維持の努力を続けてください。 気持ちの行き違いが起きる／ギクシャクする

ワンドの 6

SIX of WANDS

✳ このカードのストーリー ✳
勝利して主導権を得る

　戦いを終え、心身ともにたくましく成長した主人公が凱旋しています。彼は混乱を収め、華々しい勝利を手にしたのでしょう。けれど、単純に勝利する、栄光をつかむということを暗示しているのではありません。己の信念を貫き、自己をコントロールし、そして最後まで諦めなかったからこそつかめた勝利なのです。彼の表情には、揺るぎない自信がうかがえます。そこには、自分に対しても、周囲に対しても、期待を裏切ることなく完全に自分をコントロールできている様子が感じられるでしょう。

このカードが
出たときの
キーワード ▶▶ ## 前進・成し遂げる

正位置
成功を勝ち取る

　頑張りが報われ、不利な状況が一転してチャンスが訪れます。周囲からの称賛を浴び、誇りを感じたり自信が深まったりするでしょう。自分がたくましく、賢くなったと感じることは、素晴らしい成長の証。成功を勝ち取った自分にプライドをもってください。

逆位置
最後まで諦めない

　結果が望み通りにならないことや、頑張っても認められない可能性が。裏切りやライバルの登場も、やる気をくじく要因となるでしょう。挫折はつらい経験ですが、最後まであがき続けることは重要です。今後、道が開ける可能性は常に存在しています。

カードが示すメッセージ

	過去・現在・未来の状況	感情と意識	原因と解決策
正位置	追い風が吹いている状況。チャンスをつかむ好機です。周囲のサポートを受けながら、自己の能力を最大限に発揮してください。 成功への道を進む／望む結果を手に入れる	晴れ晴れとした誇らしい気持ちになりそう。自分に自信をもって行動できます。チャンスを見逃さず、胸を張って進んでください。 自己肯定感／自分をほめる／堂々とした態度	好機到来。これまで逆境に耐えてきた分も、勝利の美酒を味わって。情報を見逃さないよう敏感に感じ取り、積極的に行動を。 チャンスを手に入れる／成長や成功への一歩
逆位置	逆風に見舞われてダメージを受けがち。困難な状況ですが、諦めることなく対処すべきです。自分を信じて逆境に立ち向かって。 試練と向き合う／どこまでも諦めない／裏切り	気持ちが傷つきやすい様子。逆境に見舞われたときこそ、困難を乗り越える意志と行動力をもち続けること。くじけずに頑張って。 スランプに陥る／自分を否定する／自己嫌悪	逆境に直面したときこそ、最後まで諦めずに努力を続けること。困難や挫折に苦しんでも、忍耐力をもち続け、根気よく前進して。 苦境を乗り越える／辛抱強さ／くじけない

テーマ別に深く解釈

	対人	お金	仕事	恋愛
正位置	頼りがいのある協力者や信頼できる上司・部下との関係が築けます。謙虚さを忘れず、信頼関係を大切にしながら絆を育んで。 成功者に学ぶ／良い方法を真似る／驕らない	大きな収入が期待できます。昇給や臨時ボーナスなど、うれしい驚きを感じそう。周囲におすそ分けすると素晴らしいお返しが。 予想以上にお金が手に入る／莫大な利益	昇進や大抜擢などがあり、うれしい驚きを感じそう。堂々と栄誉を受け容れて。任された仕事で予想以上の成果を出すことも。 晴れがましい出来事／出世する／ほめられる	好きな人と両思いになれるとき。振り向いてくれた喜びを忘れず、自分磨きを続けて。交際相手がいる場合はゴールインの予感も。 不安が解消／待望のプロポーズ／脈がある
逆位置	油断すると足元をすくわれそう。あなたを陥れようと裏で画策している人がいるので注意して。ライバルや競争相手も登場する兆し。 出し抜かれないよう注意／相手を見極める	詐欺や盗難などに注意。だまされると支出が増えるだけでなく、気持ちも落ち込むので、周囲の人を簡単に信じすぎないで。 借金の肩代わり／相次ぐ支出／経済的打撃	後輩に追い越されたり、成果を横取りされたりして、スランプに。すぐ解決の目途が立たなくても、頑張る姿を見ている人はいるはず。 足元をすくわれる／膠着状態／突破口がない	好きな人をライバルに奪われる可能性が。落ち込むかもしれませんが、あなたを本当に好きでいてくれる人に心を開きましょう。 望まぬ知らせ／恐れが現実に／先を越される

ワンドの 7

SEVEN of WANDS

✳ このカードのストーリー ✳

優利な立場に立つ

　成功を手に入れた後、自分の地位や立場を守ろうとする段階を表すアルカナです。冒険の旅に、安息はないのでしょうか。皆より高い位置であり、優位なポジションにいますが、下からの突き上げに抵抗している様子は、油断していてはすぐに足元をすくわれることを暗示しています。けれど、ここで勝利すれば未来への着実な礎を築くことができ、将来の発展が約束されるのは間違いありません。だからこそ、彼の表情は真剣そのものであり、足元をすくわれないように、自分自身を律しているのです。

> このカードが
> 出たときの
> キーワード ▶▶
>
> # 立場を維持する

正 位 置	逆 位 置
足場を固める	**不利な状況を巻き返す**
状況が逆境に見える場合でも、あなたが有利な立場にいるという自信は大切です。積極的に動き理解を得ながら進んでいくことで、苦難を乗り越えることができます。敵を作らずに協力関係を築くことや、自己成長に取り組むことを忘れずに進んでください。	攻撃や逆風を受けて劣勢に。困難な状況を前に弱気になることもあるかもしれませんが、柔軟性と忍耐をもって対応して。自分はまだやれると奮起できれば、苦境から脱するための道筋が見えてくるはず。かならず状況が好転し、有利な立場に変わるでしょう。

カードが示すメッセージ

	過去・現在・未来の状況	感情と意識	原因と解決策
正位置	敵を作らずにうまく立ち回りたいとき。丁寧なコミュニケーションを重視し、共通の目標を探って。妥協や柔軟性を大切に。 態度に気を配る／良好な関係を築く／根回し	慌しく落ち着かない状況に心が乱れがちですが、隙を見せると裏をかかれるので、慎重になり、ストレスをできるだけ軽減して。 焦らず冷静に判断する／着実に進む／慌てない	成功に向けて進む際には、障害を取り除くことが不可欠です。今、何が障害になっているのかを見つめ直し、着々と問題を解決して。 受け身に回ると隙を突かれる／問題を見極める
逆位置	事態が悪化し、もがけばもがくほど苦境に立たされている様子。そんなときこそ冷静に分析し、小さなステップから解決策を探して。 下手に動かない／落ち着く／ジタバタしない	弱気になり、どうして良いかわからない状況に立たされて、焦りや混乱が生じがち。まずは自分を落ち着かせるために、深呼吸を。 落ち込む／なすすべがない／腰が引ける／パニック	逆風に悩まされているなら、仕切り直してやり方を変えて。現在の状況を客観的に評価し、問題点や課題を明らかにしましょう。 変革する／自己流でやらない／リセット／洗い出す

テーマ別に深く解釈

	対人	お金	仕事	恋愛
正位置	リーダー的存在になることは、周囲の支持を得るのに有効。何があってもついてきてくれる存在も作っておくと良さそう。 約束事を念押しする／味方を作る／発言力	不測の事態に備えてお金を貯めることは賢明な選択。緊急の出費や予期せぬ状況に困らないため、積極的に貯蓄を行いましょう。 後輩におごる／自分の権利を主張／事前準備	仕事のピンチをチャンスに変える必要が。立場を利用して契約をとったり、上司や顧客を説得したりする場面もありそうです。 したたかさを発揮／賢い立ち回り／逆転する	愛する人を守りたいとき。恋の反対者の説得に臨む際には、真剣さと相手の立場への理解を意識して。わかってもらえるはず。 しっかり伝える／自分の思いを話す／真摯
逆位置	非難や攻撃に直面し、孤立することがあるかも。もどかしい思いをしそうですが、冷静な判断と精神的な強さを維持しましょう。 大事な人を守れない／しがらみ／孤立無援	金銭面で不利な条件を押しつけられることや、労力に対する対価が少ない状況がストレスの原因に。イライラによる散財を抑えて。 適度な休息を取る／過食に注意／高い買い物	難題が山積み。左遷や降格、下からの突き上げに直面し、頭を抱える場面が。大事な交渉が決裂して落ち込むこともあるでしょう。 トラブルの連続／出し抜かれる	意中の人が他の人に奪われ、泥沼化の状況に直面しがち。恋を諦めたくなりますが、投げやりにならずに立ち直しましょう。 墓穴を掘る／葛藤が生じる／状況の悪化

ワンドの 8

EIGHT of WANDS

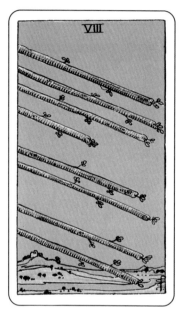

※ このカードのストーリー ※

降って湧いたチャンス

このアルカナには、人物が描かれていません。人知の及ばない事象を表しているのです。また、斜めに飛んでいる8本のワンドは、物事の急速な進展を暗示。番号の8は、無限を表す記号に通じていて、物事を拡大発展させるという意味をもちます。このアルカナが出たときは、目に見えない力が働き、一気に状況が動く可能性があるということ。新しい友情が芽生えたり、協力関係ができたり、待ちに待った知らせが届いたりすることなどによって、物事が大きく広がり、発展していくでしょう。

 このカードが出たときのキーワード ▶▶ ## 目に見えない力が働く

正 位 置	逆 位 置
うれしいハプニング	**邪魔が入る**
待ち望んでいた朗報が舞い込む可能性が高まり、成功が手の届く距離に感じられるでしょう。停滞していた状況から一気に前進できることで、イライラしていた感情も和らぐはず。大切なのは、これまで協力しサポートしてくれた人々への感謝を忘れない姿勢です。	あと一歩というところでチャンスが訪れず運に恵まれていないように感じるかも。でも、天が味方してくれない場合は、逆に試練や学びの時期である可能性があります。好機が訪れるまで忍耐強く待ち続け、成長し続けながら、将来に向けて準備を整えましょう。

カードが示すメッセージ

過去・現在・未来の状況

正位置

良い方向への急展開が訪れ、大成功のチャンスが近づいています。自分に自信をもち、機会を最大限に生かす努力をしましょう。

成功が目の前に／吉報が舞い込む／急発展

逆位置

運の波に乗れないとき。改めて自分の目標を明確にしましょう。どのような状況に直面しても方向性を定めて動いてください。

目標を見失う／ツキに恵まれない／迷いが出る

感情と意識

正位置

不安や懸念が解消されそう。新たな気づきがあったことに喜びの気持ちをもちましょう。目標を設定し、具体的な行動を起こして。

心配がなくなる／大事な発見／気持ちの解放

逆位置

チャンスを逃しがち。寂しさや不安を感じてがっかりしそうですが、そんな場面では自分自身を支える方法を見つけることが大切。

気持ちが不安定に／孤独感／落ち込む

原因と解決策

正位置

状況が動きそう。目標に向かって進みたいなら、プランを立てる必要があります。具体的なステップや行動をリストアップして。

心の準備を／今できること／未来のイメージ

逆位置

混沌とした状況を客観的に把握し、問題の要点や背景を整理しましょう。散歩や趣味に没頭するなどして、頭をリフレッシュさせて。

冷静になると打開策が見つかる／慌てない

テーマ別に深く解釈

対 人

正位置

チームワークを強化する必要が。意見交換を行い、お互いの役割や目標をはっきりさせて。相手のサポートに対して感謝を忘れずに。

身近な人の協力／お互いを励まし合う／謙虚

逆位置

意思疎通を図るには、言いたいことを明確にして。率直なメッセージを発しつつ、相手の視点や意図を理解し、課題を見つけて。

助けてくれない／伝わらない／気まずくなる

お 金

正位置

思わぬ臨時収入やギャンブルでの勝利で、お金にまつわる不安が軽減されます。将来の目標に合わせて、予算を立ててください。

あぶく銭を使い切らない／優先順を決める

逆位置

物質面での満足感が得られない状況や収入の減少により、心理的な不安やストレスが。今、大切なものが何かをよく考えて。

物質面より心の幸福／ギャンブルでの負け

仕 事

正位置

突然の辞令や異動、そして新たな条件による動き出しなど、挑戦的な状況に立たされる。柔軟な態度で情報収集に励みましょう。

ここぞの場面で決める／即断即決／機密情報

逆位置

何かとタイミングが悪いとき。自分でも時代遅れであると感じるアイテムやサービスを提供しがち。柔軟な姿勢でデータを見直して。

買い手の需要を読む／今出すべきでない商品

恋 愛

正位置

ドラマチックで運命的な出会いや告白のチャンスが到来。滞っていた関係が進展するので、そんな場面では素直に愛を伝えて。

愛に包まれる／日常の喜びを共有／幸福な恋

逆位置

出会いのチャンスに恵まれず、今は婚期ではないと感じそう。わだかまりがあるなら、過去の別れや未練に向き合ってください。

新たな可能性を妨げている問題／感情の整理

ワンドの 9

NINE of WANDS

戦闘に備える

ワンドの旅における最後の戦いを意味しています。9は物事の完成を意味する数なのです。これまで勝ち得たものを守るべく、身構えている主人公。その表情は、油断がならない状況であることを示しています。もうひと頑張り粘りを見せて、最後まで気を抜かずに取り組む姿勢を見せる必要があるでしょう。繁栄と発展を手にできるか、あるいは破綻や崩壊に至るのかは紙一重です。だからこそ彼は、完全なる勝利をものにしようと、些細なミスも許さぬ覚悟で自分を律しているのでしょう。

 このカードが出たときのキーワード ▶▶ 最後まで油断しない

正位置

人事を尽くして天命を待つ

目の前には恐怖や不安があるかもしれませんが、今は自身の能力や経験に自信をもちましょう。力を出し切り最善の準備と人事を尽くした上で、天命を待つことが大切です。継続的な努力を積み重ねることで戦いに勝利する可能性を高めることができるでしょう。

逆位置

絶望に負けない心をもつ

大事にしてきたものを奪われそう。絶望や虚無感に襲われるかもしれませんが、自分を信じて立ち向かうと、救いが訪れるはず。何事も投げ出さずに前進することは、困難な状況から希望を見つけるための重要なステップ。前向きな目標に向かって努力して。

カードが示すメッセージ

	過去・現在・未来の状況	感情と意識	原因と解決策
正位置	最終局面に来ています。結果を待つ状態では、忍耐力と落ち着きをもつことが重要です。焦らずに待ち、感情を整えましょう。 不安にとらわれない／冷静に結果を聞く／我慢する	湧き上がる疑いや不安、そわそわと落ち着かない気持ちから、ときに不安定な状態に陥ることが。今は自分の感情と向き合って。 自分を観察／置かれた状況を知る／心配する	「なるようになる」という覚悟をもつことで、試練に立ち向かうパワーが出そう。失敗や困難を前向きな学びの機会ととらえて。 挫折しても奮起する／開き直る／腹をくくる
逆位置	妨害や試練が訪れ、後一歩のところでチャンスを失う状況があるかも。強固な意志をもち、状況を冷静に分析しプランを見直して。 惜しい状況／ギリギリで逃す／邪魔される	無力さを感じ、すべてを投げ出したい気持ち。目標を達成するために何が必要で、それを追求する意義や価値は何かをよく考えて。 目標や夢の再評価を／諦めの心境／頑なになっている	もう一度、心を奮い立たせて挑みたいとき。落ち込んだ場面では自分の長所やチャームポイントを言葉にすることで心を励まして。 リベンジ／喝を入れる／気合いで乗り切る

テーマ別に深く解釈

	対人	お金	仕事	恋愛
正位置	気まずい相手や警戒心の強い人と関わる。相手の視点や背景を考え、共感や理解を示すことが、関係改善の一歩になるでしょう。 信頼できない人に近づかない／ガードが固い	資産を守り、増やす必要性を感じそう。金銭の流れを管理し、マストなものに投資を。契約書をよく読み、慎重に判断する必要も。 貯金する／浪費を避ける／見合った報酬	些細なミスからほころびが出るので、最後まで注意を怠らないで。予期しない状況にも臨機応変に対応できるように心構えをして。 成功まで後一歩／準備万端／最悪に備える	粘り強く努力を続けることで恋が実る可能性が高まります。ライバルの動きにも警戒する必要が。焦らず自分をアピールして。 忍耐力／勝利を信じる／ベストを尽くす
逆位置	油断した隙を突かれる可能性があります。防衛本能を鋭くして、自分の価値観を守るために、相手に対して適切な距離を保って。 頑なな人物／敵が接近している／立場を確立	日々の不安や手ごたえのなさによって稼ぐ気力が失われがち。一時の気の迷いで大散財しやすいので、将来のためにお金を蓄えて。 必要を考える／財産を奪われる／計画の破綻	不利な状況に直面しそう。覚悟を決めて仕事に挑むべきにもかかわらず、緊張の糸が切れてしまい、詰めが甘くなる可能性も。 決断力をもつ／確約のない成功／気がゆるむ	ネガティブな想像や不安が的中し、恋が破綻する可能性が。物事がうまくいかない不安にとらわれず、自己肯定感を高めましょう。 良くない妄想が広がる／再度アプローチする

ワンドの 10

TEN of WANDS

忍耐と努力の末の成功

　旅の到着地点に、主人公は至ったようです。しかし彼は、ここから次なる戦いに向かおうとしているのでしょう。最初の頃と違うのは、彼に守るべきものがあること。何かを得れば、何かを失うこともあります。大事なものを守る責任、または奪われるかもしれないという不安や緊迫感との戦い。そういったものに、これから彼は立ち向かうのでしょう。彼の姿は、夢の実現にはそれなりの時間と労力が必要で、どんな小さなことも軽んじたり手を抜いたりしてはいけないと教えているようです。

重い責任・重圧

正 位 置	逆 位 置
苦難の道を進む	**課題を抱える**
一難去ってまた一難が訪れるといった状況。本当に自分の選択が正しかったのか悩むこともありますが、目の前の問題はあなたが成長したからこそ直面しているものです。それをクリアしながら、さらなる高みを目指すことが大切。自分の成長を信じ、前進して。	目の前に山積みの課題がある状態。さらに策略にはめられたり、引き受けすぎたりして重圧に耐え兼ねる可能性も見えています。ストレスによって心身の調子を崩すこともあるので注意が必要。そんなときは一度切り替え、仕切り直しをすることで再スタートを。

カードが示すメッセージ

	過去・現在・未来の状況	感情と意識	原因と解決策
正位置	新しいものを手に入れると同時に、それに伴う責任や義務も生じるとき。自分にとって何が重要で何を頑張るべきかをよく考えて。 終わりと始まり／何かを得れば何かを失う／立場	諦めずに進んでいきたいとき。自分自身に対して励ましの言葉をかけ、今まで達成した目標を振り返ることで、自信を高めて。 重圧に立ち向かう決意／成功体験に学ぶ／自己肯定感	目の前には大きな問題が横たわっている様子。大きな目標に向けて一気に取り組むのではなく、小さな目標を設定すること。 時間と労力をかけて向き合う／焦らない／着実にやる
逆位置	問題が長引き、頑張ってきたことを断念したくなりそう。しかし、挫折は成長の機会でもあります。目標の修正や変更を検討して。 現実的な目標設定／諦めが出る／策にはまる	心が疲弊。すべてを手放し、なお前に進むのは困難な道かもしれませんが、いずれあなたの努力と忍耐が報われるときが来るはず。 先行き不安／まっさらな状態／将来を心配する	人生においては、何かを手に入れることで新たな責任や犠牲を払うことも。そんなときは、環境をリセットするのも有効な手段です。 新たな可能性／成長の機会を得る／やり直す

テーマ別に深く解釈

	対 人	お 金	仕 事	恋 愛
正位置	粘り強くわかり合う努力をしたいとき。大事な人との対話は簡単ではありませんが、相手の意見や要求をよく聞いてください。 柔軟に対応／理解を求める／会話を重ねる	成功報酬を得るものの、骨折り損のくたびれ儲けに。納得いかないなら、自分の努力や成果を認めてもらうために自己アピールを。 給料アップを打診する／退職金を受け取る	仕事での目標達成は誇らしいものですが、頑張りすぎる過程で何かを失うことも。今の自分が責任をとれる範囲を定めてください。 学び直す／限界を知る／強すぎる責任感	恋が実り結婚したからといって、そこがゴールではありません。相手の意外な顔を知り、新たな問題に直面することも。 開かれた心で話し合う／気持ちや考えの共有
逆位置	親切心は素晴らしい美徳ですが、自己犠牲が過度になると、振り回される可能性が。優しさにつけ込まれないようにして。 人のために力を尽くしすぎ／周囲を見極める	他人の借金を肩代わりしたり、お金を貸したりすることにはリスクが伴います。自身の財政状況を把握し、負担をかけすぎないこと。 医療費が増える／債務超過／つけ込まれる	目が回るほどの忙しさ。能力以上の仕事をもてあましているなら、ワークスタイルの見直しを。自分の満足度を重視して。 利益の不足／やる気が低下／コスパが悪い	混沌とした状況。思い悩みそうですが、他人の愛情に依存せず、自分自身だけが自分を幸福にできることを覚えておいて。 報われない／見込みのない片思い／偽りの愛

ワンドの **ペイジ**

PAGE of WANDS

PAGE of WANDS.

未知の可能性

　未知なる土地に一歩を踏み出して、これから何かを成し遂げようとしている青年。荒野の中、手には1本のワンドのみ。今はまだ、自分の秘められた可能性に気づいていないかもしれませんが、将来を期待された存在であることは間違いありません。彼の背景に描かれている地平と山々は、次のステージを切り拓くために、乗り越えねばならない試練を暗示。けれど、彼の表情は意欲に満ちています。粗削りではあるものの、きらりと光る何かをもっている彼。若さと可能性を感じさせるアルカナです。

 このカードが出たときのキーワード ▶▶ **情熱的なエネルギー**

正位置	逆位置
なりたい自分をイメージ	**内なる情熱を信じる**
人生は舗装された道が用意されているものではありません。自身が進む方向を決め、道を切り拓く必要があります。なりたいイメージや目標を具体的に描き、ビジョンに向かって行動しましょう。未経験のことほど幸運が訪れる可能性があるので積極的に挑戦を。	葛藤や意志薄弱さ、周囲からの重圧などが新たな道を切り拓く障害になりそう。そんなときこそ、信頼すべきは自分自身の情熱と直感です。環境や他人の意見に左右されず、自分が本当にやりたいと感じることに向かって進んでください。心の声に耳を傾けて。

カードが示すメッセージ

	過去・現在・未来の状況	感情と意識	原因と解決策
正位置	目の前にはあらゆる可能性が広がっています。自分が本当にやりたいと感じることや、心から取り組める分野を見つけてください。 進路を考える／やる気を高める／無限の機会	希望にあふれ、楽観的にものを考えられるとき。自由になりたい気持ちが高まっているので、チャレンジを楽しむことが大切です。 ポジティブな思考／解放感／未経験のこと／希望	新たな可能性を前に戸惑いを感じそう。勇気を出して飛び込むことは、成長するうえで欠かせません。可能な限り情報を集めて。 リスクや困難への覚悟／未知の世界に挑戦
逆位置	周囲からの妨害を受けた結果、不安定な立場に置かれそう。自分を見つめつつストレス対策を行い、長期的な目標に向かって進んで。 邪魔される／立ち位置が揺らぐ／周囲の重圧	優柔不断になり、自分で決められない様子。選択肢が多くて迷う気持ちがあるなら、優先順位を設定することが助けになります。 直感がブレる／判断力が鈍る／迷い／気が散る	人任せにしやすくなっています。自分で決断することは、自信と責任をもつための大事な行動です。価値観と目標を明確にして。 自分で決める／依存しない／決定権をもつ／主導権

テーマ別に深く解釈

	対人	お金	仕事	恋愛
正位置	憧れの人物が現れたり、人脈に恵まれたりしそう。友人や仲間から刺激を受け取ることも。困難に立ち向かう勇気が今後の糧に。 幸運な出会い／先駆者に学ぶ／親愛の情	臨時収入が期待できそう。それで新しい趣味を始めることや旅行に出かけることは、心身のリフレッシュにつながる素晴らしい選択。 疲れを取る／ストレスを癒やす／棚ぼた	斬新なアイデアが浮かぶことは、才能の開花を感じさせる素晴らしい兆候です。新しい道を切り拓くことができるかもしれません。 将来の可能性／創作意欲／前代未聞のプラン	理想的な出会いが、ときめきをもたらしそう。今まで好きになった人と異なるタイプの人に興味をもつことで可能性が開けるかも。 新しい恋の始まり／ワクワク感／視点の転換
逆位置	第三者の余計な助言が、あなたの決断を邪魔することが。他人の意見や期待に振り回されるのではなく、自分自身が望む道を選んで。 親の横やり／過度な期待／自分の声を聞く	援助を得られない状況に直面し、逃げ出したくなりがち。自分の力や資源を最大限に活用し、問題解決に取り組みましょう。 資金繰りの不安／マンネリな生活／逃避願望	スランプに陥ったときは、冷静に自分と向き合い、本当に追求したいものを見直して。悩むこともありますが、時間をかけて回復を。 創作意欲の減退／希望とは違う進路／停滞	恋人選びに迷い、気になる人に近づく勇気が出ないまま、気持ちが消滅しがち。自分の魅力を信じてアピールをしかけましょう。 本命が定まらない／トーンダウン／横やり

ワンドの ナイト

KNIGHT of WANDS

KNIGHT of WANDS.

✳ このカードのストーリー ✳

理想の追求

求めるものを獲得するための挑戦を始める騎士。勇猛な馬にまたがり、熱い意志を燃やしています。もう引き返すことはできません。自信に満ちあふれた彼の表情は、勝利を得たときの誇らしさを想像しているかのようです。彼はこの戦いに正面から挑み、自分の内面にある敵に打ち勝つでしょう。たとえ予断を許さない状況の中だとしても、真価が問われるのを十分承知した上で、進軍しようとしているのです。そして彼は難局を乗り切り、思い描いていた理想を手にするでしょう。

このカードが
出たときの
キーワード ▶▶

経験値を上げる

正 位 置	逆 位 置
経験値を上げる	**行動が裏目に出る**
人生には戦うことでしか得られないものがあります。勇気をもって挑戦し困難に立ち向かえば、成長や目標達成を実現できるはず。保険や安全策を考えることは悪いことではありませんが、自分自身の力やチャンスを信じ退路を断って挑戦する勇気をもちましょう。	次々と問題が浮上し行く手が阻まれる状況に、イライラや諦めの気持ちに襲われそう。そんなときは一度退いて状況を見極め、リフレッシュしてから客観的な視点で対策を考えましょう。短絡的で衝動的な行動は控え、失敗は次に生かして。

カードが示すメッセージ

	過去・現在・未来の状況	感情と意識	原因と解決策
正位置	今、あなたの目の前にある転機は楽しいチャレンジへの道。恐れや不安を抱えつつも、積極的な姿勢で行動を起こしましょう。 人生の転機が到来／新たな道を進む／前進	情熱的になるとき。自信は成功への重要な要素で、試練を乗り越える勇気を与えてくれるもの。適切な行動を選択し、さらに成長を。 恐れを知らない／どんどん進む／克服する	望んでいた世界を実現するチャンスが到来。難しく考えすぎず、とにかく動くことで、より成功に近づくことができるでしょう。 今すぐ行動を／迷ったらやる／即断即決
逆位置	泥沼化した状況で足止めを食らっています。新たな視点やアイデアを探るために、異なる情報源や意見にふれてみて。 無理に解決を図ると失敗／ジタバタしない	過度なイライラは、精神的な疲弊を引き起こすことがあります。自然にふれる、音楽を聴くなど、リラックス方法を探して実践を。 ストレスや焦り／もどかしさ／空回りしている	何事も無理に進めると、後で問題を引き起こす可能性が。大事なのは行動に移す前に冷静に状況を分析すること。冷静に判断を。 自分の限界を認識する／状況を見て調整する

テーマ別に深く解釈

	対 人	お 金	仕 事	恋 愛
正位置	生産的な話し合いは、関係を深めることにつながります。仲間とのコミュニケーションを通じて、お互いをサポートし合って。 建設的協力／本音での衝突／他者への影響	予想以上の利益に期待大。キャリアアップに投資すると素晴らしい成果が。将来の目標に向けて効果的に活用し成長につなげて。 バーゲンに行く／欲しかったものを獲得する	状況が有利に展開しそう。勝負をかけることは、新たなチャンスの可能性を秘めています。自身の判断と努力を成功につなげて。 冒険する勇気／プランに着手／出世する	愛する人を手に入れたいとき。大胆なアプローチを試みると、新たな出会いや可能性が生まれそう。自信をもって行動しましょう。 運命の出会い／魅力的な相手／たくましさ
逆位置	話し合いが決裂。怒りが湧くかもしれませんが、冷静になって。ライバルに出し抜かれる兆しがあるものの、抜き返す気概が大事。 仲たがい／イライラする／先を越される	金銭トラブルの暗示。欲しいものが手に入らない経験はとてもつらいもの。現在の収入と支出を見直し節約の方法を模索しましょう。 予算を立てる／生活費をねん出／必要経費	仕事の計画がやや無謀に。進展のない状況は苦しいものの、成果が上がらないのであれば、まずは基本からじっくり見直して。 ストップがかかる／やる気がダウン／強引	頼りがいのない相手の態度が原因で信頼を欠いてしまいがち。でも、今は一時的に関係が悪化しているだけ。落ち着いて状況を見て。 安定しない／過去の恋人を思い出す／未練

ワンドの *クイーン*

QUEEN of WANDS

QUEEN of WANDS.

✳ このカードのストーリー ✳

理想を支える激しい情熱

　咲き誇るヒマワリからわかるように、火（太陽）の女王は周囲を照らす光のような存在です。女王は母性的象徴を意味しますが、見守り育む強さというより、ピンチのときには何としてでも子を守るという「女の底力」をイメージさせます。パワフルでありながら、寛容な態度で玉座に鎮座する女王は、間もなく届く朗報を、期待しながら待っているのかもしれません。確実な成長や目的の達成を予感しているとき、その予感は必ず現実になるのだと、ワンドの女王は知っているのです。

このカードが
出たときの
キーワード　▶▶ **勝機は確実にものにする**

正 位 置	逆 位 置
信念を貫いて進む	**気持ちを押しつけない**
自信を失っているときや困難な状況のときこそ、信念を曲げずに諦めずに頑張り続けることが重要です。一筋縄ではいかなくても、もうすぐ成功や認められる瞬間が近づいています。ネガティブな考えや不要なグチを避け自分自身を励ましながら前進しましょう。	過剰な強さや意見の押しつけは、コミュニケーションや人間関係に悪影響を及ぼすことがあります。対話をするときは、相手の意見や感情を尊重して。セクシーさを売リにしやすいときですが、それは自信のなさの裏返しであり良い結果にはなリにくいでしょう。

カードが示すメッセージ

	過去・現在・未来の状況	感情と意識	原因と解決策
正位置	目指している成功は目の前にあります。これまで思い通りにいかなかったとしても一発逆転の可能性大。自分を信じて進みましょう。 ゴール直前／目標に近づく／ラストスパートを切る	まっすぐに信じる気持ちが勝利を引き寄せるとき。たとえうまくいかないと思っても諦めないで、強い感情をもち続けましょう。 成功を獲得／不屈の精神／諦めない／信じ続ける	強気で自分を売り込むことが成功を手にする秘訣。うまくいかないときは、自分の良いところを1つずつ書き出してみましょう。 最後まで自分を信じる／長所や強みを生かす
逆位置	あれこれ根回しをして他人を利用しようとした結果、敵を作ったり孤立したりすることが。素のままのあなたを見せてください。 小賢しいと思われる／ゴリ押しが過ぎる	わがままな部分がクローズアップされそう。味方に対しても疑いの心を抱きがちなので、周囲を信じる気持ちを大切にして。 成功への嫉妬／やきもち／猜疑心を抱く	本来頼るべき相手に疑いを抱き、ギクシャクする可能性が。最終的に信じて良いのは自分自身。自分で自分を肯定してあげて。 ネガティブにならない／心を鍛える／自己肯定

テーマ別に深く解釈

	対人	お金	仕事	恋愛
正位置	明るくニコニコしていると好感をもたれる。何事もポジティブに考えたいときですが、悩んだときは姉御肌の女性に相談してみて。 朗らかさ／笑顔／愛嬌がある／年上の女性	お財布が潤っている状態。人に分け与えたり、自己投資に使ったりすると運が開けます。美容にお金をかけて魅力を高めて。 満ち足りる／経済状況が良い／自分を磨く	順調に仕事が進み、成果が出る。転職や独立を考えるのもあり。人生をより良いものにするために最後まで妥協しないでください。 起死回生の策／一発大逆転／譲歩しない	諦めかけていた関係に光がさしそう。女性のほうがリードすると、関係が一気に進みます。相手に尽くすと喜んでもらえるはず。 人気者になる／モテる／献身的な態度
逆位置	過度な自己主張がひんしゅくを買いやすいとき。場で浮いてしまうとやりづらくなるので、バランスの取れた会話を心がけて。 裏表のある人／敵が増える／居心地が悪い	ファッションやアクセサリーにお金を使いすぎ。見栄を張るよりも本質の見極めを。気になる相手を物やお金で釣るのも避けて。 装飾品への投資／赤字／多額の募金をする	自分を過信しすぎて失敗しそう。あれこれ策を練ると裏目に出るので、ここはストレートに勝負をかけて。公私混同にも注意。 恋と仕事が両立できない／反旗を翻される	浮気心が湧いてきて恋人を裏切ってしまったり、逆に恋人のいる相手を奪うことも。強引に動くと恨みも買いやすいので注意。 身体から始まる関係／略奪愛／押し切る

ワンドの キング

KING of WANDS

KING of WANDS.

✴ このカードのストーリー ✴

理想の実現

　炎の化身であるワンドを手にした王は、玉座に腰を下ろしながら、まなざしを遠い地平線へと向けています。その心には、早くも「次なる理想を実現したい」という情熱が芽生えているのかもしれません。たとえ臣下の者や周囲からの理解が得られなかったとしても、貫かねばならぬものがあるのでしょう。凛としたその姿には、隙のない様子がうかがえます。今ここにはない理想の実現を、彼だけは信じ続けているのでしょう。彼は、現状に甘んじることなく理想を追求し変革していこうとしています。

> このカードが
> 出たときの
> キーワード
>
> ▶▶ 強い意志で周囲を動かす

正 位 置	逆 位 置
力を貸してもらえる	**孤独な立場**
たとえ誰もわかってくれなかったとしても、自分を信じて行動を起こせば、欲しいものに近づけそう。頑張るあなたを目の当たりにして、周囲もだんだん応援してくれるはず。胸に抱くビジョンや信念は崇高なもの。わかりやすい言葉にして、皆に伝えましょう。	逆位置では孤高のリーダーを表し、周囲からの孤立や、誰も頼れない状況を暗示しています。周囲との軋轢は横柄な態度への反感である可能性も。自分で諦めないかぎり、あなたのなかの情熱の炎はまた蘇るはず。今はゆっくりエネルギーを蓄えましょう。

カードが示すメッセージ

	過去・現在・未来の状況	感情と意識	原因と解決策
正位置	将来の可能性が開けて、勢いがどんどん増す。未知の分野を発見し、うれしい驚きを感じる場合も。アイデアを生かしましょう。 今後の展望／破竹の勢い／急成長する／アイデア勝負	勇気を奮い立たせたいとき。勝負に出るのは度胸がいるものですが、ここぞという場面では自分を信じて困難を乗り越えましょう。 苦難を恐れない／強い気持ち／勇気を出す／覚悟	成功をねたまれたり、周囲が分かってくれずに悩みそう。でも、頑張ってきた自分を自分が一番理解しているはず。自信をもって。 自分が自分の理解者に／軋轢／嫉妬される／自負
逆位置	現状をうまく維持できず、落ち込んでしまいそう。尻すぼみにならないためには、自分の心に宿るビジョンを信じ抜くことです。 落胆する／やる気を保てない／消えかけている情熱	トップに立てる。ただ、成功者ならではの孤独を感じるときでもあるので、自分を労わって。心身の疲労を優しく癒やしましょう。 誰にも明かせない孤独／疲れたと言えない／個人	疲れが溜まっているよう。それを認めるのには抵抗があるかもしれませんが、ときには休み、リラックスすることも大切です。 疲労を癒やす／心身をケアする／パワー充電

テーマ別に深く解釈

	対 人	お 金	仕 事	恋 愛
正位置	多くの人の心をつかめる。後進を指導すると、おおいに喜ばれそう。力強くたのもしいイメージ作りで尊敬を集めてください。 重要な出会い／後輩に教える／コーチング	手堅い収入を得られる。パワフルかつエネルギッシュに動けるので、積極的に行動を。親のサポートにも期待できるので頼ってみて。 精力旺盛／インドアよりアウトドア向き	仕事の幅が広がる。成功を収めるには、拡大路線が正解。多少コストがかかっても将来への種まきをすると、結果がついてきそう。 オリジナリティーを追求／年長者からの援助	グイグイとアプローチを仕掛けるとき。この人と思う相手を手に入れるなら、多少強引に仕掛けるのが正解。真剣な思いを伝えて。 肉食系恋愛／一気に深い仲に／高嶺の花
逆位置	頼りにならない上司や部下との関係に悩みそう。さんざん顔色をうかがったあげく、分かり合えないと感じる場合も。諦めないで。 過干渉／あてにならない／理解し合えない	収入がだんだん下がりそう。努力のわりに成果が少ないので、モチベーションが保ちにくい。自分が無理なく出せるパワーで。 やりがい搾取／生活習慣の改善／セーブする	忙しすぎて本当の目的を見失いそう。今は目の前の仕事をやるしかなくても、自分が心からやりたいことを覚えておいてください。 妥協する／権力がない／決断できない	仕事や人間関係などのわずらわしい問題で忙しすぎて、とても恋愛どころではなさそう。恋する気力を回復するためには休息を。 恋愛が面倒／過去のトラウマ／1人が楽

ペンタクルのストーリー

ペンタクルの
エース

ペンタクルの
2

ペンタクルの
3

ペンタクルの
4

ペンタクルの
5

ペンタクルの
6

ペンタクルの
7

ペンタクルの
8

ペンタクルの
9

ペンタクルの
10

ペンタクルの
ペイジ

ペンタクルの
ナイト

ペンタクルの
クイーン

ペンタクルの
キング

　コインとして描かれるペンタクルは、お金や豊かさという意味があります。エースから順にたどると、ペンタクルを手にしている人物や作っている人物がいます。「青年が真の豊かさに気づく物語」が描かれているのです。価値ある物を手にして、バランスを取り、人に説くほど才能を発揮。成功をつかんだものの、失うことで、学びを生かすのです。思案することでスキルアップして成功へ。そして繁栄が続いていくというストーリーです。

ペンタクルは「地」の象徴
現実問題が得意

　ペンタクルは西洋哲学の四大エレメントのうち「地」に対応します。コインの材料である金属は地中にある物ですから、イメージしやすいでしょう。

　地は他のエレメントである火・風・水のように動くものではありません。命を生み育てる土壌であり、人間が価値をはかれるものを示します。安定、豊かさ、お金、名誉、他人からの評価、結婚、健康、契約を象徴します。

　ペンタクルのカードが現れたとき、その絵柄、キーワード、青年の成長の過程とともに、「地」の要素も考慮してください。大地が舞台になっているドラマを想像してみると、言葉が浮かびやすくなるかもしれません。

　ペンタクルの得意ジャンルは、現実的・物質的な問題です。人の悩みの多くは、経済と価値観がからんでいますが、特に、その点を重視する質問を占うときにペンタクルが出た場合、より実用的な解釈につなげることができるでしょう。

ペンタクルの エース

ACE of PENTACLES

ACE of PENTACLES.

※ このカードのストーリー ※
富と繁栄

　天空に現れた大きな手に握られた巨大な
ペンタクルは、大いなる大地の恵みや豊か
さを象徴しています。手のひらから放たれ
る光は、長い時間をかけて育てあげるもの
や、経験を重ねることで培った実力など、
積み上げた実績を表現しているのです。地
上に描かれた花々にあふれた庭園は、丹精
を込めて築き上げた、地上の楽園の具現化
であり、理想と愛と豊かさに満ちています。
このカードは、あなたに忍耐と努力を受け
入れる覚悟があるなら、理想は必ず実現す
るだろうと告げているようです。

このカードが
出たときの
キーワード ▶▶ ## 継続は力・幸運の訪れ

正 位 置	逆 位 置
頑張りが形になる	**諦めそうになる**

正 位 置
頑張りが形になる

　今までの頑張りが結果になり、周囲
からの評価が高まるとき。新たなこと
をやろうとしているなら、今がチャン
ス。良いスタートを切ることができ、
今後大きく発展しそうです。ずっと
やってみたいことがあるなら、この機
会に夢を現実に落とし込んでください。

逆 位 置
諦めそうになる

　思ったほどに結果が出なくてがっか
りしてしまいそう。もしかしたらあな
たの中で「もう無理かもしれない」と
いう気持ちが生まれているのかも。で
も、諦めないで新しいやり方でリベン
ジすれば、またチャンスが巡ってくる
はず。そのときまで頑張りましょう。

カードが示すメッセージ

	過去・現在・未来の状況	感情と意識	原因と解決策
正位置	手ごたえを感じられる。何をやってもうまく進んで、やっていて楽しく喜びに満ちあふれそう。やりたいことをどんどん実行して。 満足感を抱く／やりがいがある／波に乗る／実行力	これまでの成果が出て、うれしい気持ちが湧いてきそう。幸運な出来事も後押ししてくれるので、運を味方につけて突き進んで。 結果・成果が出る／努力が実る／ラッキーがある	夢を実現できるタイミング。心に描いているビジョンを具体的な形にしましょう。計画書を作ったり紙に書き出したりもおすすめ。 満ち足り過ぎている／願望を見える形に
逆位置	閉ざされた環境に縛られていて、先が見えない様子。しがらみや、ややこしい人間関係を断ち切り、外に出る努力をしてみましょう。 閉塞感を抱く／展望が見えない／特殊な環境	目先の利益にとらわれて、大事なものを見失ってしまいそう。固定観念に縛られていると、可能性が狭まるので視野を広げましょう。 頭が固い／目の前の情報に踊らされる／偏狭	今は耐えるとき。なかなか思い通りにいかないことが多いかもしれませんが、じっと我慢すれば、いつかは日の目を見るはず。 チャンスを待つ／じっと耐えるとき／臥薪嘗胆

テーマ別に深く解釈

	対 人	お 金	仕 事	恋 愛
正位置	実りある人間関係が築かれる。あなたを理解し応援してくれる人が出てくるでしょう。人の紹介からチャンスが生まれる可能性も。 サポーターが現れる／人脈拡大／紹介話	資産が増えるとき。思いがけないギフトを手に入れて、うれしい思いをすることも。儲け話にも期待できるので、よく聞いてみて。 貯金が増加／予想外の贈り物／お得な情報	好調なスタート。やってきたことに成果が出始めてモチベーションが上がりそう。才能を評価されて援助をしてもらえる兆しも。 支援者が来る／頑張りが実る／やる気が出る	長年の片思いが実ったり、好きな相手との関係が一歩前進したりしそう。出会いを求める場合は、習い事を通じて親しくなる兆し。 恋が成就する／関係進展／共通の趣味
逆位置	信頼を失いがち。ここで意地を張ってしまうと、誰の支援も得られなくなってしまうので、今自分にできることを考えましょう。 マンネリ／なあなあムード／甘えが出る	仕事の話が出るものの、条件が合わずに流れそう。利益がほとんどなかったり、収入に結びつかなかったりするなら、断って正解。 目の前の問題をお金で解決する／見合わない	想像を下回る結果を前に、へこんでしまいそう。成果が出ないのはタイミングの悪さもあるので、情勢をよく見極めて動いて。 ネガティブな反響／才能を発揮できない	アプローチに対して期待はずれの反応しかなく、諦めの気持ちが生まれそう。相手のリアクションがないなら、今は待つべきです。 ままならない展開／手詰まり／反応が薄い

ペンタクルの 2

TWO of PENTACLES

✷ このカードのストーリー ✷

高きは低きへ、低きは高きへ

　ペンタクルを器用に扱う主人公が、ゆとりをもって楽しんでいます。彼は自分の才能や才覚に目覚め、それらを発揮して生きるすべを見出したのでしょうか。置かれている環境や状況を受け入れているようです。背景の荒波は、環境にあらがうことで生じる問題や、本道から逸れることで遭遇する困難を示唆しています。いずれの道も選択可能ですが、今は冒険するつもりはないのかもしれません。リスクを負うより、確実な手応えのある選択をして、充実した人生を歩もうとしているのでしょう。

このカードが
出たときの
キーワード ▶▶ ## 絶妙なバランスで乗り越える

正 位 置	逆 位 置
方向性を間違えない	**焦らずに正しい道を進む**
現段階で手にしている才能や人間関係をうまく活用したいとき。バランスを取りつつ臨機応変に対応すれば、スムーズにことが進みそう。ただ、采配を振るうのは良いのですが、新しく何かを始めるパワーはないので、今は堅実に足場固めをしたほうが吉と出そう。	やりたいことはあるものの、どのように力を入れて良いかわからない状態。2つの選択肢を前に決め兼ねているのかもしれませんが、どちらもイマイチならあえて両方選ばない決断も。焦って動き回っても良いことはないので、落ち着いて正しい行動をしましょう。

カードが示すメッセージ

	過去・現在・未来の状況	感情と意識	原因と解決策
正位置	新しいことをしたいと思うものの、決め手にかける様子。今は様子を見ながら現状維持が正解、無理をせずに慎重になって。 静観する／現状をキープ／はっきりしない／様子見	精神的余裕があるとき。自分にとって必要なものがわかっていて、それを選び取りたいという意識が強くなっているようです。 心のゆとり／余裕／人生の選択／楽観的になる	冒険に出たいときですが、今は安全策を取ったほうが賢明です。新しいことを始めるのはもう少し先にして、今はパワーを蓄えて。 無理しない／安定志向／地盤を作る／充電する
逆位置	もやもやしていて、パッとしない運気。何かと気が晴れない場面もあるかもしれませんが、今は強引に動かず足場を固めましょう。 空回り／思うようにならない／気が滅入る／不満	あれこれチャレンジしたくなり、自分をもてあましている様子。行き場のないパワーとエネルギーをうまくセーブしましょう。 不完全燃焼／やる気はあるが今は静観を／停滞	何かを実行したいという衝動が強くなりそう。自分を過信してリスキーな行動をすると手痛いしっぺ返しが来るので注意が必要。 危険なことに手を出さない／安全な道を行く

テーマ別に深く解釈

	対人	お金	仕事	恋愛
正位置	素晴らしい友情を築けるとき。のびのびと本音でつき合える友人ができてうれしくなりそう。友人と友人を引き合わせることも。 コミュニティーを広げる／まとめ役になる	才能をお金に換える。得たお金は、リラックスやレジャー、グルメに使ったり、自分が好きな物を買ったりすると良さそう。 やりくりする／自分を高く売る／良い買い物	意外な才能が開花しそう。仕事能力を認められる可能性が高いので、あなたの良さをよく知っている人たちにアピールしてみて。 スキルが評価／新規より現状維持／柔軟性	手にしている存在の価値に気づくとき。新しい相手を探すよりも、今の恋を守るほうが正解。告白の返事は保留になりそうです。 恋人の長所を見る／人づてにアピールする
逆位置	将来性のない関係や足を引っ張る仲間に辟易しそう。もっと自分を向上させてくれる友人が欲しいと思うなら視野を広げてみて。 ルーズな関係／ぬるま湯状態／交友の見直し	お金をうまく管理できずに散財してしまう。大きく当てたいという思いから、ついついリスクの大きい投資に手を出す可能性も。 危険な運用／ギャンブル性が高い／浪費傾向	本当にやりたい仕事をまかせてもらえず、下積みや雑用を押しつけられそう。アイデアを出してアピールしてもイマイチの反応。 憧れの上司がいない／描くビジョンがない	焦りが募りがち。微妙な相手とばかりつき合ってしまったり、アプローチが空回ったりするなら、いったん恋以外に目を向けて。 板挟みの状況／不毛な恋／困難な関係

ペンタクルの 3

THREE of PENTACLES

✳ このカードのストーリー ✳

一歩前進する

　主人公が、一段高いところから人々に何か説明をしています。何の実績もなかった状態から、一歩前進したのでしょう。スキルを磨き、何らかの手応えや自信を得たようです。彼はより優れた能力を発揮するために、熟練した存在となるチャンスをつかんだのでしょう。才能を社会で生かし、自らの生活と能力の向上を目指す彼の営みは、ここで具体的に実るはずです。これは彼しか達成できない道であり、天職となる可能性も秘めているでしょう。輝かしい前途が拓けていることを感じさせるアルカナです。

このカードが出たときのキーワード ▶▶ 自信を獲得する

正 位 置

才能を発揮する

　成功を収められるとき。といっても、周囲が認めてほめてくれるというよりは、自分で自分を認めて成果を実感するようなイメージ。一気に手に入れる成功ではなく、小さな成功を積み重ねることで本物の自信と達成感を得られるはず。スキルに磨きをかけて。

逆 位 置

未熟さ、実力を出し切れない

　周囲から望んだ通りの評価が得られず、へこみそう。自分でもまだ全力投球できていないというもやもや感があるのでは？　その理由がコツをつかみ切れていなかったり、練習が足りていなかったりすることであれば、めげずに自分を成長させるために頑張って。

カードが示すメッセージ

過去・現在・未来の状況	感情と意識	原因と解決策
正位置 才能を発揮できるとき。ミッションや取り組んだプロジェクトが成功して、満足感を得られるはず。得た手ごたえを自信に変えて。 才覚を見せる／事業成功／達成感を味わう	自分がやったことに対して結果が出て、自信や手ごたえを感じられそう。今、心に抱いている達成感を次への挑戦につなげて。 満足／やれる気がする／波に乗る／モチベーション	達成感を感じるものの、ゴールに到達したというよりは、ようやくスタート地点といった様子。今は小さな成功体験を積み重ねて。 目の前のことに集中／効力感／自分をほめる
逆位置 うまくいくと思ったことが、予想を下回る結果で、がっかりしがち。不満足なのは分かりますが、顔に出さず次に生かしましょう。 結果が出ない／落胆／自分はもっとやれる	実力が十分に出しきれないまま、期待外れの結果になってしまいそう。ここぞという場面で自分の良さを出せるよう磨きをかけて。 良さが見えない／力を出せない／不服な態度	ここぞの場面に向けてペースを調整していると、全力を出せないまま試合が終わってしまいそう。力の出し惜しみはしないで。 最初から全力で／今できることをやる／慢心する

テーマ別に深く解釈

対人	お金	仕事	恋愛
正位置 仲良くなりたい相手と心の距離が近づきそう。相手が心を開いて打ちとけてくれるので、あなたも心を開いてそれに応えましょう。 話術に自信がつく／ほめられる／親近感	努力した分の報酬を手に入れるなど、臨時ボーナスがある予感も。手に入れたお金はいたずらに浪費せず、自分の才能に投資を。 スキルアップ／自己投資／講座やセミナー	専門的なスキルが向上。それをプレゼンに生かすとうれしい成果が上がりそうです。後輩に何かを教える場面で、尊敬されるかも。 試験の成功／プロジェクトの達成／完遂する	恋のアプローチが成功し、心が通い始めた喜びを感じられそうです。趣味や仕事で進展した相手と、いよいよ2人の時間が。 親近感を抱く／デートする／関係が進展
逆位置 楽なほうに逃げようとしがち。言えないまま終わってしまうと後悔することになるので、伝えるべきことがあるなら勇気を出して。 半信半疑／優柔不断／実らずに終わる	やったことに対して期待したほどの見返りがない場合が。骨折り損のくたびれ儲けに思えるかもしれませんが、これも1つの経験。 予定額を下回る収入／散財する／浪費する	仕事で未熟さが露呈したり実力不足が明らかになったりしがち。思うような結果が出なかったとしても、この経験を学びに変えて。 手抜きが目立つ仕事／イマイチの結果／落胆	気になる人と2人になったにもかかわらず、うまく話せず、みすみすチャンスを逃す可能性。時間をかけて相手の心をほぐして。 警戒される／期待はずれの反応／脈が薄い

ペンタクルの 4

FOUR of PENTACLES

✳ このカードのストーリー ✳
しっかり手にする

　両手と両足の下に、しっかりとペンタクルを抱えている主人公。その姿からは、培ったものを守ろうという意志がうかがえます。彼は必死の思いで、戦乱の世なら奪い取られてしまうかもしれない生活を、愛する人や暮らしを守るため、奮闘しているのでしょう。変化必定の世なればこそ、安定した関係や穏やかな暮らしを維持することは、決して簡単ではありません。安心できる生活を保つためには、いつも真剣に、すべてと向き合う必要があるのだということを、このアルカナは教えているのでしょう。

このカードが
出たときの
キーワード ▶▶ ## 強い執着・守りに徹する

正位置	逆位置
保身に走って固執する	**利己的な欲求**

　物理的にも精神的にも満たされた状態。現状に満足しているので、新しいチャレンジや冒険をする気はなさそうですが、そこにはこれまで獲得したものを失うことの恐れも含まれているのかも。仕事の契約や結婚の成立など、権利関係の締結も示しています。

　スタンスが保守的になっているよう。自分の立場や利益を維持したいという気持ちが行きすぎて、それを守るために暴走しそう。過度な自己防衛は敵を作るだけですから、それでかえって大事なものを守れなくならないよう、冷静に状況を見極める必要があります。

カードが示すメッセージ

	過去・現在・未来の状況	感情と意識	原因と解決策
正位置	安定した状態にあり、それを維持したいと考えているよう。これまで努力してやっと手に入れた立ち位置に安堵しているでしょう。 現状維持／安全を手放したくない／保守的になる	物心両面で満たされた気持ちになり、今の自分のポジションや築いてきた関係性を守りたいという気持ちが強くなっています。 精神的安心感／経済的地盤／守りに入る	今現在、手にしているものに誇りをもちましょう。傍から見たら平凡でささやかな幸福でも、大切なものを手放さないように。 守り抜く／自分なりの幸せ／プライド／所属意識
逆位置	現状を守りたいという気持ちが行きすぎた自己防衛になり、かえって人とぶつかる可能性が。安定しているときこそ自分を省みて。 欲をかいて失敗する／過剰に自分を守る／反省	自分の立場が揺らいだり、大切なものを失ったりしたくないと思うあまり、攻撃的になってしまいそう。ピリピリせず余裕をもって。 立場に固執／これまでのやり方にこだわる／頑固	自分を守ろうとするあまり、周囲と衝突や対立が生じる可能性が。本当に大切なものを見極めれば、取るべき行動がわかるはず。 得たものを失う恐れ／むやみに攻撃的になる

テーマ別に深く解釈

	対人	お金	仕事	恋愛
正位置	自分の居場所を見つけられるとき。家庭的で心安らぐ関係を築けます。そこで得た仲間をずっと守りたいと思うようになりそう。 アットホーム／穏やかさ／身内意識	安定した収入の目途が立ちそう。今のうちに貯金を始め、継続的にお金を蓄えましょう。財テクについて調べるのもおすすめ。 衣食住が満たされている／生活に困らない	納得のいく成果を上げられ、それが十分に評価されて、確固たる地位や肩書を得られそうです。満ち足りた日々を過ごせるはず。 安定した仕事／円満な職場環境／有能な部下	婚約や結婚という形で2人の関係をオープンにできる暗示。公に認められたことで、自分のものにできた実感と喜びがわきそう。 ゴールイン／周囲の祝福／思い出を振り返る
逆位置	現状に慣れすぎて、仲良しの人や昔から親しい人とばかりつき合いがち。新しい人を拒絶せず、新鮮な刺激を取り入れましょう。 意固地な態度／評判が悪化／意地悪をする	お金が入ると思っていたアテがはずれる、予想外の支出があるなどで、貯金を切り崩すことに。財産を手放すのに過敏にならないで。 ケチだと思われる／過度な節約／金欠に焦る	仕事上の損失が生じそう。問題そのものより立場や評価を失うことを恐れ、かえってイメージを悪くする恐れが。真摯に取り組んで。 地位を追われる／固定観念に縛られている	嫉妬や独占欲で相手を縛りがちに。相手の行動を制限したり、過度につきまとったりして困らせないように注意しましょう。 頑固な態度／やきもちを焼く／心が狭い

ペンタクルの 5

FIVE of PENTACLES

ハンデを背負う喪失の旅

　得たものをすべて失ってしまったのでしょうか。主人公は、路頭に迷っているようです。彼に残されたものは、わずかな衣類と彼を信頼する従者のみ。過酷な状況下で、彼は再起に向けてさまよっているのかもしれません。背景のステンドグラスの光は、彼が失った安定した穏やかな暮らしを象徴しているのでしょう。ただ彼はすべてを失ったかのように見えますが、実際には物質的に依存していた物を手放しただけ。彼を照らす光は、彼の魂が、真の目的に目覚めつつあることを暗示しているのです。

このカードが出たときのキーワード ▶▶ 厳しさと向き合う

正 位 置	逆 位 置
厳しい試練	**逆境をバネにする**
これまで正しいと思ってきた方法が否定されたり、大事にしてきた世界が壊れていったりして、何を信じて良いのかわからなくなっているようです。肉体的にも精神的にも動揺しているので、まずはゆっくりエネルギーを充電して、その後現状を見つめ直しましょう。	逆境を味わうことで、今まで見逃してきたものの大切さや価値に気がつくとき。すべてを失ったことでむしろ腹がくくれて、それでも生きていくしかない、と決意が固まりつつあるよう。逆境をバネに立ち上がれば、一回り成長したあなたになれるはずです。

カードが示すメッセージ

過去・現在・未来の状況

正位置

物質的な問題や経済的な状況が厳しくなりそう。その結果、精神的にも追い詰められ、解決策を模索している最中のようです。

物理的な苦境／財政不安／精神的な行き詰まり／葛藤

逆位置

状況は厳しいものの、逆境の中に一筋の光明が見えています。どん底から立ち上がろうとする気力が新たな転機をもたらします。

一筋の希望／やるしかない／折れない心／底力

感情と意識

正位置

ストレスが多すぎて、心身ともに限界がきている様子。再び立ち上がるためには、今は無理をしないで少し休息を取って。

自信を失う／いったん休む／疲れすぎている

逆位置

一念発起して生きる意味を見つめ直そうとする意志が。自分が生まれてきた魂の目的に気づけば、やるべきことが見えてくるはず。

人生のミッション／自分ととことん向き合う

原因と解決策

正位置

これまで正しいと思ってきたことや、こだわり続けてきた価値観をガラリと変える出来事が。視野を広げて世界を見つめて。

現状を見直す／違う視点／視野／目からウロコ

逆位置

厳しい状況ですが、最後まで投げ出さずに頑張って。一生懸命に奮闘するあなたに救いの手が差し伸べられるはずです。

苦境／救いを信じる／1人でも戦う／逃げない

テーマ別に深く解釈

	対　人	お　金	仕　事	恋　愛
正位置	誰の助けも得られない孤立無援な状態。悩みはたくさんあるものの、嘲笑されるのではと感じて、誰にも心を開けずにいるかも。 冷え切った家庭／疑心暗鬼／人間不信	窮乏状態に陥り、ひもじい思いをしそう。誰にもお金を貸してもらえず、最後に信じられるのは自分だけだと感じるはず。 借金を申し込む／貧苦に喘ぐ／不況	スランプに陥りそう。望まない異動を申し渡されて落ち込むかもしれませんが、古い固定観念にこだわらず、新天地に飛び込んで。 仕事を失う／働きすぎ／判断力が低下する	相手から拒絶されてしまい、現状では打つ手がなさそう。今は望む愛が得られなくても、あなたはあなたの良さを知っているはず。 浮気が露呈／裏切りが発覚／恋に破れる
逆位置	苦しい状況の中で、本当に信頼できる人が誰だかわかるはず。親など家族や、身近な人に感謝の気持ちを伝え、絆を深めてください。 理想の家庭を思い描く／真の味方を得る	貧苦に喘ぐものの、最後の最後で助けの手が差し伸べられそう。それは諦めないあなたの姿を見ている人がいた証拠です。 お金の価値を知る／援助のありがたみ	今の仕事に不満を感じて転職を考えそう。でも、やり方を変えてもう一度目の前の仕事と向き合うと、新たな視点が見えてきます。 嫌気がさす／独立を画策／視点を変えてみる	自分が本当に好きな人が誰なのか気づいたり、見つめてくれていた存在が判明したりしそう。真実の愛に気づくときが訪れました。 思いを断ち切る／再スタート／本物の絆

ペンタクルの 6

SIX of PENTACLES

✳ このカードのストーリー ✳

救済と援助

　主人公は、救済活動に励んでいるようです。窮する人々に愛と温情を施し、病める人を救いたいと願っている様子がうかがえます。あるいは、求める者には与えられるということを、身をもって体現しているのかもしれません。精神性の大切さに気づいた彼は、物心両面で満たされ、周囲にも豊かさをもたらそうとしているのでしょう。自他の隔てなく愛と豊かさを分け合うことが、すべてを富ませるのです。そしてそれが自然界の営みであり、当たり前の働きであるとこのアルカナは伝えています。

 このカードが出たときのキーワード ▶ 社会貢献・学びを生かす

正 位 置	逆 位 置
助けがもたらされる	**想定通りに進まない**
これまで苦労して孤軍奮闘していたところに、援助がありそうです。サポートの手が差し伸べられたことで、助けはそれを必要とする者に訪れるという真理に気づきそう。このことを忘れずに、次はあなたが同じように困っている人を手助けしてあげましょう。	ギブアンドテイクという価値観が通用しなくなっています。契約がまとまらなかったり、やったことに対して相応の対価が支払われなかったりしそう。自分も開き直って好き勝手にしたくなりますが、そこで保身に走ると痛い目に遭うので、思いやりを忘れないで。

カードが示すメッセージ

	過去・現在・未来の状況	感情と意識	原因と解決策
正位置	支援を受けられそう。周囲の人々や専門家とコミュニケーションを取り、自分の状況や必要なサポートを正直に伝えましょう。 健康で幸福な生活への援助／金銭負担を軽減	人から優しさを受け取り、あなたも人に優しさを返したいとき。そのように回る関係性におおいに満足し、納得感があるでしょう。 慈愛に満ちている／労り合う／充足感／納得感	自分のために何かをするよりも、人のためになることに意識を向けましょう。何が喜ばれるのかを考えて、手を差し伸べて。 人に優しく／困っている相手を手助けする
逆位置	何かを行ったにもかかわらず、それに対する十分な見返りが感じられないとき。交渉や契約も不成立に終わる可能性が高そう。 うまくいかない／報酬が見合わない／不足感	どこか満たされない気持ちがあり、それが自分さえよければ良いという判断につながりそう。周囲に思いやりをもって接して。 欠乏感を抱く／周囲との軋轢を生む／自己中心的	本当に困っていれば、かならず助けが得られるとき。苦しい状況でも最後まで投げ出さず、救いを信じて戦い続けましょう。 相互関係が不成立／助けを待つ／希望をもつ

テーマ別に深く解釈

	対人	お金	仕事	恋愛
正位置	お互いに助け合う関係性が大事になるとき。人が困っているときは寛大かつ親切な態度を心がけ、できることをしてあげて。 人を助ける／おおらかな対応／落ち着き	プレゼントをしたら相手からお返しをもらう、貸したお金が戻るなど、人にお金を与えることで、自分にも恵みがやってくるとき。 寄付する／人のために使う／おすそ分け	願ってもいないチャンスが到来しています。あなたを支援してくれる人が現れて、ベストなタイミングで願いがかないそうです。 意見が通る／スポンサーを得る／後援者	惜しみない愛情を注ぐことで、相手からも同じようにリアクションが返ってくるとき。優しさを見せることで人気も高まりそう。 不思議とモテ始める／喜ばしい反応がある
逆位置	相手に対して「言わなくてもわかってもらえるはず」と思い込み、連携が取れなくなりそう。気配りと優しさを大切にしましょう。 見せかけの人物／コミュニケーション不足	アテがはずれてがっかりしそう。支払いが滞ったりサービス残業が増えたりして、実際の実入りが少なくなる可能性があります。 自分の欲に走る／お金をちょろまかす	お互いの条件が一致せず、契約が不成立に終わりそう。しかも了解を得ずに独断で進めた結果、関係にひずみが生じる危険が。 報告しない／連絡を怠る／不誠実である	尽くしすぎたり、逆に尽くされすぎたりと、バランスが崩れている様子。貢いで相手をヒモ状態にすると大事なものを見失いそう。 破談になる／裏切られる／愛情表現の不足

ペンタクルの 7

SEVEN of PENTACLES

※ このカードのストーリー ※

手にした価値がわかっていない

　自分のため、人のために努力してきた主人公が、多くの実りを前にしながら思案しています。不満げなその表情からは、彼が悔恨している様子さえうかがわせます。彼の想像していた現実と、リアルな現実とのはざまには、大きな隔たりがあったようです。しかしながら、変転する世に生きる主人公にとって、この結実はプロセスにすぎません。目的を達成したがゆえに、過去の取り組みを反省する思いや、無念さが湧き起こっているようです。今はきっと、試行錯誤の時期なのでしょう。

このカードが出たときのキーワード ▶▶ 自己価値・目標を見直す

正 位 置	逆 位 置
心の迷いが生じる	**現状を見定める**
思い描いていたほどの実りが得られなかったり、本当にやりたいことは何だったのか考えたりして迷いが生じそう。そこで違う生き方を選ぼうと思ったとしても、過去の自分が間違っていたと思わないで。頑張ってきたそのこと自体をほめてあげましょう。	目の前に問題が山積みで、何をどうやれば良いのか悩んでいるようです。出ている結果に対しても不満があるかもしれませんが、まずは現状をしっかり見つめて。そしてこれからどうすればうまくいくかを考えれば、自然と解決策や取るべき路線が見えてきます。

カードが示すメッセージ

過去・現在・未来の状況	感情と意識	原因と解決策
正位置 ひとまずの結果が出て安堵するものの、理想とは程遠い現実にがっかりしそう。とはいえここまで努力してきた自分をまずは認めて。 想像と違う現実／頑張ってきたことは事実	目の前に出された結果に納得いかず、自分の努力をもっと高く評価して欲しいと感じそう。マイナス面ばかりに目を向けないで。 プラス面も見る／現状を認める／受け入れる	期待通りにならなかった結果に落胆しがち。でも、経験はかならず次につながります。足りないものよりも得たものに目を向けて。 過去を未来に生かす／現状を率直に認める
逆位置 続けてきたことに何らかの結果が出て、軌道修正を行うべき節目が来ています。納得がいかなかったとしても、切り替えて。 ターニングポイント／見直し／一段落／節目	現実をきちんと見つめたいとき。どうしてこうなったのか、何がいけなかったのかをしっかり自己反省して次に生かしてください。 過去に学ぶ／教訓を得る／結果を受け止める	じっくり考えることで、次の一手が見えるとき。悩むこともありそうですが、ここで自分と向き合い、心の強さを手に入れて。 熟考する／強い心をもつ／次の策を考える

テーマ別に深く解釈

対人	お金	仕事	恋愛
正位置 あいまいな関係の相手がいるなら、今までのつき合い方を見直すとき。相手が真摯に話を聞いてくれるなら、次の段階に進めるはず。 間違った方向に進む／相手の欠点が目につく	予想を下回る収入にがっかりしてしまいそう。だからといって、そのお金で衝動買いをしたり散財したりしないよう気をつけて。 期待はずれ／満足感がない／お金を大事に	頑張っても手ごたえがなかったり、予想とは違う結果だったりするなら、理想が高すぎるのかも。高望みせず今できることをして。 別分野への転職／方向転換／努力が実らない	つき合ってはみたものの、相手が期待したような人ではないと気づき、気持ちがダウン。今後の向き合い方をよく話し合って。 恋が進まず焦れる／盛り上がらない／冷める
逆位置 悪友との関係を見直したいとき。良い影響をもたらさない友人関係なら、思い切って清算するのもあり。率直に話し合いを。 気乗りしない誘い／希薄な家族関係／疎遠	経済的な基盤がなかなか安定しない様子。そんなときこそ収支をしっかりチェックしつつ、より良い収入の道を模索してください。 不安定な収入／財源の見通し／仕切り直し	なかなか進展しない状況に悩みそう。いったん立ち止まって方向性を考え直すと、良い結果につながる可能性が高まります。 リスケ／計画を立て直す／ビジョンの見直し	うまくいかない恋に悩んだら、進むか退くか考えるべき。アプローチ法やスタンスを変えるなど、あれこれ工夫してみましょう。 現実を直視する／欠点を見直す／自省する

ペンタクルの 8

EIGHT of PENTACLES

✳ このカードのストーリー ✳

実力を磨く

　自分に不足しているもの、目標にするべきことを知った主人公が、真摯に努力を重ねています。世間に認めてもらうまでには、まだまだ修行が必要だと痛感した彼は、寸暇を惜しんで技術の向上を目指し、自分に課した課題をクリアするべく一途に取り組み続けているのでしょう。一歩ずつ着実に進歩を遂げている彼は、すでに確かな手ごたえを感じているのかもしれません。このアルカナは、無限の可能性を意味しています。彼もまた自分の可能性に気づき、ひたむきに努力しているのでしょう。

> このカードが
> 出たときの
> キーワード ▶▶ 才能を育む・着実な成長

正 位 置

努力を惜しまない

　根気強く丁寧に頑張ることでしか、たどり着けない境地があります。この行動は将来に役立つのか？　という心配をする前に、一心不乱に努力を重ねましょう。どんなにつまらない作業に見えても、願いをかなえるために頑張るあなたを見ている人が存在するはず。

逆 位 置

すべて投げ出したくなる

　なかなか現状を前向きに受け止められない様子。ひたすら続く作業にうんざりし、ルーティンワークよりも他に向いていることがあるはずと、すべてを投げ出したくなりそう。でも、ここで投げ出すのはもったいないこと。腰を据えて取り組み、結果につなげて。

カードが示すメッセージ

過去・現在・未来の状況	感情と意識	原因と解決策
正位置 コツコツと積み上げる必要があるとき。すべてを放り出したくなるかもしれませんが、根気強く頑張る姿が共感を呼びます。 焦らない／忍耐力をもつ／丁寧に進める	生きがいを見つけられるとき。これというものが決まったら、目移りしないで無心に取り組みましょう。きっと、ものになるはず。 熱中する／本気を出す／集中力を発揮／やる気	よそ見をしないで自分がやるべきことに集中すべき。気が散る場面も多いかもしれませんが、本当に大切なことを忘れないように。 目をそらさない／わき目もふらずに進める／散漫
逆位置 マンネリ感に悩まされそうです。平凡な日々や停滞感のある状態にうんざりするかもしれませんが、放り出さずに続けましょう。 飽き飽きする／退屈を感じる／面倒になる／日常性	逃避願望が募りそう。目の前の作業に飽きたり、虚しさが湧いたりするかもしれませんが、責任をもってミッションを果たして。 やる気がわかない／うんざり／逃げたくなる／放棄	本当にこのやり方で良いのか、これは今後役に立つのかといった疑問が湧いてきそう。不安に負けそうなときは誰かに相談を。 不安を克服する／周囲のアドバイスを求める／不満

テーマ別に深く解釈

	対人	お金	仕事	恋愛
正位置	日々の交流を意識したいとき。節目節目の挨拶をしっかりして、コミュニケーションの習慣を大事にすると好感度が上昇。 愛想よくする／笑顔／何でも話す／隠さない	本を読んだり資格を取得したりといったスキルアップが給料アップに結びつくとき。正当な報酬を得られ、喜びで満たされるはず。 学びへの投資／スキルを磨く／独学で励む	得意分野に磨きがかかる。仕事に慣れた今だからこそ、基礎に忠実に進めることで、さらにクオリティーを高められるでしょう。 意外な特技が評価される／思わぬ大抜擢	気になる相手がいるなら、コツコツとアプローチをすることで、真剣さが伝わるはず。逆に忙しくて恋愛どころではない場合も。 地道に誘う／恋愛より仕事／長期戦を覚悟
逆位置	人づき合いに疲れそう。友情がマンネリ化して、新鮮な刺激がないことにイライラしそう。そんなときこそ謙虚さを忘れないで。 周囲を見下した態度／上から目線／傲岸不遜	いつまでも上がらない給料と増えない貯金にうんざりしそう。だからといって、つまらない物に散財しないよう注意して。 現状への不満／生活苦に陥る／浪費しない	安易かつ衝動的な転職を考えそう。自分では実力不足に気づいていないかもしれませんが、現状で動くと、今後苦労することに。 成功の目前で諦める／根性がない／甘い計画	刺激不足で出会いのない日々に飽き飽きしそう。交際中の場合も、相手との関係にマンネリを感じて、浮気心が芽生えてしまう暗示。 誘惑に乗る／遊び足りない／他に目が向く

ペンタクルの 9

NINE of PENTACLES

✳ このカードのストーリー ✳

実りを受け取る

庭園には多くの果実が実り、主人公が満ち足りた表情を浮かべています。ここは努力が結実し、夢が具現化された楽園。彼は、成功という名の果実を味わおうとしているのです。優美な衣服をまとい、穏やかで安らぎに満ちた彼の姿からは、何不自由のない暮らしと、豊かな環境の恩恵にあずかっている様子がうかがえます。自身で築いてきた楽園で、のびのびと過ごしている彼は、すべての取り組みはいずれ素晴らしい実りを迎えるのだ、ということを物語っているよう。豊かさを暗示するアルカナです。

 このカードが出たときのキーワード ▶▶

願望が成就する

正 位 置	逆 位 置
才能の開花	**引き際を見極める**
ずっと取り組んできたことが、素晴らしい成果になるとき。長く夢見てきた世界が、現実のものとなるでしょう。ステップアップもかなう時期ですが、これはひとえにあなたの人柄の良さと、これまで見返りを求めることなく周囲に尽くしてきた結果と言えます。	ことを成し遂げるために大きな犠牲を払ったり、予想外の現実の壁にぶつかったりする暗示。思い描いていた未来が夢のままで終わってしまうような喪失感や不安を覚えるかもしれません。無理に前に進もうとせず、一歩引いて体制を立て直したほうが良い時期。

カードが示すメッセージ

	過去・現在・未来の状況	感情と意識	原因と解決策
正位置	努力して得た成功によって、わが世の春を謳歌している状態です。自分で考えていた以上の結果を手にし、幸せの絶頂と言えます。 努力が実る／幸福を手にする／大きな成果を得る	大きな成果を手にしたことで、心が満たされています。自分の行動が間違っていなかったという自信も生まれるでしょう。 心からの満足／自信がつく／望みがかなう／自負	地道にコツコツと積み上げてきたものが、形になります。これまでの苦労に報いるためにも訪れたチャンスをしっかりつかんで。 チャンスを受け止める／飛躍／成功への階段をのぼる
逆位置	欲を出してもっともっとと求めすぎて、引き際を見誤ってしまいそうです。最悪の結果になる前に退く決断をすべきでしょう。 じわじわ下降／ピークが去る／状況を見誤る／決意	自分の実力や能力を過信しすぎて、暴走気味になっているでしょう。より多くの成果を上げようと欲張りすぎると身を滅ぼします。 自己過信／視野が狭い／功を焦りすぎ／勝手にやる	成功を求めるあまりに、諦めが悪くなっている状態。失敗したと思ったら無理に挽回しようとせずに、一度引く姿勢が大切です。 引き際を見誤らない／態勢を立て直す／引きずる

テーマ別に深く解釈

	対人	お金	仕事	恋愛
正位置	対人関係が盛り上がりそう。周囲に人が集まってきます。中でも有力者や実力ある人と縁ができ、チャンスにつながるでしょう。 人気者／円満な人間関係／人に恵まれる	収入アップが期待できます。積み重ねてきたものが、お金として戻ってきそう。また、成果を上げたことによる昇給のチャンスも。 収入増／昇給／お金との縁が深まる／出世	携わっていたプロジェクトが成功を収める、目標が達成されるなど仕事面で成果がありそう。上司からの引き立ても期待できます。 ヒットが生まれる／称賛を得る／昇進する	恋がかないやすいので、積極的なアプローチを。恋人とは円満な関係を築けるでしょう。結婚も順調で多くの人から祝福されます。 両思い／良好な関係／パートナーに恵まれる
逆位置	だまされやすい時期なので、人に深入りしないほうが良いでしょう。また、人に多くを望みすぎると人間関係がギクシャクします。 距離感に注意／悪意を見抜く／打算的な関係	散財に注意。衝動買いや高額の商品を購入するなど、金遣いが荒くなりがちなので気をつけましょう。お金を出す前によく考えて。 無駄遣い／高額商品への支払い／損を出す	野心が膨らんで無理な計画をたてた結果、結果が出せず自分の首を締めてしまいそう。量よりも質にこだわった仕事を心がけて。 野心／成果にこだわりすぎる／無理やり動く	片思いの人は距離感に注意。しつこいアプローチは逆効果です。また、別れた恋人への執着はほどほどに。恋を遠ざけてしまいます。 執着心／高望み／自分勝手な暴走／未練

ペンタクルの10

TEN of PENTACLES

✳ このカードのストーリー ✳

望みがかなえられる

さまざまな経験と努力の末に、主人公は豊かな富を築いたようです。莫大な財産を背景に、優雅な暮らしを送っている様子が描かれています。彼の望みはかなえられ、穏やかな人生を過ごしているのでしょう。彼は自分の王国を築き、大家族に恵まれている様子。自分のやるべきことを全うした彼は、第一線を退いているものの、未来を築いてゆく若者や子どもたちを見守っているのでしょう。人々を守護し導くその姿からは、この平和で幸せなときが永久に続くように……という彼の思いが感じられます。

このカードが
出たときの
キーワード ▶▶

物事の完成

正 位 置	逆 位 置
今までの集大成による成功	**欠損・未完に終わる**
これまでの活動が拡大と発展の流れに乗り、とても恵まれた状況にあることを示しています。堅実で安定した成功を手にしたことによって、信用や社会的地位も向上していくでしょう。盤石な基盤を築き上げたことによって、長年の望みがかなえられるのです。	過去の成功や後悔にとらわれたまま望みもかなえられず、ただ時間ばかりが過ぎている状態です。必要なのは不毛な思いや現状への不満を手放して、人生と向き合うことです。過去から学び気持ちを新たに歩み始めるならば、多くの問題は解決へと向かうでしょう。

カードが示すメッセージ

	過去・現在・未来の状況	感情と意識	原因と解決策
正位置	社会的な信用や盤石な地位など、揺るぎないものを手にしています。よほどのことがない限り安定した状況は崩れないでしょう。末永い安定／繁栄／願望成就／経済的地盤	精神的に非常に安定していて、余裕がある状態です。成功体験による自信から物事を広く受け入れる度量の広さが発揮されています。穏やかさ／自信にあふれている／包容力／寛容さ	非常に満足できている状態。ポジションアップを目指すなら、周りの幸せにも目を向けましょう。与えることでさらに満たされます。幸せを分け与える／博愛／親切／人に優しく
逆位置	過去の栄光にすがり、今と比べて現状を嘆いてばかりで何もしていない状態です。また、家族や家に関して問題を抱えている場合も。不満足な状況／家庭問題／過去にこだわる／葛藤	昔はよかったと、過去ばかりを振り返っています。現状を嘆くばかりでは抜け出せません。気持ちを切り替えて前に進みましょう。過去に囚われている／無気力／悲観的／懐古主義	不満や執着が足かせとなり、気力が奪われています。それらを手放して、気持ちを新たに人生と向き合い前に進んでいきましょう。現状への不満／無用なこだわり／無気力／無関心

テーマ別に深く解釈

	対人	お金	仕事	恋愛
正位置	知恵を生かして人を導けるときです。周囲の尊敬が集まり、地位や財力がある人とコネもできるでしょう。人脈を活用してください。質の高い関係／有意義な交流／向上心をもつ	財政面が安定しそう。家や不動産を買ったり、受け継いだりする可能性も。遺産を相続するなど「継承」が鍵になるときです。不安感がない／増資／大きな買い物をする	チームの結束が固まり、大成功を収められそう。その結果、会社から評価され、表彰されたり引き立てられたりする可能性が。やり方を受け継ぐ／頼れる上司だと思われる	プロポーズされ、幸せな結婚が待っています。相手の家に入ると、大事にされて子孫もおおいに繁栄しそう。お見合いもおすすめ。大団円／ゴールイン／家同士の結びつき
逆位置	親や家族との間に軋轢が生まれたり、地域になじめなかったりと、周囲との関係に苦労しそう。隣人とのトラブルの暗示もあります。親せきとの不和／反対にあう／環境要因	無駄な物を買い、財産を減らしてしまいそう。それで家計が成り立たなくならないよう、自分なりのやりくりを考えましょう。資産を売り払う／経済難／収支を見直す	時代遅れだと思われそう。新しい流れについていけないのなら、そろそろ後輩にやり方を教えて、一線を引くことも考えてみて。過去の栄光に浸る／思い出話／古き良き時代	結婚が見えているものの、不満が出てきたり、理想の高さから相手に多くを求めたりして衝突しそう。現実を直視して受け止めて。元恋人への思い／理想と現実／一族が断絶

ペンタクルの ペイジ

PAGE of PENTACLES

PAGE of PENTACLES.

未来を夢見る

　まるで宝物を見つめるかのように、うっとりしたまなざしでペンタクルを掲げるペイジ。彼は、自分の未来が輝かしいものであることを確信しているようです。彼の人生は未知の状態で、現実の厳しさを理解できていません。だからこそ、スペシャルな未来に思いを馳せながら、得難き宝を手にするために、人生に挑もうとしているのでしょう。背景に広がる緑豊かな地平は、彼の将来が希望と可能性に満ちていることを暗示しているようです。これからの選択に、彼の未来はかかっています。

このカードが
出たときの
キーワード ▶▶ 発展途上・先を思い描く

正 位 置	逆 位 置
将来をイメージして動く	**スロースタート**
将来への可能性にあふれています。自分がやるべき道を選び取り、一歩一歩進んでいけば、いずれ目標を達成できるでしょう。とはいえ、ただ夢や理想を語るだけで動かなければ、結果はついてこないはず。まずはやりたいことをイメージし、行動を起こして。	自分の才覚や能力に誇りをもっているよう。プライドが高いのは良いことですが、上から目線になったり、人に頭を下げられなかったりすると、本当に大事なものを手放してしまいます。もっている可能性を努力によって花開かせて、現実のものにしましょう。

カードが示すメッセージ

	過去・現在・未来の状況	感情と意識	原因と解決策
正位置	人生は多様な可能性にあふれています。まずは計画を立て、それを実行に移しましょう。待っているだけでは成功はつかめません。 着実に動く／具体的な行動／才能を生かす／実践	やる気にあふれている状態。ただ、チャレンジして失敗することを怖がっている様子。まずはゆっくりでも良いので始めてみて。 冒険を恐れる／挑戦のハードルが高い／躊躇する	楽な道を選ぶと、本来の才能を発揮できないまま不完全燃焼に終わりそう。悪い結果を想定するよりも、まずは行動を起こして。 能力に見合う選択／苦労は買ってでもすべき／挑戦
逆位置	自分はできる人間だからと鼻高々になり、チャンスを逃してしまいそう。才能があってもそれにおごらず結果を出すための努力を。 損失の予感／機会を失う／好感度が下がる／悪印象	見栄で動いた結果、一足飛びに成功を求めて失敗する暗示。ここはグッと我慢して、本来の実力を高める努力をしてください。 素材は良いが忍耐力に欠けがち／自信過剰／見栄坊	もともとの能力が高いだけに、周囲の評価や期待が高く、それに驕りがち。今はまだ可能性の芽の状態。謙虚に努力しましょう。 等身大の自分で／背伸びしない／高すぎる自尊心

テーマ別に深く解釈

	対人	お金	仕事	恋愛
正位置	人との出会いが運を高めるとき。有力な人物の導きを受けたり、刺激的な友人と出会い、ウイットのきいた会話を楽しめたりするかも。 信頼を得る／家族から有意義な教えを聞く	有力な支援者が現れて、これまでお金にかんして悩んでいたことが解決しそう。心に余裕を取り戻したら習い事を始めるのもあり。 経済問題の解消／健康状態の改善／自分磨き	転職して一からスタートを切るチャンス。才能を買われているので、基礎を大事にしつつ、自分らしさを上乗せしていって。 マニュアルを熟読する／期待される／謙虚さ	一気にことを進めようとせず、現実的なアクションを考えたいとき。まずは友人として会話をしながら、お互いをよく知って。 一歩ずつ接近する／急いては事を仕損じる
逆位置	人目を気にしすぎて、素直になれない様子。頑なな態度で他人を拒絶しても得られるものはないので、人の話を聞く耳をもって。 悪い友人／引きずりこまれる／家族の束縛	実力を過信しがち。思わぬ損失を出してしまうので、ハイリスクな投資は厳禁と心得ておきましょう。浪費にも重々気をつけて。 その日暮らし／気が大きくなる／無茶しない	基礎がなっていないまま夢ばかり語った結果、周囲に酷評されて落ち込みそう。まずは努力を重ね、実力を身につけましょう。 能力不足／さんざんたる状態／期待はずれ	つい強がってしまう傾向が。プライドが邪魔をして率直な思いを告げられないのはわかりますが、ここは素直に歩み寄りましょう。 高すぎる理想／高圧的になる／偉ぶらない

ペンタクルの ナイト

KNIGHT of PENTACLES

KNIGHT of PENTACLES.

✳ **このカードのストーリー** ✳

大事なものを守る

ペンタクルを抱いたナイトは、用心深く出征の準備を整えているようです。望みを手にするためには、それなりの覚悟と準備、冷静沈着な判断力が必要で、それらが命運を左右するのだと学んできたのでしょう。静かにペンタクルを見つめる彼のまなざしからは、名誉や私利私欲ではなく、もっと崇高な目的のために事態を見守ろうとしている様子がうかがえます。彼は、忍耐強く自分を律することこそ、目標を達成し、実質的に価値ある勝利を得るために不可欠なのだ、と伝えようとしているのです。

このカードが出たときのキーワード ▶▶ # 忍耐強く鍛錬する

正 位 置	逆 位 置
真摯に取り組む	**無気力で無関心**
きちんとしていて頼まれたことはしっかりこなす責任感をもっています。冒険したりチャレンジを楽しんだりするより、足場を固めることに意識が向いている様子。その結果、スキルアップや人脈づくりに余念がない場合も。ゆっくりマイペースで進みましょう。	責任を果たさなければという気持ちが裏目に出て、古いやり方に縛られたり、融通がきかなかったりして反発を受けることに。意味のないことをしたくない気持ちはわかりますが、柔軟に受け入れて行動を起こさない限り、状況は変わらずに停滞し続けそうです。

カードが示すメッセージ

	過去・現在・未来の状況	感情と意識	原因と解決策
正位置	責任や義務を全うすべく、一歩ずつ進んでいる状態。周囲のスピードや速さに焦らず、自分なりのペースで進みましょう。 ゆっくりで大丈夫／腰を据える／マイペース／自分流	ずるいことや言い逃れをしない誠実な態度が評価されそう。自分の中のポリシーを大事にしたいときなので、それを貫いて。 信念に燃える／思想をもつ／人を裏切らない／信念	下手に周囲に合わせるよりも自分を貫いたほうが吉と出るとき。一貫したブレない態度を心がけ、マイペースを守りましょう。 自分の考えがある／やり方を変えない／淡々とやる
逆位置	うまくいかず滞っている状況にイライラしているよう。物事がスムーズにいかないなら、現時点では機が熟していないという証拠。 遅延／停滞する／今はまだ動くときではない／未熟	無駄なことを嫌って、冒険やチャレンジを避けがち。でも、やってみたら案外楽しいし、うまくいくこともあるはず。柔軟になって。 頭ごなしに否定／頭が固い／守りに入る／保守的	たとえうまくいかないとしても、焦る必要はありません。今は試練の時期と考えて、事態を静観しつつ、今後の策を練ってください。 落ち着いて見守る／作戦を立てる／慌てない／冷静さ

テーマ別に深く解釈

	対人	お金	仕事	恋愛
正位置	一度約束したことは、どんなに些細な内容でもしっかり守ることが大事。誠実な人だと思われて、良い信頼関係を築くでしょう。 主義主張をもつ／心を開く／素直につき合う	少しずつではあるものの、貯金残高がじわじわと増えています。経済観念を身につけて、自分に必要なものを取捨選択しましょう。 規則正しい生活／資産運用／つもり貯金	年功序列の組織体制の中で、着実に昇進できるとき。既存の仕組みに不満をもつより、経験値を積み重ねて評価を高めてください。 高い実務能力／スキルを磨く／終身雇用制度	信頼できるパートナーとの出会いが期待できるとき。この時期の恋は、結婚に結びつく交際になるので、大切に育みましょう。 粘り勝ち／マイペースの恋／急ぎすぎない
逆位置	優等生的でおもしろくない態度を取った結果、ノリが悪い人だと思われそう。無理に弾ける必要はありませんが笑顔を意識してみて。 知ったかぶり／独りよがり／独善的になる	お金をもてあますからといって投資には向かないタイミング。ケチだと文句を言われても、儲け話は断って正解です。 利害が成立／お金で結びつく／冒険しない	今どきのやり方をしようと思っても、考え方がかたく、スピードに乗り遅れそう。旧態依然とせず、進歩すべきところは見習って。 期限に間に合わない／上司にゴマをする	倦怠期が訪れる予感。マンネリの関係にうんざりしたり、好きな相手を信頼できなくなったりしそうです。関係を見直してみて。 告白するのは今ではない／タイミングが悪い

ペンタクルの **クイーン**

QUEEN of PENTACLES

QUEEN of PENTACLES.

✳ このカードのストーリー ✳

愛をもって育む

　肥沃な大地を称えるかのように、美しく彩られた大自然の中、王座にゆったりと座るクイーン。このクイーンは、エレメントで言えば地。あらゆる生命の基礎である、大地のクイーンなのです。愛情をもって育てたならば、豊かな大地の恵みを受け取れるのだと教えているのかもしれません。王侯貴族が戦いに明け暮れていたとしても、彼女は大地の恵みに感謝し、豊かな国づくりに愛情とエネルギーを注いできたのでしょう。大地の恵みに勝るものなどないということを、彼女だけは知っていたのです。

> このカードが
> 出たときの
> キーワード ▸▸

内なる豊かさ

正　位　置	逆　位　置
努力がそのまま結果となる	**急転直下の知らせ**
人に知られることなく大切に育ててきたものが、大きな実りとなってもたらされます。それは根気よく物事と向き合い、努力を続けてきた結果でしょう。チャンスが訪れたら、自分には難しいなどとは決して思わず、もっている能力を信じてつかみ取ってください。	絶対にうまくいくと確信していたことが急に覆ったり、ひどく落胆させられたりするような出来事の暗示があります。しばらくの間、逆境が続きそうですが、苦しいときこそ最善のことに目を向けてください。状況を好転させるための良いヒントがもたらされます。

カードが示すメッセージ

	過去・現在・未来の状況	感情と意識	原因と解決策
正位置	今取り組んでいることは、順調に進行していくでしょう。困難に見舞われたとしても、しっかり自分の役割を果たせば突破できます。 物事は着実に進んでいく／壁を乗り越える／スムーズ	心に余裕があるので、多少のことなら見逃せそう。精神的にも安定しているため、周りの人やものを、快く受け入れられます。 落ち着き満ち足りる／すべてを受け入れる／穏やか	これまで時間をかけて取り組んできたことが、いよいよ実を結びそう。一気に花開くときを見逃さず、良い流れに乗りましょう。 機が熟す／すべての物事が実りの時期を迎える
逆位置	順調に進んでいると思われたことについて、急な変更やそれ自体が立ち消えそう。大丈夫と思っているものほど、ダメになりがち。 急転直下／進行中の案件が破談に／NGが出る	心身が不安に苛まれやすい状態。公私ともに物事がうまくまわらないため、感情のコントロールもうまくいかず落ち込みやすいよう。 がっかりしがち／気持ちが安定せず揺れ動く／孤独	努力が報われず、やり直しや見直しの必要が出てきそう。ただ、信念をもち続け再チャレンジすれば、状況は良い方に向かいます。 計画や目標の変更／見直し／努力が無駄になりがち

テーマ別に深く解釈

	対人	お金	仕事	恋愛
正位置	昔からの友人との間に問題を抱えているなら、和解の道が開かれそうです。また、支えてくれる家族には感謝の気持ちを表して。 対人関係の改善／仲直り／家族への感謝	経済観念の発達とともに、収支のバランスが整ってきます。収入に見合った豊かさを手に入れて、生活の質が上がるでしょう。 リッチな気分になる／収支のバランスが良い	手応えが得られるとき。目標を掲げて長期的な計画を立てましょう。また手がけているプロジェクトの成果も期待できそうです。 努力が結果に結びつく／目標達成／成功	ずっと思い続けている人がいるなら、ようやく成就のときが訪れそう。カップルは結婚に向けて同棲を開始、満ち足りた日々に。 片思いの恋がかなう／長期交際から結婚へ
逆位置	身近な人の考えがわからず、相手に対して不安や不信感を抱きそうです。強い孤独感や疑心暗鬼にも陥りやすいので注意して。 周囲への疑いの気持ち／マンネリ感／孤立感	金銭面で窮地に立たされて、生活に対する不安が大きくなりそうです。生活費や養育費などのサポートが急に打ち切られる恐れも。 お金に関する知識不足／未熟さ／経済不安	計画に不備が見つかって見直しの必要が。周囲からの横やりもありそうだけれど、腐らずに向き合えば方向性が見えます。 話が立ち消えになる／最初からやり直す	突然理由もなく別れを切り出されたり、結婚が直前で破談になったりしそう。2人の絆が試されるような出来事の暗示もあります。 突然訪れる破局／結婚は周囲の反対にあう

ペンタクルの キング

KING of PENTACLES

KING of PENTACLES.

❋ このカードのストーリー ❋

満ち足りる

　壮麗な城を背景に、豪華な衣装で玉座に座しているキングの姿を描いたこのアルカナは、豊かさを象徴するもの。満ち足りた彼の表情からは、自らが置かれた環境、人、自然を愛し、慈しんでいる様子がうかがえます。豊かで平和な王国を守るのは、王の使命。王自身が豊かならば、民へと分け与えられる恵みも多く、すべての人々の営みを守れるでしょう。永久に続くことを夢見ながら、彼は自分の築いた国を愛でているかのようです。世の行く末を案じつつ、穏やかなときを過ごしているのでしょう。

> このカードが
> 出たときの
> キーワード　▶▶　**成果の結実・成功**

正位置

頑張りが成果となる

　過去の努力が実を結ぶとき。信頼でき頼りになる仲間にも恵まれて、重要なプロジェクトをまかされるなどのチャンスが巡ってきます。また、周囲の引き立てにより、責任あるポジションへの抜擢も期待できそう。周囲の環境や経済状況が改善される兆しも。

逆位置

努力が報われず不満が残る

　これまでの頑張りがすべて無駄であるように感じたり、目の前に高い壁がそびえ立っているような気がしたりして、気力体力が失われつつある状態。前途多難にしか見えなくても、古いやり方や考えを手放すことで新たな道がもたらされるでしょう。

カードが示すメッセージ

	過去・現在・未来の状況	感情と意識	原因と解決策
正位置	コツコツと積み重ねてきたものが、収穫のときを迎えます。望んだ成果にこれまでの苦労も報われ、大きな満足感を得られるはず。 収穫のとき／確かな実り／成功と満足感／期待通り	目標の達成や成功を手にしたことによって、自分の能力や実力を素直に信じられるようになります。周囲の称賛も得られるでしょう。 自己信頼／誇らしい気持ち／確かな能力／プライド	収穫のときを迎えた後、能力を生かしてさらに進化していきます。また、身につけた知識や技術を次の世代へと伝えるでしょう。 次世代への継承／能力を生かす／遺産を手渡す
逆位置	望んでいた結果に到達できず、努力が徒労に終わってしまいそうです。同じ失敗を繰り返さないためにも原因をしっかり追求して。 望まない結果／努力が水の泡／自らの過ちに気づく	思うように目標が達成されなかったり、計画通り物事が進まなかったりして自信を失いそうです。欲に目が眩んで暴走する危険も。 不満／実力不足による消化不良／自信を喪失する	大きな挫折や失敗を経験します。同じ轍を踏まないよう十分に準備して再チャレンジすれば、今度こそ望むものを手にできます。 失敗を糧にする／悪い経験を手放す／再挑戦する

テーマ別に深く解釈

	対人	お金	仕事	恋愛
正位置	仕事や公共的なことで、実力ある人の目に留まりそう。それによって今よりポジションが上がったり計画が有利に進んだりします。 良い結果につながる／昇進／引き立てられる	遺産が入ってくるなど、予定外のお金が入ってきそう。それによって経済的な基盤が安定するので、ローンなども楽に組めます。 経済的な安定／遺産を相続する／特別待遇	積み重ねてきた努力が形になり、周囲の人たちからも成功を称賛されます。身につけたスキルは、しっかりと後輩に引き継がれます。 努力が実る／次へと引き継ぐ／成功を得る	一途に相手を思う気持ちが報われて、長い片思いの相手と結ばれそう。すでに恋人がいる場合は、プロポーズされる可能性あり。 地道なアプローチが効果的／求婚される
逆位置	実力不足や計画の不備などが原因で信頼を失い、人間関係に亀裂が入りそう。責任を問われるなど不名誉なことも起こります。 計画が立ち消える／能力が低い／印象低下	金銭不足から焦りを感じそう。資金不足が原因で必要な契約が結べなかったり、ローンが焦げついてしまうなどトラブルの予感も。 経済問題／金銭の不安／強欲になって失敗	精いっぱい頑張ったつもりが、結果が出ず落ち込みそうです。そのせいで、今まで築いてきたキャリアに傷がつくかもしれません。 努力が実らない／落胆／不本意な人事	愛情が急に冷めて別れを選ぶものの、心のよりどころを失い後悔しそうです。また、自分から別れておきながら復縁を求めることも。 関係の解消／この人ではないと気づく／後悔

ソードのストーリー

ソードの エース	ソードの 2	ソードの 3	ソードの 4	ソードの 5
ソードの 6	ソードの 7	ソードの 8	ソードの 9	ソードの 10
ソードの ペイジ	ソードの ナイト	ソードの クイーン	ソードの キング	

　剣は単なる武器ではなく、傷つくことや決定することの寓意です。人物が剣を抱えたり刺さっていたりして不穏な印象がありますが、描かれているのは「青年が葛藤しながら成長していく物語」。叡智の剣を掲げ、葛藤しながらも、失意に陥り、回復のために小休止する。不調和を乗り越えて、進路を変更するも、本心を隠していることで動きを制限され、失意に沈むが、試練は終わり、成長を遂げる……このように流れを見ましょう。

ソードは「風」の象徴
思考分野が得意

　ソードは西洋哲学の四大エレメントのうち「風」に対応します。「剣を振ることは風を起こすこと」とイメージするとわかりやすいでしょう。

　風は自在に動くものであり、何かを知らせたり届けたりという想像がしやすい現象です。「風向きが変わる」と言うように、世の中や物事の様子も表します。そこから情報、会話、知識、自由、アイデア、トレンド、コミュニケーションが象意となります。

　ソードのカードが現れたとき、「風」の要素も考え合わせてください。どんな風が吹いているのかと想像すると、カードがより明確なメッセージをくれるでしょう。

　ソードの得意ジャンルは、上に挙げた象意に関する問題です。特にアイデアの洗練や、感情でなく理性で判断したい決断を占うときにソードが出た場合は、知性と言葉を活用する方法を読み解くことができるでしょう。

ソードの エース

ACE of SWORDS

ACE of SWORDS.

ロゴスの象徴

　巨大なソードが天空に現れた大きな手に握られています。ソードは風のエレメントを表し、知性とコミュニケーションを象徴するもの。高く掲げられたソードは、平和を守護する正義の力を暗示しているのでしょう。たとえ正義のためとはいえ、ソードは人を生かしも殺しもする諸刃の剣。それを扱うには、慎重で思慮深くなければなりません。人を、自分を生かすために、主人公は自分の主義を貫きながら、平和な世界を実現するため、自由と平和の守護神としての使命を全うするのでしょう。

 このカードが出たときのキーワード ▶▶ 社会的認知・主義や主張

正 位 置	逆 位 置
意思の伝達	**強い妨害に遭う**
「こうしたい」という方向性が少しずつ見え始めてきているタイミング。それを支えているのは鋭い観察眼。特に世の中の仕組みや周囲の環境の不平等、不一致などを見抜く力が備わっています。ただ、今はまだ行動には移せていないことも暗示しています。	自分の中ではしっかりと考え抜いた結論であっても、周囲がそれを認めてくれない状況。自分の考えに固執してしまい、周りの状況が見えなくなっているのかもしれません。今は冷静になって、考えをさらに深めていくフェーズにあるのでしょう。

カードが示すメッセージ

	過去・現在・未来の状況	感情と意識	原因と解決策
正位置	大きな枠組みに対して不満や疑問を抱いていた部分があり、それを変えるべく具体的な改善策を考えている状況にあるようです。	突き動かされるような正義感や不正や抑圧からの解放を表します。自ら進んで苦労を買って出るような責任感にもあふれています。	あなたの頭の中にある考えは、所属するコミュニティー、ひいては社会全体を良い方向へと引っ張っていくものだと心得て。
	改善策を考える／自身の言動／不満／疑問／改良	正義感／解放／積極性／責任感／率先して動く	コミュニティー意識／社会全体を考える／皆の幸せ
逆位置	自分の考えが正しいと思い込み、周りが見えなくなっているのかも。思い通りにならない状況や、もどかしさを表しています。	自分の考えや主張が通らずに、落ち込んでいたり、絶望感を抱いていたりするのかもしれません。強引になっていないか注意を。	強引さが態度に出てしまうなど、周囲との温度感の違いが露わになるかも。一度冷静になって、自分の考えから距離を置いて。
	自己主張／もどかしさ／反感を買う／ままならない	落ち込む／絶望する／わかってもらえない／強行手段	客観性／温度差／冷静になる必要がある

テーマ別に深く解釈

	対　人	お　金	仕　事	恋　愛
正位置	自分の意見に賛同してくれる人が増えそう。円滑で建設的なコミュニケーションを取れて、心の深い部分でわかり合う関係を築けます。	インターネットやSNSを通して、考えに賛同してくれる出資者が見つかる予感。無駄な支出を削減する努力をしましょう。	商談やプレゼンテーションが成功する兆し。組織で順調に出世していけるでしょう。問題点に気づいたら積極的に指摘を。	相手に愛情が伝わり、順調な交際ができます。お互いを受け入れ合う関係に。友人から恋愛に発展することや、一目惚れされることも。
	賛同者／会話／親友／好敵手／不正を見抜く	出資／節約／SNS／寄付／金銭感覚	問題提起／改善／コンペ／出世／事情分析	交際／深い愛／信頼関係／スペック重視
逆位置	集団の中で孤独を感じるかも。自分の意見が通らず、相手の気持ちを変えられないことから、独りよがりな思考や言動になりそう。	十分な収入を得られず困窮する暗示。労働や考えが実を結ばずお金にならないようです。衝動的な無駄遣いをしたくなるので注意して。	商談やプレゼンテーションで相手を説得できなそう。考えがうまくまとまらず行動が鈍り、同僚や上司からの反論や、反発に遭うかも。	コミュニケーションがうまく取れず、自分の気持ちを理解してもらえないことにイライラしそう。気持ちを押しつけないこと。
	孤独感／身勝手／妨害／誹謗中傷／孤立	困窮／着服／横領／無駄遣い／耐え忍ぶ	不成立／業務妨害／感情論／能率が低下	無理解／憤り／モラハラ／衝突／ケンカ

157

ソードの 2

TWO of SWORDS

※ このカードのストーリー ※
選択に迫られる

　目隠しをしながら、2本のソードを掲げる主人公が描かれています。2本のソードは、彼が何かの選択に迫られていることを暗示しているようです。選択をすることによって状況を改善するなど、突破口を開かねばならないのでしょう。ここでの選択は彼の運命を左右するため、静かに瞑想しながら真実を見極めようとしているのかもしれません。まるで神託が下りるのを待つかのような彼の姿勢からは、正しい答えなどないとわかっていても、最善の決断を下したいという真摯な思いが伝わってきます。

このカードが出たときのキーワード ▶▶ 均衡状態・決心する

正 位 置	逆 位 置
選ぶ覚悟を固める	**停滞から脱する**
問題や障壁があることはわかっていても、向き合いたくない心理状況にあるのでしょう。それは「今はまだ選択のときではない」とわかっているから。ただ、いつまでもそのままとはいかないことも理解しているよう。悩み抜いた末に答えを出すことになりそう。	何かしら答えを見つけたものの、それに対して自分自身も納得感を得られていないのかも。投げやりな選択をしていないか、自分は本当にこれで良いのか。何度も考え、じっくりと悩むことは悪いことではないはず。事態が一気に動き出すのは目前です。

カードが示すメッセージ

	過去・現在・未来の状況	感情と意識	原因と解決策
正位置	板挟みの苦しい状況に置かれています。そこに至るまでに数多くの価値観との出会いがあったはず。この期間はしばらく続きそう。 板挟みになる／多様な価値観／我慢／決断に迷う	2つの事柄から1つに絞ることに苦悩していて、感情を抑えた判断をしようと考えています。ただ、迷いは表面的なものでしょう。 選択を迫られる／理性が勝つ／結論ありきの話し合い	選択に悩むのは、その2つをよく知っているからこそ。それが物事であれ人であれ、中立な立場で見極めたいという思いが強いよう。 決めあぐねている／公平さ／フラットな目線に立つ
逆位置	悩み続けた結果、出した結論は、もしかすると間違っているのかも。特にこれからしばらくはもやもやとした気持ちが続きそう。 結論を誤る／結果が出ない／もやもやした感情	迷いや不安を抱えた様子を暗示しています。つらい状況から抜け出したいという思いが強いのでしょう。苦難を乗り越える兆しも。 迷い／不安／苦しい現状／脱却／精神的な成長の機会	思慮が足りていないのかもしれません。自分にとって何がベストな答えなのかを考え抜く必要がありそう。時間がかかっても大丈夫。 浅慮／時間をかけて取り組む／ベストな選択をする

テーマ別に深く解釈

	対人	お金	仕事	恋愛
正位置	自分の意見に賛同してくれる人が見つかる予感。ただし、投げやりな思考になりやすく、放り出したくなることがあるかもしれません。 賛同者／自暴自棄／中立／公平な対応	目に見えないものに投資して、誰も得しない結果を招いてしまうかも。契約事はうまくいかない可能性大。疑惑をかけられることも。 経験／損が出る／金銭的困窮／契約不成立	問題を先送りにして、計画に遅れが出る暗示。上司と部下との間で板挟みになるため、バランサー的な立ち回りを余儀なくされるかも。 保留／責任／自覚／中間管理職／調整役	どっちつかずな関係や浮気や不倫に走る傾向が。打算的に考え、相手を悲しませるような行動を取ってしまうかもしれません。 遊び／ワンナイトラブ／危険な恋／誘惑
逆位置	間違った選択や結論になる恐れが。関係を保つには忍耐力が必要になりそう。別れや見捨てる決断をすることも視野に入れましょう。 過ち／失敗／忍耐／後悔／脱却できない	ギャンブルにはまりそう。思いがけない出費で収支のバランスが崩れ、倹約の必要性を感じることに。定期的な収入を失う可能性も。 無駄遣い／浪費／賭博／収入がダウン	結論に迷う出来事があるかも。業績や売上が悪化し、仕事上の縁が切れる可能性もありそう。組織内でしばらく混乱が続くでしょう。 後悔／鈍る／赤字／予想外の奇跡／カオス	新しい出会いに恵まれない様子。または、諦めざるを得ないような恋をしてしまいそうです。合理的な判断を心がけること。 恋愛騒動／嘘／望まない関係／後悔する

ソードの 3

THREE of SWORDS

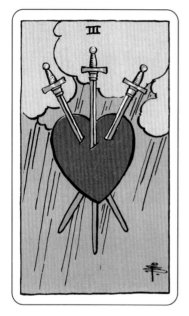

❋ このカードのストーリー ❋

喪失と決裂

　あの選択は間違っていたのか……。主人公は、失意を抱えているようです。予測していたとはいえ、悲しみは深く、希望を失いかけているのでしょう。追いかけていた理想や目標が意味をなさなくなり、失望を感じて、自分の判断は正しかったのかと自問自答している様子。それでも彼の旅は終わったわけではなく、戦いはまだまだ続いていくのです。奪われてもなお失うことのない自己を確立するため、忍耐と精神力が試されているのですから。苦境の中でも傷心でも、彼は進まねばならないのです。

このカードが出たときのキーワード ▶▶ ## 失意・破綻・刷新

正 位 置	逆 位 置
現実を受け止める	**過去と向き合う**
心を痛めているような図柄の「ソードの3」。夢や目標を失ったり、ショックな出来事があったりした直後なのかも。ただ、「ソードの3」は傷ついた状況であるとともに、その傷もいずれ癒えることを表しています。現実としていかに受け止めるかが大事です。	悲しみや痛みから抜け出し、楽になろうとしているような意味をもちます。癒えない傷がないように、適切な処置が必要なようです。それには過去の清算が重要。うまくケリをつけて手放すことができれば、心は軽くなり、また次へと歩み出せるはずです。

カードが示すメッセージ

	過去・現在・未来の状況	感情と意識	原因と解決策
正位置	精神的にダメージを受けるような出来事が過去にあったのでしょう。そこから立ち直ろうとしていますが、時間が少しかかりそう。	深い悲しみにとらわれている様子を表しています。追いかけていた目標を見失い、喪失感の中にあるのかもしれません。	起きてしまったことは、もうどうしようもできないと受け入れることが大切。どんなにつらくても、やがて過去になります。
	精神的なダメージ／時間を要する／休息を取る	深い悲しみ／モチベーションの低下／喪失感を抱える	受け入れる／気持ちのリセット／時間が解決する
逆位置	もやもやとした気持ちが心に留まり続けているようです。それは、過去にとらわれているから。いかにトラウマを払拭するかが鍵。	わだかまりや「こんなはずじゃなかった」という感情に心が支配されています。それが同時に自己否定につながっている可能性も。	かつて恋愛や人間関係で深い傷を抱えたのかも。大切なのはいつまでもその気持ちを引きずらない姿勢、心を縛りつけないことです。
	過去のトラウマ／消化不良の思い／切り替える	がっかり感／ケンカ／心がいっぱい／自己評価の低下	恋愛のトラウマ／吹っ切る／忘れる／癒やしを感じる

テーマ別に深く解釈

	対人	お金	仕事	恋愛
正位置	信頼していた人に裏切られ、別れや争いが起こりそう。誰も味方してくれない状況や、理不尽な目に遭うこともあるかも。	金運が低下しそう。債務不履行に陥る恐れがあります。経済的な支えを失い、借金を背負うかも。突発的な出費で、後悔することに。	目標にたどり着けないことや、次の目的が見つからない状況になり、敗北感を味わうかも。計画の見直しを迫られるでしょう。	関係が完全に崩壊する大きなケンカをしそう。感情のすれ違いや、裏切られて心が深く傷つくことがあり、相手から逃げたくなるかも。
	身内のいさかい／衝突／四面楚歌／孤立無援	自己破産／倒産／借金／損をする／失意	目標／見直し／ストレス／トラブルが発生	失恋／別れ／家出／浮気／不倫
逆位置	トラブルが収束へと向かう兆しが。誤解が解消され、関係を修復できそう。また別のつき合い方ができるようになるでしょう。	リフレッシュするためなど、感情的に散財するかも。リスク管理が甘くなるので、過去の帳簿を整理して、気を引き締めて。	立て直しのため、キャリアプランを再考するとき。仕事が進めやすくなり、新しい目標が見つかりそう。失敗は次につなげられます。	恋愛で受けた傷が癒える兆し。別れた原因から自分の悪い点を改善していけそう。恋愛以外の面で心の傷を埋められるでしょう。
	収束／修復／復縁／新しい一面を見つける	散財／整理整頓／過払金／旅行に出かける	転職／再就職／経験する／能率／問題点	未練／関係改善／話し合い／傷心旅行

ソードの 4

FOUR of SWORDS

✳ このカードのストーリー ✳

小休止する

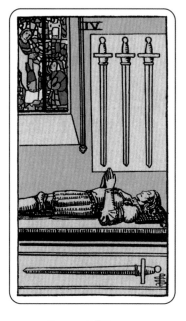

　ひとときの休息を得ている傷ついた主人公。緊迫した事態をくぐり抜け、本人が思っている以上に心身が疲弊していたのでしょう。戦いから命からがら逃げてきて、小休止といったところでしょうか。ステンドグラスからこぼれる光は、彼の休息もまた、大いなる計画の一部であり、行く手は明るく照らされていることを暗示しているのでしょう。長い人生の中でしばし立ち止まったとしても、決して損失にはならず、むしろ新たな希望を見つけるための、大切な期間だと告げているかのようです。

 このカードが出たときのキーワード ▶▶ # 休息・心身を充電

正 位 置	逆 位 置
再起の好機を待つ	**準備が整う**
どうしようもない状況に、ここまで苦労しながらもできる限りのことはしてきたのでしょう。でも心は疲れ切っていて、パンク寸前なようです。ここはあえて一度立ち止まり、自分自身のケアに努める必要があるのかも。その先にまたチャンスが訪れるはず。	「ソードの4」の逆位置は描かれた剣が上を向くことで、しばしの休息の後、また戦いに挑まなくてはいけない状況を暗示するもの。休息だけでなく、次に向けた準備が必要であることを表しています。モチベーションが少しずつ復活する兆しもあるようです。

162

カードが示すメッセージ

	過去・現在・未来の状況	感情と意識	原因と解決策
正位置	心身ともに疲弊するような出来事があったのかも。やれることはやったものの、どうにもならないような状況に心を痛めています。 つらい出来事／八方塞がり／自分を労ることを優先	完全に疲弊しています。それでもまだ気丈に振る舞おうとしていますが、気力は低下気味。特にメンタル面のSOSには注意。 精神的な疲れ／空元気／無気力状態／メンタルケア	落ち込んだ心を癒やすには、休息が一番。常に進み続けていれば、誰だって疲れてしまうもの。時間が解決するのを待ちましょう。 休息を取る／心身の疲労／日にち薬、時薬／急がない
逆位置	波乱含みの期間を乗り越え、肝が据わったのかもしれません。これまで以上に強い自分で、これから先の問題に対処していけるはず。 波乱万丈／度胸／強い心／有利な展開にもち込む	つらかった経験を乗り越えて、前よりも人一倍強い精神が宿っているようです。落ち着いて問題解決に取り組めそうな兆しが。 乗り越える／精神的な成長／状況が落ち着く／信頼	もう少し時間をかけて準備をする必要があるのかもしれません。功を急ぐのではなく、じっくりと腰を据えて解決策を探しましょう。 準備を整える／事前リサーチ／急がば回れ／初志貫徹

テーマ別に深く解釈

	対人	お金	仕事	恋愛
正位置	追いかけ回される状況で、誰も助けてくれないかも。1人になりたいという気持ちから、心の負担になる関係を切り捨てることも。 孤独／負担／トラブル相手／身を隠す	支出を減らすため、品質に妥協したり、大きな買い物を避けたりすることで、金運が安定していく兆し。癒やしにはお金を使ってOK。 妥協／根本的解決／貯蓄／堅実に進める	タイミングを見誤る恐れが。モチベーション低下により、スランプに陥るかも。過度なストレスを抱え、メンタルを壊しそう。 ストップがかかる／スランプ／休職／離職	相手に迷惑をかけそう。または、お互いに頭を冷やす必要がある場合も。物理的にも精神的にも距離を置いたほうが良さそう。 空回り／クールダウン／フラれる／失恋
逆位置	懐かしい人物と再会する予感。誰かと協力したり、過去の反省を生かしたりすることで、問題を対処することができます。 再会／討論／論破／説得／協力関係を築く	支出は増えるが、使った分だけ戻ってくる様子。金銭状況にアップダウンがあるでしょう。心身の治療にお金が必要になるかも。 経費／支出増／波乱／値引き／交渉／不安定	タイミングを見定め、再び計画を動かせそう。暗礁に乗り上げていた事業を軌道に乗せることや、職場の人間関係が改善される兆しが。 経営戦略／市場調査／職場復帰／再構築	アプローチの方法を変えると功を奏するとき。恋愛欲が復活する兆しも。距離を詰めたい思いを抑え、相手の行動を待つのも手。 モチベーション／改善点／復縁／反省する

ソードの 5

FIVE of SWORDS

やましい行為

　主人公は再び戦場におもむきましたが、戦いの後に残されたソードを獲得することに執心している様子。労して功なしだった苦い経験から、なりふり構わぬ態度に転じたのでしょう。どうしても手に入れたいなら、手段は選ばない……そんな姿勢が感じられます。激しい自己主張や強引さがなければ、自分が欲しいものは手に入らないし、戦いにも勝てないのだと言いたいのかもしれません。周囲を顧みる余裕は、今の彼にはなさそうです。利己的な彼から、味方まで去っていくことに気づかないのでしょう。

このカードが出たときのキーワード ▶▶ 調和を失った状態

正 位 置	逆 位 置
得たものと失ったもの	**計画が失敗する**
少し後ろめたいような気持ちが芽生えているのかもしれません。それは自分だけ楽をしたいような、利益を得たいような、ある意味「ずるさ」ともとれるようなことを「ソードの5」の正位置は象徴しています。ただ、得たものの先には失うものもあるのです。	「ソードの5」の逆位置は、正位置と同じようにずるさや狡猾さを発揮したものの、思うように利益を得られなかった状況を示しています。むしろ、自分のもとから人が離れていくような状況や、金銭的な喪失の兆しも。同じ過ちを繰り返さない必要があります。

カードが示すメッセージ

	過去・現在・未来の状況	感情と意識	原因と解決策
正位置	目的達成に躍起になり、周囲が見えていなかったのかも。強引な手段をもって現状を打破してもかえって失うものが増える兆しが。 焦りが募る／強引な手段に出る／周囲から反感を買う	周囲が見えなくなり、自分の行動が正しいと思い込んでしまっているようです。ただ、理解を得ることは難しく、温度差を感じそう。 我を通そうとする／頑固／わがまま／納得できない	結論を早まらないように、慎重な姿勢でいることが大切です。自分のわがままや一方的な主張が物事の原因になっていないか精査を。 結論を先延ばしに／慎重さ／客観的に見る／譲歩
逆位置	途中まではうまくいっていたものの、風向きが変わり一気に不利な状況に。人間関係のこじれや争いなど、現状が悪化するかも。 目まぐるしい変化／人間関係の悪化／悩みが増える	イライラが募り、それが原因でモチベーションが著しく低下していく兆しがあるようです。プライドが傷つく可能性も。 イライラする／屈辱を味わう／やる気がダウン	引き際を見定める必要があるでしょう。無理を通したとしても、得るものより失うもののほうが多くなりそう。強引な態度は軟化を。 撤退する／リスクヘッジを考える／冷静に判断を

テーマ別に深く解釈

	対 人	お 金	仕 事	恋 愛
正位置	コネや人脈を生かした立ち回りができそう。でも重箱の隅をつつくような言動や姑息な振る舞いをしてしまい、人望を失う恐れが。 人脈／弱み／揚げ足取り／利用する／策士	他人を騙して利益を得るかも。ギャンブルにはまったり、ハイリスクハイリターンな投資をしたりして、身を滅ぼす危険があります。 犯罪／インサイダー取引／儲け話／見栄	他人のアイデアを盗む、仕事仲間の失敗につけ込む、他人を踏み台にするなど、出世のためには手段を選ばない行動を取りそう。 盗作／盗用／正当化／虚栄心／狡猾さ	他人の恋人を奪う、恋のライバルを蹴落とすなど、強引すぎる展開になりそう。トラブル含みの恋で恋愛感情は長続きしない様子。 略奪／寝取り／不倫／波乱／短期の恋
逆位置	言葉の暴力を受けるかも。信じていた人に騙されたり、嘘をつかれたりすることも。大切な人が自分のもとを去る可能性もあります。 パワハラ／批判／陰口／裏切り／別れ	狡猾な手段でお金儲けを企んでいる様子。投資やギャンブルでの大きな損害、損切りの失敗、所有物の価値下落などがありそう。 ズル／損失／マイナス／暴落／後悔する	不正がばれて、同僚から非難され、陰口を言われそう。社内での立場を失い、信頼を損ねる可能性があります。懲罰を受けることも。 損害／不名誉／人事評価／敵／邪魔者	パートナーに浮気や不倫がばれて社会的な制裁を受けそう。離婚や別れ、大事な人を失ってしまう可能性があります。 浮気／社会的制裁／離婚／慰謝料

ソードの 6

SIX of SWORDS

✳ このカードのストーリー ✳

進路の変更

　主人公は、自己の限界を感じたのか、あるいは利己的なやり方で失敗したのか、路線変更したようです。ここでの旅立ちは、過去に背を向け、ひっそりと逃げるように新たな人生を始めようとしている姿を感じさせます。逃げるのは敗北のように思えますが、その決断は正しかったのだと後に彼は知るでしょう。同じ道をたどっても、決して幸せになれないと思った彼は、生き方を変える道を選んだのです。こだわりや凝り固まった考えを手放すことで得られる、まったく新しい人生を示すアルカナです。

このカードが出たときのキーワード ▶▶ 再スタートを切る

正 位 置	逆 位 置
方向転換の必要性	**やむをえない撤退**
これまでとは一転して、方向転換の必要性が生じる兆し。思い描いていた通りに物事が進んでおらず、人生設計そのものを見直す必要があるのかもしれません。ただ、ネガティブな意味合いばかりではなく、前向きに一歩を踏み出せることを暗示しています。	「ソードの6」の逆位置は、転換を迫られているのに、気持ちの整理がつかない状況を表しています。それは、これまでやってきたことの意味が無駄になってしまい、諦めきれない感情でもあります。ただ、断腸の思いで踏ん切りをつける必要があるでしょう。

カードが示すメッセージ

	過去・現在・未来の状況	感情と意識	原因と解決策
正位置	計画が思うように進まず、行き詰まっています。つらい選択かもしれませんが、進路を変えることで状況を打破できるかもしれません。 計画の見直し／進路変更／新しい着眼点を得る	何をやってもうまくいかず、ネガティブな思考にとらわれてしまいそう。無理に物事を進めてきた反動が精神に悪影響を及ぼすかも。 ネガティブマインド／無理がたたる／心を休める	歯車が噛み合わず、何をやっても空回りしてしまう時期です。変化を選ぶことは躊躇われるかもしれませんが、未来のために行動を。 噛み合わない関係／空回りする／徒労に終わる
逆位置	過去の栄光や努力、夢にしがみついていて、諦めきれていない状況を表しています。未来へ向かうためには諦めが肝心でしょう。 過去の栄光を捨てる／夢を諦める／再出発	心のどこかにこのままでは難しいことがわかっていても、諦めきれずに固執してしまっている部分が。いかに断ち切れるかが鍵。 固執する／こだわりや慣習／考え方が言動に出る	先延ばしにしている結論が、他の物事に悪影響を及ぼしているかも。追い詰められないためにも、感情に支配されないことが大切。 結論を出す／覚悟を決める／合理的な判断を下す

テーマ別に深く解釈

	対人	お金	仕事	恋愛
正位置	コミュニティーから離脱して人間関係のリセットが起こりそう。新しい出会いはありますが、発展のない関係性になるかも。 決別／家庭問題／リセット／出会い／相談	援助が断たれるようです。新しい投資に取り組んだり、保険を解約したりして、家計を見直し、無駄を排除しましょう。 仕送り／援助がなくなる／慰謝料／養育費	転職やキャリアチェンジ、進路変更のチャンスが訪れそう。新しい業界に再就職するなどで、ライフスタイルが変更されるかも。 転職／転勤／異動／心機一転／打開する	相手に他に恋人ができて、思いを断ち切る必要がありそう。新しい恋を見つけて再スタートを切ることができるでしょう。 冷める／乗り換え／別れ／結婚願望／同棲
逆位置	足を引っ張り合うことになりそう。身動きが取れず、会話が過去の栄光の話ばかりに。腐れ縁や人間関係に振り回される暗示。 邪魔／束縛／過去の話／破綻／わだかまり	労働に対して、不釣り合いな報酬しか得られない可能性があります。質素な生活を強いられることになるでしょう。 うじうじする／パトロン／愛人／解雇／節約	昔のやり方にこだわっていて、新しい環境に馴染めないのかも。八方塞がりな状況です。広げるよりも絞る考え方をもちましょう。 懐古的／精神論／モチベーション低下／選択	現在の関係に執着して、共依存が泥沼化してしまいそう。別れ話が長引いて、うやむやになることもあるかもしれません。 ストーカー／マンネリ化／依存心／感情論

167

ソードの 7

SEVEN of SWORDS

✳ このカードのストーリー ✳

本心を隠した企て

　ようやく戦火から逃れてきた主人公が、仲間の裏切りに遭おうとしているようです。言葉巧みな相手に振り回されて、彼はまだそれが罠だとは気づかないのかもしれません。彼に忍び寄る試練は、彼の魂を成長させ、完成させるためのもの。負の連鎖を断ち切るため、逃げていては通過できない課題なのです。このアルカナは、苦難に翻弄される主人公に、安易な道を選ぶべきではない、と教えているようです。周囲に裏切り者がいる可能性や、魔が差してしまうことへの警告を発しているのでしょう。

> **このカードが出たときのキーワード** ▶▶ 欲に負ける・偽りの態度

正位置

浅はかな行動や考え

　「ソードの7」の正位置は誘惑の多さや楽なほうを選ぼうとする様子が描かれています。現実に起こり得る誘惑や楽をしたい気持ち、怠け心……。それらに負けてつい魔が差し、軽い気持ちで手を出してしまうかも。無論、その先にあるのは手痛いしっぺ返しです。

逆位置

我に返る

　逆位置では描かれた人物よりも剣にスポットライトが当たります。誘惑に負けて手を出しそうにはなるものの、寸前で我に返り、道をはずれることを事前に防げる可能性が暗示されています。そこで目が覚めることにより、その後は順調に物事が進んでいく兆し。

カードが示すメッセージ

	過去・現在・未来の状況	感情と意識	原因と解決策
正位置	楽をしたい思いが強いのでしょう。ここで現実逃避をしてしまうと、後でさらに苦しい事態になり兼ねないので、我慢のとき。 逃げ出したい／目を背ける／困難に耐える／忍耐	つらい感情が重なって逃げ出したくなっているのかもしれません。場合によっては被害者意識が高まっている可能性もあるようです。 度重なる困難／拡大解釈／優先順位を見極める	「ちょっとだけなら」というような軽い気持ちが、大きな歪みを生みそうな兆し。他者や環境に原因を求めるのをやめるべきです。 軽はずみな行動／人のせいにしない／自律心／自制
逆位置	誘惑に負けそうになりつつも、やるべきことを思い出し、まい進していけそうな運気。周囲からのサポートにも期待できるはず。 誘惑に打ち勝つ／ひたむきさ／周囲の助けを得る	誘惑を断ち切ることができ、状況が好転していきます。理性で欲望を制したことの達成感と自信が今後の後押しになりそうです。 状況が一転する／達成感／自信がつく／正義感	状況が混乱状態にあったとしても、今後少しずつ改善されていくことを示しています。客観的視点を取り入れる意識を持ちましょう。 カオスな状況／徐々によくなる／外側から観察する

テーマ別に深く解釈

	対人	お金	仕事	恋愛
正位置	他人を犠牲にすることや、楽な人づき合いを好む傾向にありそう。マルチや情報ビジネスの勧誘を受け、うまい話に騙される危険が。 犠牲／踏み台／横取り／マルチ商法／裏切り	借りたお金を返済せず、遊びやブランド物に浪費しそう。詐欺に騙され、横領や窃盗など法にふれるような行いをしてしまうかも。 金銭トラブル／投資にはまる／詐欺／転売	事業に思わぬ落とし穴が見つかる暗示があります。仕事で手を抜き、人の手柄を横取りしようとしてしまうかもしれません。 データ改ざん／不正／ズル休み／仮病を使う	相手の経済状況に頼ろうとするでしょう。都合の良い相手との一時的な楽しさを求めそう。後悔する交際になるようです。 嘘／打算／ワンナイトラブ／腹黒い／安らぎ
逆位置	失った信頼を取り戻せそう。友人や同僚からの助けがあるでしょう。わだかまりが解消され、関係がもとに戻る可能性もあります。 信頼回復／関係修復／ハプニング／正義感	堅実な貯蓄計画で、家計がプラス収支に転じます。貸していたお金が返ってくるなど、金銭トラブルが解消するでしょう。 副収入／貯蓄／軍資金／家計簿／返済される	ピンチをチャンスに変えることができます。職場内のフォローが行き渡り、お互いに支え合えるような関係を築けそうです。 チャンス／フォロー／ミスを防ぐ／結束力	浮ついた心を律し、心から信頼できる相手を大切に。危機を乗り越えて急接近しそう。健全なコミュニケーションを取ること。 自律心／理性／信頼関係を築く／急展開

169

ソードの 8

EIGHT of SWORDS

制限と抑制

　拘束されて目隠しされた主人公が、乱立するソードの中に立っています。下手に動けば、傷だらけになりそうです。敵に捕らわれたか、罪に問われたかして、力と自由を完全に奪われています。主人公は八方ふさがりの中、絶望の淵をさまよっているのか、混乱から抜け出そうと外のノイズをシャットアウトしているのか……。退路を断たれた彼には、もはや引き返すすべがありません。けれど、すべてを受け入れ、運を天にまかせようと思った瞬間、目隠しがはずされて、自由の身となるでしょう。

 このカードが出たときのキーワード ▶▶ # 八方塞がり・独立無縁

正 位 置	逆 位 置
限界を超える	**出口はすぐそこ**
誰からの助けも得られず、自分ばかり不幸な目に遭う……。そんな暗く重い感情に支配されそうになっています。ただ、視点を変えるともっと自分にできることが見えてくるはず。周りのせいにせず、自分自身の限界を追い求めたいタイミングが来ているのです。	ピンチに思える状況においても、自分自身が努力することはもちろんですが、他者からのヘルプに期待できそうな運気。つらい時期が長ければ長かったほど、これから先は幸運を享受できる暗示でもあります。苦しい状況に置かれていても、もう少しの辛抱です。

カードが示すメッセージ

	過去・現在・未来の状況	感情と意識	原因と解決策
正位置	現状を変えたいと思いつつも何もできないもどかしさにとらわれているようです。自らで選択肢を狭めてしまっている状態です。 もどかしさ／視野狭窄に陥る／チャレンジ精神	自分には何もできないという無力感に支配されています。自分は悪くない、認めてほしい、という負の感情が高まっているようです。 報われたい／認められたい／マイナス感情が連鎖する	身動きが取れない状況にあるようです。それは周りと自分自身のことがよく見えていないから。自信を失ってしまっている暗示。 精神的な不自由さ／自信喪失／殻を破る必要がある
逆位置	制限されていたことや束縛から解き放たれ、自由な状態で前を向けそうな予兆。つらい過去は終わり、明るい未来が待っています。 精神的な解放感／自由を得る／前向きな展望	解放的で晴れやかな気持ちになっているようです。これまで苦しかった期間をバネにして、大きな発展を迎えることができそうです。 心が晴れやかになる／飛躍／明るい気持ち／希望	耐えなければいけない期間もあと少し。もう一踏ん張りで救いの手が差し伸べられるなど、一気に事態は急展開を迎えるはず。 もう少しの辛抱／救いの手／状況が180度変わる

テーマ別に深く解釈

	対人	お金	仕事	恋愛
正位置	インターネット上で誹謗中傷されるかもしれません。孤立している感覚になり、他人を信用できず心を閉ざしてしまうでしょう。 SNS／炎上／人間不信／孤独／孤立／敵	貯金を切り崩しながら生活することになりそう。間違った情報に騙されて、判断力が鈍ったり、保守的になったりするかも。 切り崩す／判断力低下／保守／損をする	上司や同僚からの抑圧で、能力を発揮できないかも。チャンスに恵まれない不安が募り、予期せぬアクシデントに見舞われそう。 パワハラ／被害妄想／予想外の事故	別れ話を切り出されて、失恋する暗示。相手とのバランスが崩れ上下関係が生まれ、自分自身の価値を低く感じてしまいそう。 失恋／上下関係／メンタルダウン／同情
逆位置	束縛や干渉から解放され、誤解が解消される予感。素直に接することのできる友人がピンチのときに駆けつけてくれるでしょう。 干渉や誤解の消滅／健全化／応援部隊／親友	経済的な困窮から解放されて、自由に使えるお金を得られる予感。自分自身や将来への投資をすることで、金運上昇の兆しが。 解放／自由／ごほうび／プレゼントをもらう	長年の問題が解決する兆し。独立や起業のチャンスが訪れそう。やりがいのある仕事を見つけることもあるでしょう。 起業／独立／フリーランス／モチベーション	片思いが成就するチャンスが巡ってくるでしょう。幸せな家庭像を思い描けるパートナーが、精神的な支えになるようです。 成就／モテる／交際／結婚／妊娠出産

ソードの 9

NINE of SWORDS

✳ このカードのストーリー ✳

過去への悔恨

　主人公が意気消沈しています。大事なものを失ったり、自分の決断ミスを悔いたりしていそう。頭をよぎるのは、過去への悔恨ばかりかもしれません。深い失意に沈み、自分を客観視できていないようです。このアルカナは、現実的な苦しみや悲しみ、絶望を暗示するもの。主人公も、「今までの人生は、一体何だったのだろう」「この先、何を生きがいにすれば良いのか」といった孤独や不安を抱えているでしょう。けれど、この苦しみこそが、彼にとっての最終試練であることに気づくべきなのです。

このカードが
出たときの
キーワード ▶▶

夜明け前

正位置

ネガティブの連鎖

　「ソードの9」の正位置は、後悔している様子を表しています。「あのときこうしていたら……」というような思いを抱えているのかもしれません。または、未来に対する不安など悩みにとらわれているのでしょう。ネガティブな感情は連鎖してしまうので注意。

逆位置

出口はもうすぐそこ

　逆位置ではそんなしがらみや負の連鎖からなんとか抜け出そうとしている様子を表しています。状況は次第に好転していく兆しがあり、今、悩んでいることから解放されるかもしれません。「このままではいけない」と気づけるかどうかが鍵と言えるでしょう。

カードが示すメッセージ

	過去・現在・未来の状況	感情と意識	原因と解決策
正位置	漠然とした将来への不安を抱えて、押しつぶされそうになっているのでしょう。不安な感情を切り替えられるかが肝になります。過去の清算／難局を乗り越える／将来への不安	思い悩んでいる様子が見て取れます。ネガティブな気持ちにあふれていて、今は何をやろうにも自信が湧いてこないようです。ネガティブマインド／重い悩み／後悔の念が湧く	ネガティブな思考にとらわれた結果、動くに動けない状況にあるようです。どこかで悩みや不安を自らで断ち切る必要があります。動けない／不安からの脱却／前に進む／負の感情
逆位置	重くのしかかっていた問題は解決に向かい、前進していける兆しがあるようです。考えすぎることをやめられるかが重要です。悩みが解消する／誠意を尽くす／心が解放される	悩みや不安から抜け出そうと必死でもがいているようです。傷ついた心を癒やしたいという気持ちでいっぱいなのかもしれません。苦しみから抜け出す／不安な心／解決へ向かう	考えすぎをやめ、良い意味で気楽になる必要がありそう。大きな悩みと考えていたことも、意外と何とかなるものかもしれません。考えすぎはNG／状況が好転する／問題が解決する

第二部 1 小アルカナカード解説　ソードの9

テーマ別に深く解釈

	対人	お金	仕事	恋愛
正位置	傷つけられた相手に恨みを募らせている様子。社会とのつながりを断絶したくなるかも。疑いの目を向けられる可能性もあります。恨み／トラウマ／引きこもり／自己嫌悪	お金に余裕がなく、経済的な不安や負担を感じそう。不自由な生活を強いられることになるでしょう。意味のない節約にも注意を。経済的不安／収入減／借金／過敏になる	最悪のケースを想像してしまいスランプに陥るかも。能率が下がり、収入が減る恐れがあります。転職への不安を抱えている場合も。恐れ／スランプ／リストラ／自信喪失	疑心暗鬼に陥って、パートナーに疑いの目を向けそう。嫌われている気がすると思い、恋人との別れを過度に恐れていそう。嫌疑をかける／妄想／ケンカ／精神的疲労
逆位置	相手の昔の行いを許し、行動を理解することができそう。話し合いの場をもつことで、誤解を解消できるでしょう。和解／受容／対等な立場／脱却／話し合い	副収入が増え、出費を抑えられるので、経済的に余裕が生まれそう。癒やしやリラクゼーションにお金を使いましょう。自己投資／上昇／不安解消／収入がアップ	問題が解決する予感。大きな仕事やチームが動き始め、新規プロジェクトを立ち上げることに。経営は黒字に転じそうです。スムーズに進む／新規事業／スキルアップ	昔の恋人への未練を断ち、前向きな恋愛ができます。結婚を意識するような新しい出会いを求める活力が湧いてくるでしょう。吹っ切る／出会い／新しい恋／積極性をもつ

ソードの **10**

TEN of SWORDS

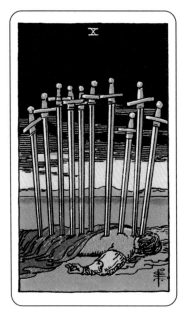

試練を乗り越える

長かった主人公の戦いは、ようやく終結を迎えたようです。希望に導かれて旅立ったものの、道中で遭遇した幾多の困難と裏切りは、主人公の心に暗い影を落とし、悲しみや苦悩のどん底をさまよったこともあります。しかし、悲しみに打ちひしがれながらも、自由と平和を信じて、主人公は果敢に前進を続けたのです。そのために払った多くの犠牲は、主人公の心を強くしました。そしてついに、最終試練とも言える、己の心の闇との戦いを迎えたのでしょう。真の敵は、自分の心に潜む闇だったのです。

このカードが
出たときの
キーワード ▶▶

片をつけるとき

正 位 置	逆 位 置
腹をくくるとき	**希望のスタート**
後回しにしていた問題が急浮上し、対応を求められる予兆が。まだもう少し先延ばししたくなりますが、ここで腹をくくって対応を。ケリをつけられるかどうかの分水嶺に立たされています。放棄すればいつまでもしこりは消えず、悩みはどんどん膨らみそう。	悩みはすべて消え去り、一から再スタートが切れることを意味する「ソードの10」の逆位置。物事が一段落するころには、以前と比べてグッと成長した自分に気づくことができるはず。これまでの経験を糧に、希望をもって前を向くことができるでしょう。

カードが示すメッセージ

	過去・現在・未来の状況	感情と意識	原因と解決策
正位置	結論を先延ばしにしていては、いつまでも問題は解決しません。向き合うのが早ければ早いほど、勝算は高まりそうな兆しです。 逃げない／乗り越える／解決に時間を割く／逆転勝利	自分の弱さに向き合えずに、いつまでもズルズルと感情を引きずっているのかもしれません。勇気を奮い立たせたいタイミングです。 断ち切る／一念発起する／メンタルの安定を保つ	向き合うことを避けているため、いつまでも状況が改善されないのかも。怖くても正面から向き合い、冷静になすべきことをなして。 見て見ぬふり／問題に向き合う／冷静な行動をする
逆位置	長年の課題や悩みは一気に解消に向かい、自分のためのステージが幕を開けそうです。虚栄を張らず、ありのままの自分を出して。 終わりと始まり／克服する／解放／活躍の場を得る	晴れやかな気持ちにあるようです。コンプレックスに感じていたことも、気にならなくなる兆しが。未来への希望にあふれています。 自由を手に入れる／期待／希望／新しい夢や目標	夜明けの直前が一番暗いように、今が底の状態。もうすぐ光が差して新しい自分をスタートできそうです。最後のもう一踏ん張りを。 夜明け前／再出発／最後まで粘る／運気が上向く

テーマ別に深く解釈

	対人	お金	仕事	恋愛
正位置	トラウマや嫌な記憶を想起させられる可能性が。信頼している人と口論になり、衝突しそう。深い悲しみを感じるでしょう。 トラウマ／嫌な過去／ケンカ／口論／悲しみ	金銭面で大打撃を受けそう。固定収入を失い、定期的な支払いが滞るかもしれません。倒産や不渡りが起こる可能性もあります。 経済状況／家計の見直し／収入減／不可抗力	リカバリーの効かない失敗やミスを犯し、リストラを告げられるかも。正念場を迎え、正々堂々と勝負することになるでしょう。 ミス／事故／損失／リストラ／大勝負に出る	関係の決定打になる出来事が起こりそう。離婚や別れ、別居の暗示があります。過去の恋人の存在を忘れられないのかもしれません。 パートナーシップ／離婚／相手に情が湧く
逆位置	長い争いが終わりを迎えます。新しい人間関係が広がる予感も。純粋な心で素直に相手と接することができるでしょう。 仲直り／関係改善／強い絆／取り繕わない	新たな収入源を得る予感。転職やキャリアアップで収入増を狙えます。成熟した、良いお金の使い方ができるようになりそう。 収入増／昇給／資格を手に入れる／副収入	まったく別の業種や業界にチャレンジし、再スタートを切ることができそう。上司から昇給や昇進をもちかけられることもあるかも。 異業種／転職／独立や開業／昇進／大抜擢	新しい出会いの予感。ケンカするほど仲が良いと言える関係を築けそう。後腐れのない別れで、前向きな離婚ができるかも。 次の出会い／別れ／新生活／円満離婚

ソードの ペイジ

PAGE of SWORDS

PAGE of SWORDS.

✴ このカードのストーリー ✴

見聞を広げる

　天に向かって、ソードを掲げたペイジ。ソードは風のエレメントを象徴し、知性とコミュニケーションを司ります。中でもペイジは、旺盛な知的好奇心を表すもの。冒険を通じて見聞を広げ、成長したいという向上心にあふれています。また、見聞きした情報を多くの人に広めるという、メッセンジャーの側面ももっているのです。背景に広がる大空は、彼が可能性に満ちた存在であること、これから始まる冒険を暗示。彼はさまざまなことに関心を抱き、新しいことを取り入れようとしているのです。

```
このカードが
出たときの    ▶▶  天職を求め世界へ飛び立つ
キーワード
```

正 位 置	逆 位 置
チャンス到来！	**方向性が定まらない**
思いも寄らないチャンスが巡ってきそう。それはあなたが長年待ち望んだものかもしれませんし、まったく予想していなかった未知のものかもしれません。いずれにしても躊躇わずに飛び込めば、そこから新しい世界が開かれるはず。新しい縁にも恵まれそう。	何か挑戦したいことがあっても、一歩を踏み出せないでいるのかもしれません。それは過去の失敗や恥ずかしさ、自信のなさによるものかも。ただ、その頃のあなたと今のあなたは違うはず。成長した今の状態ならば、チャレンジしても手応えを得られそう。

カードが示すメッセージ

	過去・現在・未来の状況	感情と意識	原因と解決策
正位置	今まさにスタート地点に立っているのでしょう。この先の未来がどうなるかは自分の行動次第。いかようにでもできるチャンスです。 スタート／異業種／チャレンジ精神／知的好奇心	新しい出会いや人脈の広がりに、ワクワクする気持ちが大きいようです。感受性も高まっており、より多くのことを吸収できそう。 期待／知的好奇心／アンテナを立てる／吸収力	出会いはたくさんあるはず。ただし、それを生かすも殺すも自分次第。特にコミュニケーション面で勇気を出してみましょう。 出会い／コミュニケーション／積極性／主体性をもつ
逆位置	これまで何度か機会はあったものの、最後の一歩を踏み出せずにいたのでしょう。躊躇や不安を捨てると、良い結果が出る兆し。 自信のなさ／恐怖心／勇気／努力する／経験不足	頭ではわかっていても、最初の一歩が踏み出せない状況なのでしょう。行くのか行かないのか、優柔不断な心理が強く表れています。 優柔不断／自信がない／理由を作る／整理する	自分に対する評価を改めるべきかもしれません。もっと色々なことができるようになっているし、能力は高まっているはずです。 自己評価／自分を認める／自意識／自尊心をもつ

テーマ別に深く解釈

	対人	お金	仕事	恋愛
正位置	社会人サークルや地域のコミュニティーで、気心の許せる友人と出会えそう。異文化の人たちが集まるパーティーでもチャンスが。 親友／旧友／有名人／インフルエンサー	スキルアップや資格取得にお金を使うようです。投資に関するセミナーに参加することで、新しい投資先が見つかるでしょう。 自己研鑽／自己投資／交際費／参加費	仕事に役立つ資格を取得できそう。責任の大きい仕事をまかせられ、これまでにない新しい発想で成功をつかめるでしょう。 資格／技能／責任感／やりがい／アイデア	新しい出会いがあり、気になる人ができるかも。友人から恋人になる、相性の良い相手を紹介されるなどの可能性もありそうです。 出会い／腐れ縁／紹介／婚活パーティー
逆位置	ライバルや友人に嫉妬心を抱くかも。卑屈な考え方で、頑固な言動が目立つように。損得勘定を前提にした人づき合いをしそう。 嫉妬／羨望／他人との比較／意固地／損得	やりたいことがあるのに資金が足りない様子。必要のないことにお金を使ったり、情報収集不足で損をしたりするかも。 資金不足／無駄遣い／情報戦／旧型家電	見通しが甘く、案件が破綻する暗示。情報や認識が遅れて、上司に注意されるかも。単純作業やルーティンワークに飽きそう。 準備不足／怒られる／屈辱／遅延／通常業務	せっかくのチャンスをふいにしそう。失恋を恐れて何もできず、気になる人の前でうまく話せないかもしれません。 失敗する／孤独／挙動不審／恋に敗れる

ソードの ナイト

KNIGHT of SWORDS

KNIGHT of SWORDS.

✳ このカードのストーリー ✳
知恵とスピード

　ナイトが馬上で勇ましくソードを掲げています。ワンドのナイトが勇猛果敢な武将だとすると、ソードのナイトは智将です。力で押し切るのではなく、策略を巡らせ、いかにうまくことを進めるか、スピーディーに計算するナイトです。その結果、勝利をつかむでしょう。先んずれば人を制すとばかりに、他の誰よりも先駆けて出陣した彼は、迷うことなく勝利への道を突き進んでいるようです。彼の勇ましい姿は、人々をも奮い立たせます。今や敵なしの彼にとって、完全なる勝利はもう目前。

このカードが
出たときの
キーワード　▶▶ ## 勝利を求め突撃・突進

正 位 置	逆 位 置
知力を武器にする	**才能やエネルギーの無駄使い**
「ソードのナイト」の正位置はいつも以上に感覚が鋭くなっている様子を表しています。どんなことでもすぐに対応でき、吸収して我がものにしていく能力が備わっています。今は、その柔軟さと知性を武器に、目標を達成していける運気にあるでしょう。	何をするにも中途半端な状態にあるようです。集中力がなく、半端に手をつけたかと思ったら、すぐ次の何かにすぐ目移りしてしまう……。この時期は攻撃性も増しており、自分の思い通りにならないものには批判や攻撃をしてしまう状態にあるようです。

カードが示すメッセージ

	過去・現在・未来の状況	感情と意識	原因と解決策
正位置	活力にあふれており、やるべきことに向かって正しく努力ができているでしょう。試練が訪れたとしても乗り越えることができます。 集中力／努力／やる気／試練に怯えない／良い結果	迷いがなく、やりたいことに突き進んでいます。自分が成長していくことに非常に意欲的で、未来を見据えることができています。 意欲／モチベーション／吸収力／成長／進化する	目の前のことに全力を注ぎたいという気持ちが強いようです。今やっていることは正しいはずなので、継続が結果につながります。 全力で頑張る／継続／突き進む／充実／成果
逆位置	未解決のトラブルを引きずっているようです。心に引っかかりがあるため、目の前のことも疎かに。難しい局面に立たされるかも。 トラブル／未処理／注意力散漫／憂鬱／難局／孤独	何かと他者を攻撃したり、常に気が立っていたり、感情を無駄遣いしてしまっているようです。地に足が着いていない状態にあります。 攻撃性／苛立ち／ひんしゅくを買う／よそ見をする	必要なのは「観察すること」。一度立ち止まり、状況を見極めましょう。自分が一番にやるべきことは何かが見えてくるはず。 ストップがかかる／冷静／深呼吸／観察眼

テーマ別に深く解釈

	対 人	お 金	仕 事	恋 愛
正位置	知人や友人、後輩から尊敬されそうです。コミュニティーの中心的存在になり、リーダーシップを発揮できるでしょう。 尊敬／信頼／リーダーシップ／成長株	収入がどんどん増える予感。ボーナスや臨時収入に期待ができそう。迷いなく投資をして、大きな利益を得られるかもしれません。 収入増／ボーナス／副収入／勝利をつかむ	新しい事業に挑戦し、社会的な成功を収めることができます。仕事に全力で打ち込める環境に身を置けて、その道のプロになれそう。 チャレンジ／成功／プロフェッショナル	意中の人と結ばれる予感。誠実な振る舞いで愛されそう。パートナーの尊敬を得て、お互いを高め合う関係を築くことができます。 成就／尊敬／誠意を見せる／祝福／結婚する
逆位置	他人を攻撃してでも自分を優先し、誰も味方をしてくれない状況に。周囲から避けられ、悪い噂が絶えないかもしれません。 批判／口論／絶交／悪評／怒りを感じる	必要のない浪費をしてしまいそう。収入がいつまで経っても増えず、投資に失敗するかも。老後の不安が大きくなるでしょう。 浪費／無計画／依存／不安感／低所得	初歩的なミスばかりしてしまい、評価が著しく下がりそう。無責任な言動で信用を失い、降格や減給処分を下される可能性も。 ミス／懲罰／無責任／中途半端／失格になる	別れを切り出されるかも。無神経な振る舞いばかりしてケンカになりそう。相手のことが信用できず、情緒不安定になることも。 別れ／言い争い／失礼／不信感／メンタル

ソードの クイーン

QUEEN of SWORDS

QUEEN of SWORDS.

思慮深い決断

　背筋をまっすぐに伸ばし、ソードを掲げて前方を見据えるクイーンは、何か策を講じているのでしょうか。思慮深いその表情からは、深い考えがあって何かを押し進めようとしていることが感じられます。横顔がクールに見えるのは、どちらか一方に肩入れして、公平さを欠くのを防ぐためでしょう。気高く、指導力に優れ、中庸であり続けるその姿勢は、人々から尊敬や信頼の的となっています。近寄り難い雰囲気を漂わせていますが、それは先を見渡そうと神経を張り詰めているからなのです。

> このカードが出たときのキーワード ▶▶ 厳しい判断・突破口を開く

正位置

合理性と冷静さ

　難しい局面に立たされている状態を表す「ソードのクイーン」の正位置。ここその判断を誤らないためには合理性と冷静さが必要。じっくりと腰を据えて最適な手段と答えを導き出せば、自ずと結果はついてくるはず。落ち着いた対処を意識しましょう。

逆位置

鋭い批判

　繊細に周囲を気配るあまり、それが良くない方向に出てしまっている「ソードのクイーン」の逆位置。自分自身も少し疲れてしまっているのでしょう。神経質になっており、少しのことでイライラしてしまいそう。無意識に人を傷つけてしまうかも。

カードが示すメッセージ

過去・現在・未来の状況

正位置

大きな問題を抱えているのかもしれません。ただ、それは手に負えないものではなく、耐え忍んだ先には必ず解決できるようです。

問題と対峙する／試行錯誤／忍耐／苦労／解決

逆位置

やり終えたと思っていた課題が再び現れるような運気です。それが余計にイライラを招き、状況を悪化させてしまう可能性が。

課題／不備／発覚／怒り／焦り／ストレス過多

感情と意識

正位置

思慮深く、公平な感情で人に接することができそうです。常に冷静沈着で、もっている能力と現在の状況から最適解を導けるはず。

思慮／フラット／状況判断／冷静意欲／正しい答え

逆位置

何事も完璧にしたいという気持ちがあるものの、見落としやミスが見つかってイライラ。それがさらなるミスを招く悪循環に。

完璧主義／神経質／独りよがり／負の連鎖にはまる

原因と解決策

正位置

問題を解決するためのピースはそろっているはず。何かに肩入れすることなく、物事の本質をとらえたジャッジを意識してください。

公正公平／真実を追求／核／根本／最終決断

逆位置

何よりもまず自分自身を落ち着かせることが大切です。堅実さと慎重さを意識して、ニュートラルなメンタルに戻りましょう。

冷静／手堅くいく／繊細／寛容／平穏／回復する

テーマ別に深く解釈

	対 人	お 金	仕 事	恋 愛
正位置	人から意見や助言を求められて、相談役として頼りにされるでしょう。フラットな立場から接し、おかしなことは指摘を。 教訓／アドバイス／相談／平等／正義感	収支を正確に把握することができます。計画的に貯蓄と投資もできるでしょう。量よりも質で選び、ブランド品は長く使うこと。 家計管理／定期預金／保険／クオリティアップ	新規プロジェクトを成功に導く判断ができます。感情よりも現実を優先するような、大局を見極める目を持っているのでしょう。 成功／信頼／評価／合理的判断／大局を見る	同じ人を長く思い続けていそう。年下から好意を寄せられたり、悩み相談をきっかけに恋愛感情を抱かれたりすることがありそうです。 母性／面倒見／年下／後輩／奥手
逆位置	心を開ける友人がいないようです。複雑な人間関係や、苦手な人を遠ざけるようになり、孤独に慣れてしまうかもしれません。 孤独感／隔絶／面倒／厄介事／傷つける	不安を埋めるためにショッピングをして、出費が安定しないかも。金銭的にルーズになり、衝動買いをすることが増えそうです。 不安／気分屋／ルーズ／消費／適当に買う	準備不足で結果が伴わないようです。耐えきれないほどの重圧を感じることも。正しい情報をキャッチできず、混乱するかも。 力不足／情報／プレッシャー／整わない	ケンカになるとヒステリーを起こしそう。意中の人から避けられたり、恋人と連絡が取れなくなったりする可能性があります。 ヒステリック／敬遠／感情的／横柄な対応

ソードの キング

KING of SWORDS

KING of SWORDS.

✦ このカードのストーリー ✦
理性と信念

　彼は理性的で自己コントロールが行き届いているため、めったなことでは感情的になりません。ワンドのキングが力強さと情熱によって統治するとしたら、ソードのキングは理想や信念を説いて聞かせることにより、国を統治します。知的で博識なキングは威厳に満ちた姿でソードを掲げていますが、その心と目は未来を見据えているようです。絶対的な権力を備えたキングは、まさに強大な存在。それゆえ、己の邪心や愚行によって国が衰えることのないよう、自分自身を厳しく律しているのでしょう。

このカードが
出たときの
キーワード ▶▶

冷淡で現実的

正位置

独断的な先通し

　想像力があふれるように湧いてくる兆し。アイデアは自分自身のためだけでなく、周りの人々や環境もより良くしていける力をもっています。理想や信念は自ら進んで口にし、行動に移していくことで、自然と多くの人の賛同を得ることができるでしょう。

逆位置

作為的策略

　正位置と同じく知性と独創性にあふれるものの、逆位置ではそれは悪い方向へ発揮されます。相手を貶めたり、自分の利益を最優先するなど、根回しや策略を張り巡らせて、邪魔者を排除することも躊躇しないことも……。知略の使い方に要注意して。

カードが示すメッセージ

過去・現在・未来の状況

正位置

過去の経験や予測をもとに最適な方法を取ることができそう。あなたのアイデアがこの先の未来を拓くきっかけになるでしょう。

冷静／判断力／経験則／未来予測／独自性をもつ

逆位置

後ろめたさや責任逃れをしたい事柄を背負っているのかも。誰かに相談したくても、頼れる人が見つからない兆しもあります。

不利／不安／孤独／不正解／困難に直面する

感情と意識

正位置

どんなことにも意欲的に取り組める兆し。良いアイデアのためならインプットにもアウトプットにも時間を割きたい時期です。

やる気／知的好奇心を発揮／クリエイティビティー

逆位置

知性の行く先が利己的な欲望や他者への攻撃に向かっています。利益のためなら残忍な行いにも罪悪感を覚えないのでしょう。

利己的／排他的／攻撃性／自己保身に走りがち

原因と解決策

正位置

思っていることはどんどん発信していきましょう。賛同してくれる人が増え、やがて大きなムーブメントに変えていけるはずです。

インターネット／発信／革命／革新

逆位置

いったん落ち着いて、本当にやりたいことは何かを思い出す必要性があります。行動には常に自律心の秤をもつようにしましょう。

原点回帰／理念／理想／自制／自分を律する

テーマ別に深く解釈

対 人

正位置

夢や理想を仲間と語り合え、自分の意見に賛同してくれる人が集まりそう。腹を割って本音を話せる人間関係や友人に恵まれます。

理想／仲間／盟友／賛同者／本音／支援者

逆位置

考え方が違う人を攻撃していきそう。人を騙すことがあり、誰からも信用されなくなるでしょう。頼りになる人がいない場合も。

攻撃／アンチ／炎上／謀略／腹黒い／口論

お 金

正位置

今までにない方法やアイデアで稼げる予感。不正や悪事で儲けることは許さないでしょう。スタイリッシュな物にお金を使うこと。

クリエイター／商売上手／独創性／型破り

逆位置

欲に従順な傾向があります。ブランド物を買い漁り、買い占めや転売を行うようになるかも。物の価値を見誤ることも。

欲望／見栄／虚勢／プライド／情報不足

仕 事

正位置

既存のものをブラッシュアップできます。実りのある会議になる予感。いろいろな人の意見を取り入れ、0から1を生み出せそう。

刷新／チーム／白熱／吸収力／創造／真価

逆位置

気に入らない人を批判し、左遷や解雇に追いやることに。一度信じたものを変えられず、自分のやり方を押しつけてしまいそう。

批判／リストラ／モラハラ／安直／頑固さ

恋 愛

正位置

相手を虜にするトーク術や、上手なリードが大人な魅力をかもし出していそう。分け隔てのない優しさで相手に尽くすでしょう。

魅力／アダルト／紳士的／大胆／博愛精神

逆位置

相手を自分の思うままにしようとするでしょう。パートナーを下に見る傾向も。嫌がらせやわがままで相手を困らせないこと。

支配欲／マインドコントロール／ストーカー

カップのストーリー

カップの エース	カップの 2	カップの 3	カップの 4	カップの 5
カップの 6	カップの 7	カップの 8	カップの 9	カップの 10
カップの ペイジ	カップの ナイト	カップの クイーン	カップの キング	

　カップは古代の食事の道具ですが、中に入っているのは人の感情です。カップで乾杯をしたり傍らに置いたりしていますね。順に見てみると、天から愛が与えられ、出会い、宴が催されますが、迷いが出て大切なものを失い、幸せな過去を回想します。そして再び迷い、真実を探す旅に出ます。最後には満たされ、幸福を味わうという「青年が真実の愛を求めていく物語」となります。話をたどると、さまざまな愛の形がわかるはずです。

カップは「水」の象徴
感情問題が得意

　カップは西洋哲学の四大エレメントのうち「水」に対応します。カップに満たされるものは液体ですからわかりやすいでしょう。

　水は愛、共感、イマジネーション、ムード、直感、無意識、夢、霊感など神秘的な事柄、家族の象徴です。水は流れ、満ち、あふれ、混ざるものであり、人間が潜ったり浮かんだりするもの。また人間の体内も７割は水ですから、内面にあるものと考えれば、自然にこれらの象徴と結びつくはず。心の４つの機能で言えば「感情」です。

　カップのカードが現れたときは、「水」の要素も意識すると良いでしょう。水の音や流れを想像しながらカードを見ると、浮かぶ言葉が的を射るかもしれません。

　水の得意ジャンルは、恋愛や家族の他、人間同士の感情が引き起こしている問題やメンタルの悩みです。多くの悩みに必ず感情は伴いますが、特に、自分と相手の心の中を占うときにカップが出た場合は、より具体的な感情の方向性を読み解くことができるでしょう。

カップの エース

ACE of CUPS

ACE of CUPS.

※ このカードのストーリー ※
豊かに注がれる愛情

巨大なカップが天空に現れ、愛の象徴である水があふれているカード。この世に豊かに流れる愛情を体現しています。生きとし生けるものすべてに大いなる愛が注がれていることを表しているのです。このカードの主人公は、愛はいつもそばにあるのだということを、天啓とも言えるかたちで受け取ったのかもしれません。確かな愛を受け取った主人公は、新たな気持ちで人生を生きる決意をするでしょう。目標に向かってがむしゃらに進むことも大事ですが、それだけでは心は満たされないのです。

 このカードが出たときのキーワード ▶▶ ## 喜び・愛・豊かさ

正位置	逆位置
創造的・大きな喜び	**報われぬ思い**
愛のときめきを表すカード。恋に落ちる、素晴らしい相手との出会いという意味をもちますが、愛と情熱をもって打ち込める仕事、または趣味などとの出会いも表しています。生きる手応えや歓喜の訪れも暗示するこのカードは、運命が大きく変わると告げます。	思いを受け止めてもらえないことを表します。報われぬ愛、届かぬ思いを暗示し、一方通行の恋も意味します。愛情を注ぎ過ぎて関係をダメにしたり、気持ちのコントロールができなくなったり、相手に見返りを期待し過ぎてしまったりするケースもあります。

カードが示すメッセージ

過去・現在・未来の状況	感情と意識	原因と解決策
正位置 チャンスが訪れ、好スタートを切れるとき。願望は成就し、実りのときを迎えます。サポートを受け、幸運な導きにも恵まれそう。 愛の訪れ／素晴らしい出会いがある／満ち足りた環境	素直に感情を表せるとき。感受性が豊かになり、満ち足りた気分に。至福のひとときを迎え、愛や喜び、生きる手応えを感じるでしょう。 素直な感情表現／喜びがあふれ出る／生きがいをもつ	いつだって愛はあなたのそばにあります。それを忘れなければ、多くの味方を得てサポートを受け、きっと願いは成就するでしょう。 愛する人を信じる／1人ぼっちではないと考える
逆位置 思惑通りに物事が進まず、もどかしいとき。見返りを期待しても報われないようです。思いが一方通行に終わることも多いでしょう。 不均衡な状態／届かない思い／報われぬもどかしさ	冷静になれなかったり、感情のコントロールができなかったりするでしょう。頑張っているのに報われないというむなしさが。 愛情過多／感情が揺れ動く／落ち着いていられない	愛を惜しみなく与えるだけではいけません。愛は受け取るものでもあるのです。栄養を与え過ぎた植物が枯れてしまうのと同じです。 期待し過ぎないこと／自分をもっと大切にして

テーマ別に深く解釈

対人	お金	仕事	恋愛
正位置 助け合える関係を築けるとき。相手に対する愛情と感謝の気持ちをもてます。相手に見返りを求めず、誠実な気持ちを示して。 幸運へと導いてくれる人物／味方が現れる	募金したり、誰かを支援したりすると良いとき。お金を使うことで、満たされた時間をもてそう。豊かな財を手にする可能性も。 金銭的なサポートを受ける／たくさんの報酬	素晴らしいチャンスが訪れたり、幸先の良いスタートを切れたりするでしょう。前途洋々で、好きな仕事が見つかる暗示も。 居心地の良い職場／クリエイティブな活動	運命的な出会いや、好きな人と心が通い合うことを暗示。相思相愛になり豊かな愛情を注ぐでしょう。愛が報われ素晴らしい展開に。 愛する人と幸せを分かち合う／幸福な結婚
逆位置 相手を甘やかしてしまいそうです。どんなわがままも聞き入れたり、尽くしすぎたりするのは禁物。相手が優しさにつけ込みそう。 アンバランスで不毛な関係／周囲の不人気	貢いでしまう、貸したお金が返ってこないなど金銭絡みの事件が起こりやすいとき。物を買い与えて甘やかすのはやめたほうが吉。 不当な報酬／ヤケ買い／衝動買い	頑張っても評価されないとき。サービス残業が多く、ギスギスした雰囲気の職場になりがち。相手をだまして手柄を得ることも。 押しつけがましい態度／相手の不評を買う	愛を拒絶されるかもしれません。一途に愛を注ぐことができなくなったり、複数の相手を愛することになったりする可能性も。 気持ちにまかせて暴走／愛情を利用される

187

カップの 2

TWO of CUPS

互いに共感する

　生涯のパートナーとなる相手に巡り会えた主人公。愛の大切さを感じたからこそ、運命的な出会いが訪れたのでしょう。カードの番号「2」は、一なるものが二極化し、バランスが取れた状態を意味します。2人は、将来の約束を交わそうとしているようです。このカードは、協力関係やパートナー、運命的な出会いを暗示しています。2人の未来がどうなるのかわかりませんが、何があろうときっと乗り越えてゆけるはず。真実の愛となるかどうかは、2人の努力にかかっているのです。

> このカードが
> 出たときの
> キーワード ▶▶
> # 運命的な出会い

正 位 置	逆 位 置
心が通い合う	**アンバランスな状況・不和**
人生を歩む上で、大切なパートナーと巡り会うことを暗示します。それは愛情を抱く相手かもしれないし、かけがえのない親友や、ビジネスパートナーかもしれません。また、誰かとの関係で悩んでいるなら、誤解が解けたり、信頼関係が生まれたりするはず。	バランスが崩れたり、思いが届かなかったりする状況を暗示。最初に期待していた関係には程遠く、情熱が冷めていることもありそう。真実の愛だと思っていたのに、裏切られた気がして、意気消沈する場合もあるでしょう。放置すれば、別離の可能性も。

カードが示すメッセージ

過去・現在・未来の状況

正位置

素晴らしい運気に恵まれ、関係が進展するとき。物事もスムーズに運ぶはず。これまでとは違う未来のイメージが浮かぶ出会いも。

願望成就／運命の出会い／円満な関係／幸運の訪れ

逆位置

意思の疎通が図れない状態です。気まずい状況やギクシャクした関係になりやすいでしょう。小さな亀裂がやがて大きな溝に。

希望通りにいかない／期待はずれの結果／トラブル

感情と意識

正位置

深い思いやりを感じて、生まれてきて良かったと思えそう。愛情に恵まれていることを実感し、心が満たされた状態になります。

幸福に身をゆだねる／愛されている喜び／至福

逆位置

期待はずれでガッカリしている状態。熱が冷めて、違和感を覚えることも。思っていたほどではなかったと騙されたような気分。

心のバランスを保てない／満たされぬ思い／すれ違い

原因と解決策

正位置

大切な人、大切なものはしっかりつかまえておきましょう。未来のことなど考えず、今この瞬間の幸福を感じるようにしてください。

他者への深い愛情／温かい思いやり／人を大切に

逆位置

心のバランスが崩れてしまったら、本当の気持ちを見極め、自身のケアを。思うようにいかなくても、好転のきっかけがつかめます。

イメージ先行をやめる／期待し過ぎない／見極める

テーマ別に深く解釈

対人

正位置

親友ができたりツーカーの仲になれたりするでしょう。これまでつき合ったことのない相手との友情が育まれることもありそう。

誤解が解ける／気まずかった相手と和解

逆位置

伝達ミスに注意してください。コミュニケーションが不調なので、誤解が生じやすいでしょう。すれ違いやお節介な行動にも注意。

ノリが合わない相手／意外な一面を知る

お金

正位置

お金がどんどん入り豊かな生活になるでしょう。経済面での支援者や協力者が現れるなど、幸運な出来事に恵まれるときです。

2人の新居を買う／期待通りの収入がある

逆位置

思ったほどの収入が得られず、落胆しそうです。また、経済面でのつまずきにより、生活が苦しくなるかも。アンバランスな収支に。

捕らぬ狸の皮算用／苦労のわりに儲からない

仕事

正位置

素晴らしいビジネスパートナーと出会えそうです。新しいプロジェクトが始まり、成功する可能性が高いでしょう。共同事業も吉。

仕事仲間との関係が良好／チームを組む

逆位置

チームの連携がうまくいかないときです。頼れる人がおらず、職場のムードがギクシャク。不満や違和感を覚えながら働きそうです。

間違った思い込み／期待ほどの結果が出ない

恋愛

正位置

運命の相手との出会いを果たしそう。一瞬にして燃え上がり、胸が高鳴るようなときめきを覚えるでしょう。思いを寄せられることも。

結ばれる／結婚／愛で満たされる／関係前進

逆位置

イメージ先行の恋をしがち。気持ちがかみ合わない、肌が合わない相手と出会う可能性が。期待と違うという印象も抱きそう。

情熱が冷める／愛の温度差／心が通わない

カップの 3

THREE of CUPS

祝福を受ける

　主人公を祝福するかのように催される宴。円満な関係は、周りも幸せで満たしていきます。そのことを、歓喜に満ちた姿で描いたこのカードは示しているようです。主人公は、このひとときが永遠に続くことを願っているのでしょう。カードの番号「3」は、対立する2つの原理を調和し、統合して、新しいものを創り出す数。主人公は2人で育む幸せの素晴らしさを知り、これから築く新しい世界を感じているのでしょう。人が協力し合う中で誕生する魔法こそ、無限の力を引き出すのです。

このカードが出たときのキーワード ▸▸ **喜び・豊かな感情・治癒**

正位置

評価や祝福を受ける

　これまで手がけてきたこと、培ってきたことに1つの結論が出て、他者から評価を受けるでしょう。祝福される可能性も。人間関係では、不和やわだかまりが解消するでしょう。抱えていた問題が解決した円満な状態を表し、未来に希望を感じさせるカードです。

逆位置

結論が出ない

　調和が崩れ、自分自身を見失っている状態です。話がまとまらなかったり、妨害を受けたりするでしょう。安らぎや穏やかな関係を得たいのに、得られないというジレンマを表すことも。また、ダイレクトに三角関係を指す場合もあります。深入りは避ける必要が。

カードが示すメッセージ

	過去・現在・未来の状況	感情と意識	原因と解決策
正位置	問題が円満に解決し、喜ばしい出来事が到来します。不意にやってくる幸運というよりも、過去の積み重ねが実ることを指しています。 結論に到達する／多くの人に祝われる／努力が実る	自分に対する誇らしさを覚えたり、喜びを感じたりします。これまでの成果が実ったのだという達成感や、満足感も抱くでしょう。 喜びに包まれる／自分に対する誇らしさ／満足感	大切な人たちと、喜びを分かち合いましょう。周りの協力あっての幸せです。これまで愛してくれた人々に、心からの感謝を抱いて。 感謝の気持ちを抱く／贈り物をする／縁の深まり
逆位置	物事がまとまらず、バランスを欠いている状況です。不和やトラブルが起きやすく、幸せを得たいのに得られないというジレンマ状態。 妨害される／感情的なトラブル／周囲との不和	求めるものが得られず満たされないという気持ちを抱きます。誘惑に流されて、自分自身を見失っているような気がすることも。 誘惑に負ける／目標が見つからない／痛手を負う	自分自身を見失っている状態だと自覚しましょう。不安定な関係を解消したり、環境をリセットしたりしましょう。深入りは避けて。 形式だけの関わり／過剰に求めない／視点を変える

テーマ別に深く解釈

	対人	お金	仕事	恋愛
正位置	周囲から祝福されるときです。敵が味方へと変わり、人から温かいサポートを受けて、多くの恵みを手にするでしょう。関係も進展。 バランスが取れた人間関係／悩み事の解消	満足できる額の収入を得たり、ギフトがもたらされたりするでしょう。貯めてきたお金が満期を迎え、収入源が増える可能性も。 金銭的苦労や問題が解消／経済的サポート	発展的な運気です。プロジェクトの完成や成功など周囲から祝福されるでしょう。望んでいたポジションへの抜擢があるかも。 表彰される／業績が認められる／円満退社	好きな人から愛されるでしょう。絆が深まったり仲が一歩前進したりするはず。パーティーなど人の多い場所での出会いの暗示も。 幸せな展開／愛する人と喜びを分かち合える
逆位置	感情のもつれによって人間関係で悩みそうです。うわべだけのつき合いや不安定な関係になりがちで、妨害を受けることも。 悪の道に引きずり込む人物／こじれてしまう	出費がかさむとき。祝い事への支出が多くなったり暴飲暴食による散財が増えたりするかも。貯金を切り崩すハメに陥ることも。 金遣いの荒い人／欲しい物が手に入らない	うまくいっていたことに邪魔が入りそうです。目標を見失い、仕事よりプライベートを優先させることも。退社する際にはもめそう。 評価されない／危ない事業への誘いを受ける	恋に溺れたり三角関係なったりするとき。複数の相手の間で迷い、関係のバランスが崩れる恐れもあります。誘惑や危険な恋には注意。 関係をリセットする／得るものがない相手

カップの 4

FOUR of CUPS

※ このカードのストーリー ※

満たされず思い悩む

　主人公はスランプに陥っているのでしょうか。何もかも満ち足りているはずなのに、何かが足りないような気がして、悩んでいる様子がうかがえます。申し分のない環境、たっぷりと愛情を注いでくれるパートナー、何不自由のない暮らし……。はた目には幸せそうでも、何か悩みが生じているのかもしれません。このカードの番号である「4」は、安定や定着を意味する数で、固定的な状態を表します。この状況を突破するのは容易ではありませんが、主人公は悩み抜く中でその答えを見つけ出すのでしょう。

このカードが出たときのキーワード ▶▶ **大事なことを見失う**

正位置

倦怠感・無いものねだり

　満たされない思いを抱えているようです。頑張ったほどの成果が表れていないと感じたり、現状に行き詰まりを覚えたりしているかもしれません。あるいは、特別な問題がなくても、今いる場所や環境に飽きて、ここから抜け出したいと思っている可能性も。

逆位置

スランプを脱出

　スランプから抜け出し、正しい答えを選べることや、新しい目標を見出せることを暗示します。考えが堂々巡りだった状態から、一歩踏み出すことができるでしょう。たとえ予想していたのとは違った展開になったとしても、結果的に素晴らしい変化が訪れるはず。

カードが示すメッセージ

	過去・現在・未来の状況	感情と意識	原因と解決策
正位置	マンネリ感が漂う状況。迷いやためらいが生じやすく、何も決められないでしょう。目的や目標を見失っている状態とも言えます。 八方塞がり／迷いのさなかにある／堂々巡りになる	ないものねだりをしている状態です。本当に大事なものが見えません。変わりたい、変身したいと願い、もんもんと悩むでしょう。 頑張ったのに満たされない／不完全燃焼／近親的思考	現状への不満や不安が湧き起こっているかもしれませんが、考えれば考えるほど煮詰まるとき。重要な決断は避けたほうが良さそう。 棚ぼたを期待する／現状維持が吉／ゆとりをもつ
逆位置	大きな変化が訪れそうです。スランプから脱出して、新しい目的や目標が決まるでしょう。思いがけないチャンスも巡ってきます。 発展が期待できる／変化のときを迎える／明るい未来	やる気が出て、迷いが消えます。明るい未来を信じることができ、運命を切り拓こうと考えるように。行動を起こそうとするはず。 エネルギーが再び満ちてくる／未来への展望	悩んだことや試行錯誤したこと、すべてが無駄ではなかったと気づくはず。気持ちを切り替えて、新たなチャンスの訪れに備えて。 予期せぬチャンス／行動を起こす／エネルギーが湧く

テーマ別に深く解釈

	対人	お金	仕事	恋愛
正位置	代わり映えのしないメンツと馴れ合いの関係が続くでしょう。グループから抜け出したくてもできなさそう。疲れる相手の出現も。 得るものが何もない関係／不満を言い出せない	収入増が見込めず、お金に関する不安が。お金が天から降ってこないかと願っているのでしょう。同じ出費を繰り返す傾向も。 お金がなくて何もできない／保険をかける	自分の殻を破れない状態です。今いる職場を去りたくなったり、転職や独立を考えたりするでしょう。仕事に飽きてしまう可能性も。 同じ業務の繰り返し／チャンスの訪れを願う	刺激のない関係が続きそうです。ありきたりでつまらない会話や煮え切らない態度にうんざりし、相手への不満が募るでしょう。 他に良い人がいる気がする／長い片思い
逆位置	関係性に新しい展開が訪れそうです。注目を集めたり、刺激的な友人と出会ったり。発展性のないグループからは抜け出せます。 魅力的な誘いがある／人間関係に良い変化	新しい収入源を得たり、予想とは違った経路でお金が入ったりするはず。収入が増える予感。新たなビジネス展開も期待できそう。 意外な才能がお金に／得た物の良さを再認識	状況が変わり、新しいビジネスの予感が。思わぬチャンスが到来して、実力や才能を発揮する可能性も。周囲から評価されるはず。 個性や能力を生かせる職場に移る／起業する	停滞した状況を抜け出すでしょう。関係に変化が訪れ、急激に距離が縮まるはずです。素晴らしい出会いを果たす可能性もあり。 思いがけないチャンス／予想外の人との恋

カップの 5

FIVE of CUPS

✳ このカードのストーリー ✳

失望

　主人公は、現状への不満から悩み、新たな方向を探そうとしたものの、決断が失敗したようです。幸せになるために始めたのに、その代償としてすべてを失い、愛する人さえ去って1人取り残された主人公。穏やかで平和な暮らしがいかにかけがえのないものだったのかを、思い知らされているはず。このカードの番号「5」は、対立するものを表す2と、万物を生じさせる3が合わさった数で、創造的な精神を意味します。カードは再び人生と向き合うために、「原点に立ち返れ」と促しているでしょう。

このカードが出たときのキーワード ▶▶ **ものの大切さに気づく**

正 位 置	逆 位 置
喪失感に苛まれる	**悲しみから抜け出す**
大切なものを失い、失意に沈んだ状態を指します。あのとき、ああしなければ……という深い後悔が湧き上がっているかもしれません。取り返しのつかない事態を前に、悲しみに暮れているはずです。失っていないものもあることに気づくことが、現状打開の鍵。	失意から踏み出し、もう一度やり直そうと再生の道を歩み始める状態を暗示。不遇な状況は終わりを告げ、失ったかに見えたものが復活することも。諦めかけたことに再挑戦する気力が、少しずつよみがえるでしょう。新しい希望が芽生える兆しを意味しています。

カードが示すメッセージ

	過去・現在・未来の状況	感情と意識	原因と解決策
正位置	喪失感を抱えるとき。取り返しのつかない事態に陥りそう。もとに戻そうとしても、焼け石に水状態で、諦めるより他ない状況に。期待通りにいかない現実／すべて台なしになってしまう	どうしていいかわからない状況に陥ってしまうでしょう。精神的なショックを受け、これ以上頑張る気になれないかもしれません。失ってしまったむなしさ／プライドを失う／深い後悔	悪あがきしないこと。過去を反省し、できるだけ早く方向転換して。今は静かに現実を受け止め、ダメになったら潔く見限って。リセットする／これ以上悪化しない状態／目を覚ます
逆位置	再生と復活のときです。再起のチャンスで、新しい出来事が起きるでしょう。不遇な時期が終わりを告げ、希望と夢が再び湧きます。困難な状況から脱出／再挑戦する／新たな出会い	もう一度挑戦しようという気力が湧いてくるはず。どん底から這い上がろうとする気持ちが生まれ、勇気と新たな希望が芽生えます。悲しみから抜け出す／新鮮な出来事／前向きになる	現状を変えたいなら、今度こそ本気で取り組んで。ダメになったことがよみがえり、新たな希望や勇気が湧いてくるはずです。新しいものを受け入れる／自分自身を労わる

テーマ別に深く解釈

	対人	お金	仕事	恋愛
正位置	大切な人が去っていってしまいそうです。あなたが相手との関係を見限るケースも。言い訳をしたり取り繕ったりすると逆効果。関係修復のためあがいても無駄／決定的別離	恵まれない時代がやってきます。どん底状態が続き、経済的に破綻しそう。これ以上どうにもならない状態に陥るかもしれません。大事なものを紛失・破損する／暮らしが困窮	うまくいきかけていたのに失敗する恐れが。プロジェクトやプランがボツになったり頑張ってきたことが報われなかったりしそう。アイデアの不採用／落選／勤労意欲が低下	愛する人が去っていきそう。うまくいっていた関係が破綻し、愛を取り戻したいとあがくはず。愛を失った悲しみに暮れることに。アプローチの失敗／どうにもならない
逆位置	関係をリセットして一から築き直すとき。昔の友人や知人との関係が復活する兆しが。絶交した相手から連絡が入ることも。終わった縁が復活／友情や信頼を取り戻す	苦しい状況から脱出できそうです。失くしたものも返ってくるでしょう。金銭的に立ち直れるはずです。諦めていたお金も入ります。縁がないと思っていた商品を入手／生活向上	不遇の時代が終わりを告げるでしょう。もう一度やり直すチャンスが与えられ、ボツになったプロジェクトやプランが再浮上しそう。諦めた夢に再挑戦／働く意欲がよみがえる	終わったと思った縁が復活しそう。また、未練を断ち切ったとき、新しい出会いが訪れます。一度別れた相手から連絡が入る可能性も。もう一度アプローチする／愛する勇気が出る

カップの 6

SIX of CUPS

幸せな記憶を呼び覚ます

　すべてを失い、行き詰まった主人公が、過去の幸せだった頃を思い出しているようです。どんなに追いかけても、もう二度と手に入らない過去だからこそ、たとえようもなく美しく思い出されるのでしょう。楽しかった幼少期、愛に満ちていた家……。このカードの番号である「6」は、万物を生じさせる3が合わさった数。調和とバランス、幸福な世界の兆しを表しています。主人公は、幸福で喜びに満ちていた記憶を呼び覚ますことで、力を目覚めさせ、新しい世界へ踏み出そうとしているのです。

> このカードが出たときのキーワード ▶▶ **心温まる交流・ノスタルジー**

正 位 置	逆 位 置
過去を思い出す	**過去の傷やトラウマ**
幸せな過去のビジョンを表しています。幸福だった時間、惜しみなく注がれた家族からの愛……。純粋だった頃の自分を振り返ることで、心が癒やされていくのを感じるでしょう。過去は過去とわかっていても、幸せな記憶はもう一度立ち上がる力をくれます。	ややつらい過去のビジョンを表します。過去に失った物や、心に受けた傷、トラウマ……。けれど、それらが癒えるときは来ているのです。もしかするとその瞬間は傷がうずくかもしれませんが、きちんと向き合えば、過去の経験を血肉に変えられるでしょう。

カードが示すメッセージ

過去・現在・未来の状況

正位置

幸せだった過去を懐かしんでいる状態。記憶の中の幸せを思い出し、悲しみや心の傷が癒えて立ち直れる時期を待っています。

もう一度立ち上がる／新たな可能性／美しい過去

逆位置

過去にまつわるつらい気持ちや感傷を断ち切り、未来への一歩を踏み出そうとしている状態です。新しい出会いやチャンスが到来。

状況が一転する／人生に対して積極的／過去に帰す

感情と意識

正位置

すべての感情をあるがままに感じ、感じるままに今を受け止めている様子。本当の目的に気づき、愛されていることを知るはず。

復活を信じる／デリケートな感受性／後ろを向く

逆位置

トラウマや傷が癒え、過去への未練や思いを断ち切れるでしょう。未来への希望が湧いてきて、後悔や諦めが前進する勇気に。

過去を乗り越える／癒やされる／前向きな心理状態

原因と解決策

正位置

どんなに過去が美しく、もう二度と戻れぬ悲しみが湧いてきたとしても、心はよみがえります。再出発の時期は、もうすぐです。

過去に固執しない／癒やしの時間／予想より早い回復

逆位置

過去の傷が癒える時期がやってきています。昔を振り返ってばかりいるのはやめて、後ろ向きな気持ちを切り替えることが大切です。

傷つけたものを過去に葬る／未来を見つめる

テーマ別に深く解釈

対人

正位置

昔の友人に連絡を取るなど、過去の人間関係を懐かしむでしょう。幼なじみや故郷の友人に思いを馳せ、昔の関係に戻りたいと願います。

家族愛や兄弟愛を実感／無邪気な子ども

逆位置

親や他人から受けた仕打ちを許すでしょう。過去の不安を忘れ去るような出会いや、人づき合いのトラウマが癒やされる出来事が。

悩みや不安が解消／つらい記憶が薄れる

お金

正位置

安定した生活を手に入れ、思ったよりも早くピンチから回復するでしょう。実家や縁者からの金銭的援助を受ける可能性もあります。

過去の家計簿を見直す／新しい収入源

逆位置

生活が少し楽になりそうです。失ったものを忘れ、金銭的危機が過去のものとなるでしょう。お金にまつわる不安や悩みが解消。

金銭状況が良い方向へと一転／積極的に稼ぐ

仕事

正位置

基本のやり方に戻ったほうが良さそうです。本当の夢を思い出す場面も。計画より早く業績が回復し、新たな可能性が生まれます。

もう一度やってみようという意欲／再出発

逆位置

「あのときこうしていたら」という後悔や無念を手放すでしょう。失敗の経験をバネにすることで、未来への展望が開けるはずです。

新しい分野にチャレンジ／新たな事業計画

恋愛

正位置

過去の恋を懐かしみ、気持ちを整理するとき。本当に求めている相手に気づくでしょう。愛に包まれた幸せな思い出が脳裏をよぎります。

純粋な相手／デリケートでピュアな恋

逆位置

過去の恋で受けた心の傷を癒やすとき。恨みを手放し、失った愛こそ最高という幻想を捨てるはず。つらい恋の記憶が薄れます。

失恋を乗り越える／状況が良い方向へ

カップの 7

SEVEN of CUPS

✳ このカードのストーリー ✳

憧れや妄想

　カードの主人公は、過去から未来へと一歩を踏み出そうとしています。けれど、どこへ向かっていけば良いのかわからなくなっているでしょう。そんな彼の心をもてあそぶかのように、さまざまな願望や欲望が浮かんできては惑わせます。富、愛、名誉、名声……。このカードの番号である「7」は、創造原理を表す3と物質原理を表す4が合わさった数であり、宇宙の創造原理とされます。創造され完成された世界を意味しますが、このカードでは完成されたものを求める気持ちを暗示しているのです。

このカードが出たときのキーワード ▶▶ 非現実的願望と迷い

正 位 置	逆 位 置
不可能に思える夢や理想	**理想と現実のギャップ**
現状を変えたい、変化したいという欲求の表れ。すぐには手が届かない、あるいは一生手にできないような夢を抱いたり、欲望が湧き起こったりしているかもしれません。でも選びきれず、迷ってばかり。根拠のないプランを立てて、それらを得ようとすることも。	さまざまな欲求の中から、本当に欲しいものを見つけ出すでしょう。夢から覚め、現実を見つめる意志が芽生えてくるはずです。悩み抜く中で、自分が欲しいと思ったものは、まやかしだったと気づくことも。その過程を経て、生きる道や目標が見つかります。

カードが示すメッセージ

	過去・現在・未来の状況	感情と意識	原因と解決策
正位置	どの道に進めば良いのかわからず混乱していそう。たくさんの選択肢があり選べないため、あいまいで漠然としているのでしょう。 手が届かない夢／非現実的／漠然としたイメージ	無力感にさいなまれたり、非現実的な妄想を抱いたりしそう。誘惑に負ける場面もあるでしょう。自信がなくなるため、気の迷いも。 コンプレックスにとらわれる／現実逃避／不安感	一時の気の迷いや誘惑などで、望んでいないことに心を奪われないでください。自分自身の魂が欲しがっているものを見極めましょう。 自分を保つ／現実的ビジョンを忘れない／冷静な選択
逆位置	目の前の霧が晴れるでしょう。思いがけないチャンスがやってきたり、実現不可能だと思っていた夢への扉が開きそうです。 願望が現実になる／状況が発展する／手応えを感じる	迷いを断ち切ることができるでしょう。大切なことに気づき、欲求の中から真の願望を見つけるはず。すべてに感謝したくなります。 もやもやした気分が晴れる／現実的思考／真の欲求	願いが現実になるときです。目の前が大きく開ける時期ですから、自分の可能性を信じましょう。迷いを断ち切り一歩を踏み出して。 願い続ける強い意志／可能性を信じる／悪習慣を断つ

テーマ別に深く解釈

	対 人	お 金	仕 事	恋 愛
正位置	迷うことが多く悩ましい状態。他人の欲求を自分のことのように感じるかもしれません。人の都合や状況に振り回されないよう注意。 アドバイスに惑わされる／コンプレックス	収入が不安定になりそうです。信用できない儲け話に乗ってしまう恐れも。メディアが作り出すイメージに踊らされて買わないで。 欲しいものが次々と現れる／手が届かない	非現実的な夢に期待し、ビジネスやプロジェクトの計画が漠然としていそう。裏づけがない、無謀なチャレンジをしている可能性も。 無謀なことに入れ込む／他力本願になる	恋に恋する状態です。現実が見えておらず、複数の相手の間で心が揺れたり、架空のキャラクターに恋をしたりすることもありそう。 雲の上の相手への恋／運命的出会いを待つ
逆位置	自分の立ち位置が見えてくるので、他人に振り回されなくなるでしょう。表面的なつき合いをやめ、人間関係が発展していくとき。 サポートを受ける／周りの人たちに感謝	経済的発展が見込めるとき。安心できる収入源を得たり、現実的な考えで購入したりするでしょう。衝動買いの悪習慣も断ちます。 金銭問題が解決／金銭状況の向上／収入増	ビジョンが具体化しそう。思わぬ援助を受けたり、問題が解決したりするでしょう。望ましい職場へ転職するビッグチャンスも。 憧れの職業に就く／発展的展開が開ける	実る可能性がある恋の予感。理想のイメージを描き替え、本当に大切な人に気づくはず。夢にまで見た人と接近する可能性も。 願いがかなう／協力者が現れる／問題解消

カップの 8

EIGHT of CUPS

過去を捨てて旅立つ

　夢や願望、欲望に翻弄された主人公は、カップに背を向け、新たな旅に出ようとしているようです。カードの番号である「8」は4が2つ合わさった数ですが、8を横に書くと「無限」を表す記号になります。そのことから、物質世界と反物質（精神）世界が結びついた数と考えられるのです。「追いかけていたものは、幸せの幻想だった。それが現実。ならば受け入れて、魂の旅を続けるのだ」。これまで築いたものを捨てて、新たに旅立つ主人公の後ろ姿は、そう語っているかのように見えます。

 このカードが出たときのキーワード ▶▶ 価値観の転換と覚醒

正位置	逆位置
精神的・霊的な成長	**諦めの心境**
これまで懸命に頑張ってきたことに対し、疑問が湧くでしょう。「なぜ、こんなもののために苦労したのだろう？」とむなしさを感じるかもしれません。目の前が、急に色あせて見えることも。人生のターニングポイントを迎え、新たに決意を抱くはずです。	生活習慣の改善や腐れ縁の解消など、過去を断ち切り、人生を模索するでしょう。まだ深い意味での精神的変革には至りませんが、何かが少しずつ変化しています。人間関係や環境の変化によって新しい関係性が生まれたり、抱えていた悩みが解消されたりします。

カードが示すメッセージ

	過去・現在・未来の状況	感情と意識	原因と解決策
正位置	想像もつかないほどの変化があるとき。これまでとはまったく違う人生を歩み始めたり、追いかけたものが意味を失ったりしそう。 情熱が冷める／価値観が一変する／精神性に目覚める	今までしてきたことへの関心を失います。精神性が向上し、心の秩序を取り戻しそう。魂の探求が始まり、真の幸福を目指します。 方向転換を図る／慣れ親しんできたことへの決別	リスクを恐れず、新しい環境に飛び込みましょう。慣れ親しんだものと別れて、方向転換を図るべき。今こそ新しい道に進むチャンス。 真の目的を知る／価値あるものが何なのかわかる
逆位置	過去の清算をするとき。リニューアルや目標の再設定により、新たな展開が見られます。人生が開けたり喜びを手にしたりしそう。 悩みが解消される／諦めていたことの実現／路線変更	変わりたい、変えたいという衝動が湧き起こるときです。向上心にあふれ、何かが少しずつ変わっていくのを感じるでしょう。 生活を変えたいと願う／自由を得る／大胆な変身	よくないとわかっている習慣や、腐れ縁を断ち切って、それから新しいものを取り入れれば、ゆっくりとですが人生が変わるはず。 大幅な路線変更をする／生活スタイルを変える

テーマ別に深く解釈

	対 人	お 金	仕 事	恋 愛
正位置	いつも一緒にいる仲間にうんざりしそうです。今まで築いた人間関係が無意味なものに思えて、生涯の友人を求めるかもしれません。 向上心のない人間／話が合わないと感じる	お金より大切なものに気づきそうです。ブランド品やレア商品に興味を失ったり、欲しい物のテイストが変わったりするでしょう。 お金や物に左右されない生活／浪費をやめる	会社の方針に違和感を覚えながら、やりがいを感じない仕事を続けている様子。別ジャンルへの転身や転職、リタイアを考えます。 プライベートを充実させる／大幅な方向転換	思いが冷めるとき。相手の嫌な部分が目についたり、何となく続いていた相手と別れたりすることも。本当の恋を探し求めます。 恋に対する意識が変わる／タイプが変わる
逆位置	新しいネットワークが生まれるでしょう。使わないアドレスを削除したり、過去を水に流したりして、しがらみから自由になります。 人脈を一新する／悪い仲間とキッパリ別れる	お金にまつわる習慣を変えるときです。目標貯金額の再設定も吉。金銭的な悩みが解消し、諦めていたお金が入りそう。借金も消えます。 思いがけない収入／お金への意識の変化	目標を再設定するときです。サイドビジネスを始めたり、大幅な路線変更が成功したりする可能性も。将来への見通しが立ちます。 新しいクライアント／デスク周りを掃除する	恋人との関係に決着をつけそう。腐れ縁を断ち、新しいタイプの相手と出会うでしょう。明るい未来の恋への見通しが立ちます。 幸せな恋を手に入れる／相手を変えたくなる

カップの 9

NINE of CUPS

幸福に満たされる

　幸せを追い求める中で、ときに愛を見失い、幸福から遠ざかったりと、幾多の試練を通じて、成長してきた主人公。彼はようやく、物質的にも精神的にも真の幸せを手に入れられたようです。カップの9は、1桁の数字の最後を締めくくる数であり、完了や完結を意味します。決して楽ではない長い旅路の中、主人公は努力と経験によって夢をかなえました。カップのテーマである主人公の願望は、ずらりと勢ぞろいした9つのカップが示すように、願いは成就して手にしたすべてに満足しているのです。

 このカードが出たときのキーワード ▶ 心身ともに満ち足りる

正 位 置

夢が実現する

　望んでいたものが次々と自分のもとを訪れ、ずっと思い描いていた夢が実現するとき。不思議なツキに恵まれて、物事がトントン拍子に進むでしょう。目的や願望が自らの魂に忠実なものならば、天からの恩恵や、人々のサポートをたくさん手にできます。

逆 位 置

望みがかなわない

　望んでいたものが、手に入らない状況を表します。「こんなに努力してきたのに、なぜ？」と疑問を抱くかもしれません。しかしながら、目的自体が間違っていた可能性があるのです。それはあなたにとって、本当に必要？もう一度、心に問いかけてください。

カードが示すメッセージ

	過去・現在・未来の状況	感情と意識	原因と解決策
正位置	願い事がことごとくかなうとき。夢が実現したり、ビッグチャンスが訪れたりしそう。夢のような幸せが訪れ、環境が改善します。 ツキに恵まれる／優雅な暮らしができるようになる	満足感を覚え、幸せの絶頂にいます。自信が回復し、悩みや屈辱は、幸せにたどり着くためのプロセスだったのだと感じるでしょう。 ようやく達成できたという気持ち／完璧さを覚える	過去を振り返らず、今の幸せを心から味わってください。たとえ不満が少し残っていたとしても、笑顔で許せばますます発展。 すべてに感謝／サポートを受け入れて／己を振り返る
逆位置	目指す方向が間違っているようです。夢が破れたり、先行きが見えない状態になったりするでしょう。願望や期待が崩れ去ることも。 泥沼にはまる／可能性の扉が閉ざされてしまう	落胆と絶望に苦しんでいるようです。不当な扱いによる苛立ちなど、不満でいっぱい。不安にさいなまれることも多いはず。 幸せを失いたくないと固執する／喪失感を覚える	終わるものに固執せず、再スタートを切って。この終わりには、思いがけない愛による救いがもたらされます。違うものに目を向けて。 読みを間違えないようにする／独り占めしない

テーマ別に深く解釈

	対人	お金	仕事	恋愛
正位置	周囲からサポートを得るでしょう。良い話をもち込まれたり、人が慕い集まってくる暗示も。相手を許し、人に喜びを与えて。 過去の悩みが消える／屈辱を忘れる	莫大な富を得たり、給料が倍増したりするかも。ボーナスの大幅アップも期待できます。贅沢を満喫し、優雅な暮らしができるはず。 経済力がつく／諦めていたものを入手する	大きなチャンスが到来するでしょう。願っていた以上の結果を出したり、目標ラインを突破したりして、周囲の称賛を得られるはず。 社会的に認められる／やりがいを感じる仕事	生涯のパートナーとの出会いや、望みの相手を手に入れるといった幸運が。素晴らしい恋の結末を迎え、愛される喜びを感じます。 豊かな結婚生活／愛が報われる／幸せな結末
逆位置	評判が下がったり、不当な扱いを受けたりしそうです。誰も助けてくれず、孤軍奮闘することも。大切な人が去ってしまう恐れも。 関係が終わる／相手への期待がはずれる	無駄なことにお金を費やしたり、大事なものを紛失したりする恐れが。金銭的サポートの終了によって、財政計画が破綻するかも。 強欲になる／金銭的にだらしない生活	予想をはるかに下回る結果になりそう。努力不足や間違ったチャレンジにより、失敗するかも。それなのに意地になって進めそう。 職場で不当な扱いを受ける／仕事の悩み	恋が破れそうです。将来性のない関係になり、打つ手のない状況になるでしょう。許せない仕打ちを受けて相手を恨むかも。 どうにもならない恋／愛する人が去る

カップの10

TEN of CUPS

✳ このカードのストーリー ✳

幸せを手にする

　幸せな家族が虹色に輝く空を見上げています。主人公が旅路の果てに手に入れた、幸せな姿を暗示するカードです。特別な何かを追いかけ、心を消耗させて愛から遠ざかることはもうありません。永遠に続く平和な暮らしと、愛に満たされた安らぎを手に入れて、深い愛が込み上げ、彼を包んでいるようです。カードの番号である「10」は、より高い次元での始まりを表す数。この幸せを、末永く維持していくために、彼は家庭を守り、愛を注いでいく決意をしているのかもしれません。

このカードが出たときのキーワード ▶▶ **充足した幸せ**

正 位 置	逆 位 置
愛に恵まれる	**対人トラブル（家族の不和）**
愛があふれる関係に恵まれるときです。恋人、友人、家族などと、お互いに思いやりをもち、慈しみ合って、表面的ではない関わりが生まれるでしょう。困ったときには助け合う、穏やかで笑いの絶えない生活。かけがえのない居場所ができるはずです。	対人関係のいざこざが発生しそうです。気持ちの行き違いや不和、誤解による関係の破綻が暗示されています。あなた自身が「誰もわかってくれない」と殻にこもってしまっていることを表す場合も。愛は与えられるのを待つのではなく、自分から注ぐことが大切。

カードが示すメッセージ

	過去・現在・未来の状況	感情と意識	原因と解決策
正位置	平和と繁栄を表します。人と心が通い合った状態によって、不安が消えるでしょう。幸福な暮らしを送り、愛情に満たされるはず。 休息／円満／状況が上向いていく／未来の約束	ゆっくりリラックスできるでしょう。ついに安住の地を見つけた安心感や、やっと自由を得たという解放感を表すこともあります。 精神面の成長／心の安らぎ／不安の解消／友情／博愛	周りにいるすべての人々を大切にしましょう。ボランティア活動や社会貢献をすれば、精神面の成長と心の安らぎが約束されます。 思いやりをもつ／お互いに慈しみ合う／自分を愛する
逆位置	対人トラブルに疲れ果てたり、冷遇されたりします。不和を表し、状況が閉ざされていることを暗示。やむを得ない状況です。 制限される／押しつぶされそうになる／八方塞がり	過剰なストレスやフラストレーションを感じているでしょう。逃げ出したい気持ちを抱き、孤独にさいなまれることもありそうです。 心労／誰も理解してくれない／強いプレッシャー	何があっても、愛を注ぎ続けてください。また、逃げずに取り組むことで、苦悩から解放され、希望通りの展開へと導かれます。 自分から愛を注ぐ／殻に閉じこもらないことが大切

テーマ別に深く解釈

	対 人	お 金	仕 事	恋 愛
正位置	和気あいあいとしたムードに包まれ、家族の親睦を深めるとき。わだかまりが消え、良好な親子関係が築けるでしょう。家庭円満に。 支持されサポートを得る／永続性のある関係	お金に困っても必ず援助があるときです。家を買うなど、生活レベルが飛躍的に向上するでしょう。物質面で満たされるはずです。 豊かな暮らし／不安や不満が解消される	ピンチを救われたり、チームプレーで成果を挙げたりできるとき。居心地の良い職場になり、優秀なビジネスパートナーに恵まれます。 難しい仕事をやり遂げる／成功／引き継ぐ	愛に満ちた穏やかな日々を送るでしょう。愛する人との絆は復活し、素晴らしいパートナーを得ます。幸せの条件が満たされます。 安らぎを感じる相手／永遠の愛／子宝
逆位置	対人トラブルに巻き込まれそう。他者を拒絶したり心を閉ざしたりすることも。家族との不和や冷たくされたストレスを感じるはず。 足を引っ張る人／誰とも良い関係を築けない	困窮した生活になりそうです。他人の支払いを肩代わりしたり、家屋にまつわるトラブルに巻き込まれたりする恐れもあるでしょう。 保険をかける／誰も援助してくれない状況	職場の人間関係がストレスに。困っていても助けてもらえず、1人で全部やるハメに。仕事でもめて、転職したくなることも。 職場で冷遇される／取引や契約が破綻する	気持ちが伝わらず、第三者の邪魔にも悩まされます。一緒にいても心は孤独を感じ、家庭内別居のような状態に。トラブルの暗示も。 離婚／苦労ばかりさせられるパートナー

カップの ペイジ

PAGE of CUPS

PAGE of CUPS.

想像力、豊かな感性

　喜びにあふれた表情で、黄金のカップを片手に持っているペイジ。大海原が背景に描かれているカップのペイジは、水のエレメントの特性を存分に表しています。すなわち、感情が豊かで、困っている人を放っておけない優しさがあるのです。その分、流されやすいところもありますが、温かい人柄によって、多くの人々に愛されています。背景の大海原は、ペイジの未来が未知数で、無限の可能性を秘めていることも暗示。どんな出来事に遭遇しようと、彼に備わった心の豊かさは枯れません。

このカードが出たときのキーワード ▶▶

イマジネーション

正 位 置	逆 位 置
感受性が高まる	**心が不安定になる**
生まれたばかりの子どものように、感受性が高まっています。何気ない人の優しさに感動したり、素晴らしい芸術にふれて心が震えるのを感じたり、弱き者の代わりに涙を流したり。繊細でピュアな感性は、ときとして創作活動にすぐれた才能を発揮させるはず。	感受性の豊かさが裏目に出て、情緒不安定になり、不安から逃れるために極端な行動に出ることもあるでしょう。恋愛面では二股をかけ、健康面ではアルコールに溺れ……。水が高いところから低いところへ流れ落ちるように、堕ちていく可能性をはらんでいます。

カードが示すメッセージ

	過去・現在・未来の状況	感情と意識	原因と解決策
正位置	広い世界が開け、チャンスが訪れるとき。イマジネーションが豊かになり、センスが冴えるはず。スタートを切る時期でもあります。 状況がはっきりする／結論が下る／感性が冴える	未来への憧れや希望がふくらむとき。これからの出来事を心待ちにしています。あいまいな状況をはっきりさせたいと願うことも。 他者への共感をもつ／悩んでいたことに結論を下す	大きな可能性が宿っています。まだ何のチャレンジもしていないのなら、旅立ちの準備を。心に湧いた感情をかたちにしてみて。 目標や願いをもつ／豊かなイマジネーションを
逆位置	現実についていけないとき。未熟な判断をしがちなので、瞑想や静かな時間が必要です。自暴自棄になりがちで、注意が必要です。 確かな手応えが得られない／誘惑に流されてしまう	不満を感じている状態です。悲観していたり、逃げの姿勢になっていたりすることも。自信がもてないため本気になれないでしょう。 混乱した考え／小心／甘えたい気持ち／誘惑に負ける	1人で静かに過ごす時間が必要。目指す目標があるなら、たとえ遠くに思えても、必ずたどり着くと信じて。誘惑や自暴自棄に注意。 1人で過ごせる時間を／依存心を捨てるとき

テーマ別に深く解釈

	対人	お金	仕事	恋愛
正位置	助け合いの精神をもつとき。相手を傷つけないよう配慮したり、慰めたりする場面も増えそう。できるだけ相手の気持ちに共感して。 誠実な友／信頼関係を築く／和解／尽くす	お金にこだわらなくなりそうです。寄付や募金をしたり、ボランティア活動を始めたりする可能性も。無償で良いと思うでしょう。 直感でお金を得る／芸術分野でお金を稼ぐ	素晴らしいアイデアが浮かぶとき。福祉的な仕事が多くなったり、クリエイティブな才能を発揮し、すぐれた作品を残したりします。 未知数の才能／市場が広がる／事業拡大	新たな恋の始まりです。ときめきを感じる出会いもあるでしょう。淡い恋心を抱くことも。面倒を見たくなる年下の相手が現れそう。 好きな相手に尽くす／悩み多き恋に結論
逆位置	ノーと言うことができないでしょう。悪い仲間とつき合い、多大な影響を受けることも。また、相手に依存しやすくなりそうです。 あいまいな態度／うわべの関係／弱腰な態度	つまらないことにお金を使ってしまいそう。ギャンブルでお金を失うことも。ヤケになって散財したり、物欲に流されたりしないで。 アルコールへの出費／断り切れずに買う	考えがまとまらなくなるでしょう。思いを言葉でうまく説明できません。自分の能力に自信がもてず、会社の将来を悲観するように。 遠すぎる達成目標／遅刻や欠勤が増える	好きでもない相手からしつこくされたり、親切を勘違いされたりするでしょう。二股や浮気の暗示も。本気になれない恋になりそう。 ベッタリ寄りかかる／逃げ出したくなる

カップの ナイト

KNIGHT of CUPS

KNIGHT of CUPS.

※ このカードのストーリー ※

愛の使者

　使命を立派に果たし、いざ凱旋しようとしているナイトは、黄金のカップを手にしています。どのようなことでも、物事に取り組む際には、愛と情熱をもって挑むように……と告げているようです。いかなる困難も、愛によって越えられない壁にはならないのだ、と。カップは愛と情熱と勝利の証。ナイトは熱い愛と情熱のもと、存分に戦ってきたのでしょう。愛する人への情熱が、勝利をものにした要因なのでしょうか。川を渡れば、彼の故郷。ナイトの前進は、輝きに満ちています。

このカードが
出たときの
キーワード ▶▶ ロマンチックな理想主義

正 位 置	逆 位 置
思いを伝える	**思いが伝わらない**
思いを伝えたり、伝えられたりという出来事が起きやすいときです。あなたが思いを打ち明けることもあれば、相手から胸の内を明かされることもあるでしょう。正位置の場合はそれが喜ばしい結果になる暗示。恋愛だけでなく、仕事でも同様の結果になりそう。	思いを伝えたり、伝えられたりという出来事が、不本意な結果になることを暗示しています。相手に思いを拒絶される、きちんと伝わらない、といったことも。また、予想とは違う相手からアプローチされることもあります。ねじれた状況は、方向転換する必要が。

カードが示すメッセージ

	過去・現在・未来の状況	感情と意識	原因と解決策
正位置	告白やプロポーズを受けたり、説得したりするとき。いずれも満足のいく結果になるでしょう。成功するのは間違いないようです。 満ち足りた状態／気がかりなことがなくなる／朗報	デリケートでロマンチックな気分になりそうです。一方、気前が良くなるはず。また、友情や愛情の素晴らしさに気づくでしょう。 勇気が出る／結果に満足する／満ち足りた気分	勇気を出してぶつかれば、相手の心を動かせます。胸の内に宿っている愛を大切に。愛による行動は、あなた自身を幸せで包みます。 チャンスを逃さない／不安を追い払う／愛を表現する
逆位置	行動が裏目に出たり、空回りしたりしそう。約束が果たされないことも多く、期待通りになりません。願いはかなわないでしょう。 見かけ倒し／一過性の出来事／不確実／予想はずれ	結果に不満足で、やるせない思いを抱えます。頑張れば頑張るほど事態が悪化して、誤った行動に対する後悔をすることもありそう。 満たされない思い／一過性の気分／不毛／落胆する	情熱が空回りしているようです。誤った選択をしていませんか？　一度、仕切り直して出直し、方向転換することが必要です。 現状を冷静に見つめる／ねじれた状況に気づく

テーマ別に深く解釈

	対　人	お　金	仕　事	恋　愛
正位置	気前の良い人物や、強そうに見えて繊細で傷つきやすい人を暗示。素晴らしい友情に恵まれ、親しくなりたい人との関係が深まります。 相手の心を動かす／相手のために行動する	お金にまつわる心配事が消えるでしょう。経済力が底上げされ、努力した分の報酬を得るはずです。満足のいく金額をもらえそう。 経済的成功を収める／豊かで満ち足りた生活	企画をプレゼンしたり説得したりするでしょう。ビジュアルイメージを多用し、データより感情に訴えると、成功のチャンスが。 情熱／社会的成功／新事業にエネルギー注入	好きな人に告白したり、好きな人から告白されたりするとき。思いを受け入れてもらえそう。幸せな関係が始まり、情熱的な恋に。 ロマンチックな関係／求婚／幸せの始まり
逆位置	期待していた相手は頼りにならないでしょう。約束や時間にルーズな人物かもしれません。相手のためにやったことは裏目に出そう。 利用されるだけ／相手に失望／非難される	当てにならない収入状況になりそう。金銭感覚がずさんで、散財が多いでしょう。苦労したわりに報酬が少なく、不満を覚えます。 無意味な出費／不良品／間違った使い方	プレゼンの失敗を暗示。派手なだけで中身のない企画を立てたり、努力が空回りしたりすることも。期待通りの結果になりません。 仕事よりも恋に力を注ぐ／方向性の間違い	意外な相手からアプローチを受けそうです。ムードに酔って過ちを犯したり、好きな人のイメージが崩れたりすることもあるでしょう。 不誠実な相手／期待できない約束／不毛な愛

カップの**クイーン**

QUEEN of CUPS

QUEEN of CUPS.

✳ このカードのストーリー ✳

愛情をかけて育む

　黄金のカップを手にし、慈愛に満ちた表情を浮かべるクイーン。彼女は、生み出した多くの子どもたちを愛するように、世界を慈しんでいる様子。争いの場に調和と愛をもたらすクイーンは、生命の源を司る母性の象徴。生命の逢瀬に必要なのは愛であり、調和がなければ平安の世も一瞬にして不毛な世界に転じてしまうことを、彼女は何よりも恐れているでしょう。才能も可能性も、愛情をかけて育むこと、すべてを愛し慈しみ、時間をかけて見守ることの大切さを、クイーンは物語っているのです。

このカードが出たときのキーワード ▶▶ **献身・愛情・ロマンス**

正 位 置	逆 位 置
愛情の高まり	**過度に愛を注ぐ・愛への依存**
何かを愛する気持ちが高まっているときです。それが今好きな相手ということもあれば、周りにいる大切な人々、熱心に手がけている仕事や愛着を抱いている趣味であることも。こじれた関係があったとしても、愛を注ぎ続ければ、必ず状況は好転していくはずです。	愛する気持ちは高まっているものの、ねじれた方向に進んでいるようです。過度に愛を注いで相手を過保護にしたり甘やかしたり、相手に同じだけの愛を注いで欲しいと願ったり……。また、あなたの愛を利用される恐れもあるでしょう。いったん冷静になるべきです。

カードが示すメッセージ

	過去・現在・未来の状況	感情と意識	原因と解決策
正位置	愛と友情の素晴らしさを実感するときです。感受性や直観力が高まり、それまで気づかなかった懐の大きさを感じる出来事が。 不安の解消／愛による軌道修正／人との交流が深まる	慈悲深さや博愛精神を発揮するとき。献身的に尽くしたい、愛する人から深く愛されたいと願うでしょう。愛を交わす相手を求めます。 社会貢献したい／満ち足りた暮らしをしたいと願う	言葉で、そして態度で、あなたに宿る愛を伝えましょう。混乱している問題やこじれた関係も、愛によって正しい方向に。 愛情の高まり／愛を注ぎ続ける／許し受け入れる
逆位置	愛が試されるとき。一方通行の愛情はトラブルをもたらします。未来を見通せず、冷遇されたり嫌な予感が的中したりするでしょう。 先走った行動／期待はずれ／アンバランスな状況	孤独を感じるでしょう。一方通行の思いや、もっと愛されたいのに冷遇されているという思いも。不安と焦りが押し寄せてきそう。 愛情過多／感情の高ぶりで冷静さを失う／孤独感	不安や焦りを感じても、先走らないこと。信じて待つ姿勢が、状況を好転させます。愛を利用されぬよう、情に訴えられても断って。 感情の高ぶり／理性的で冷静な判断を／現実を見て

テーマ別に深く解釈

	対 人	お 金	仕 事	恋 愛
正位置	相手を寛大に受け止められるとき。困っている人をサポートしたり、愚痴を聞いてあげたり、悲しんでいる人を慰めたりしてあげて。 大切な人との関係を育てる／社会に貢献する	満ち足りた暮らしを手に入れて、お金に関する不安がないときです。寄付や寄贈をしたり、無償で奉仕したりすることもありそう。 直感で利益を得る／自分を磨くための投資	インスピレーションが高まり、クリエイティブな才能を発揮します。社会的貢献度の高い仕事や、愛情を込めた作業を行うことも。 能力や才能を育てる／理想的な仕事環境	愛を交わす相手が見つかるでしょう。平和で穏やかな愛に包まれ、深く愛されます。幸せな家庭を築き、愛情に満ちた関係が実現。 母のような慈愛／家庭内に幸せな出来事が
逆位置	過度な愛情で相手を甘やかしてしまいそうです。情に訴える相手から利用される恐れが。過干渉や感情的に接する場面も増えます。 激しい怒りをぶつける／深情け／わがまま	お金がいくらあっても心が満たされないとき。湯水のごとくお金を使ったり、焦って損をしたりする場面も。軽はずみな散財に注意。 カッとなってお金を失う／衝動買い／大散財	愛のない利益重視の仕事をすることになりそうです。また、人の仕事を請け負ってばかりで自分の仕事ができない状況に陥ることに。 報われない仕事／感情的になって判断を誤る	思いが通じないとき。愛をもてあそばれ、感情的に取り乱すことも。望まない相手から求愛され、好きな相手から冷たくされそう。 愛のトラウマ／一方通行の愛情／複数の愛

カップの キング

KING of CUPS

KING of CUPS.

温情豊かなリーダー

多くの経験から深い慈愛を宿した偉大なキングが、黄金のカップを手にし、落ち着き払ったまなざしで世界に君臨しています。その表情からは、すべてが満ち足りた状態であることがうかがえるでしょう。彼の佇まいは、雄大な海の守護者としての使命と誇りを携えているよう。背後の海原は、激しい思いをコントロールし、感情の波に飲まれることなく冷静沈着に対応できる人物であることを暗示するものです。彼は王国だけでなく、自然界のあらゆる現象、生きとし生けるものをも司っているでしょう。

> **このカードが出たときのキーワード** ▶▶ 幸運の波に乗る・真の自己実現

正 位 置	逆 位 置
寛大さ・雄大なビジョン	**感情的になる・モラルに欠ける**
穏やかにないだ大海原のように、静けさが漂うとき。共感や情緒的で優しい側面が、クローズアップされています。些細な問題や、状況の変化も上手に切り抜けられるでしょう。寛大な年上の男性、人望が厚く、信頼されている人物を表していることもあります。	激しい感情の波をコントロールできていないようです。予期せぬ出来事に遭遇して不安をかき立てられたり、思いをもてあましたりしているかも。感情に振り回されて、冷静な判断力が欠けていることも。心を落ち着け、嵐が過ぎ去るのを静かに待ってください。

カードが示すメッセージ

	過去・現在・未来の状況	感情と意識	原因と解決策
正位置	努力が正当に評価されたり、栄誉を受けたりするときです。これまでの経験が実を結び、培ってきたスキルや才能が認められます。 自己実現が可能になる／強運／多くの協力者を得る	安らかな心と情け深さに満ちています。責任感が強くなり、リーダーシップを発揮しそう。寛大な気持ちになれるときでもあります。 世話好き／律儀で義理堅い／同情心をもつ／世話好き	すべてが良い方向へ向かっています。幸運をしっかり受け取ってください。常に思いやりを忘れない行動を取るようにすること。 優しさをもつ／寛容な態度／状況の変化に気づいて
逆位置	誰も助けてくれないとき。嫌われていることに気づかないでしょう。欲や激しい感情によってトラブルが起きることもありそうです。 勝ち目のないことに挑戦／失敗／独りよがりになる	感情を抑えられなくなりそう。横暴な態度や暴走をしがちでしょう。どうしようもない思いが募り、無謀で強欲な行動を取ることも。 偽善的／強引／責任を逃れたい／思い込みが強い	どうしてもうまくいかないなら、潮時かもしれません。感情に振り回されないよう、心を静めて。無謀な挑戦をするのも避けること。 自分の行動を顧みる／態度を反省する／待つ姿勢

テーマ別に深く解釈

	対人	お金	仕事	恋愛
正位置	同情心を抱き、相手の境遇に共感できるときです。支援を申し出たり、サポートしてくれたりする人物、リーダー的存在も暗示。 年上で頼れる男性／義理人情に厚い人物	安定した収入を得るでしょう。ピンチのときも強運に恵まれそうです。努力に見合った報酬を手に入れて、経済的に自立するはず。 一攫千金／不動産を買う／芸術に投資	社会のために仕事をするときです。芸術的才能の開花やリーダーとして活躍という場面も。有力者のサポートも受けるでしょう。 才能ある人物からの引き立て／自営業で成功	理想のパートナーや経済力のある伴侶に巡り会うときです。年下から頼られたり、頼りになる年上の人と縁が結ばれたりしそう。 責任を果たす／芸術的才能あふれる人物
逆位置	自分さえ良ければいいという考えを暗示します。疎まれたり、人の顔色ばかりうかがったりするでしょう。他人に対しても冷淡に。 人間関係に振り回される／責任感のない人	稼いだお金を散財しそう。欲にブレーキがかからず、ギャンブルにのめり込むことも。期待したほどの報酬が得られないでしょう。 自分のミスで財産を失う／孤立無縁	独断や強引なやり方で進めて非難されるでしょう。期待したほどの成果が上がらず、ビジネスパートナーに助けてもらえないかも。 会社に損失を出す／責任逃れ／偽善的な事業	気持ちを押しつけやすいとき。相手の気持ちを無視したアプローチを行うことも。手応えのない関係には終止符を打つと良いでしょう。 期待が裏切られる／募る思い／お金を貢ぐ

小アルカナのコートカードとヌーメラルカードについて

　小アルカナは「コートカード」と「ヌーメラルカード」にわけられます。コートカードというのは、人物が描かれたカードのことで、トランプでもおなじみのモチーフが特徴です。ヌーメラルカードが数札のこと。エースから10の計10枚で構成されています。

　各スート（ワンド、ペンタクル、ソード、カップ）に精霊のような人格が割り振られていることをイメージするとわかりやすいでしょう。

　たとえば、ワンドのキングであれば、ワンド（火）の精霊王、カップのクイーンは、カップ（水）の精霊女王といった感じです。各スートのエレメントと合わせたイメージをそれぞれ思い描いておくと、四大元素の性質がすんなり浮かびやすくなるでしょう。それぞれのスートが対応している四大元素は、ワンドが火、ペンタクルが地、ソードが風、カップが水となっています。

　では、ヌーメラルカードのイメージはどのようにとらえたら良いかと言いますと、各スートの中のサイドストーリーとしてそれぞれのエレメントのイメージを掘り下げるのがおすすめです。

　火の章（ワンド）では人生を切り拓く冒険譚、地の章（ペンタクル）では物質や財の学び、風の章（ソード）では人間関係や自分磨き、水の章（カップ）では愛にまつわる恋愛譚といった感じです。それぞれのテーマごとのイメージをつかんでおくと、より理解を深められます。

　人格化されないエースのカードは、各スートの大精霊として考えてください。四大精霊の“自然霊そのもの”としてとらえると、ヌーメラルカードでありながら、コートカードすらも凌駕した、ある意味純粋な最強のカードと言えるのです。

質問例とともに
「定番」の展開法を紹介

小アルカナ
実践

使用するカード

いよいよ小アルカナも入れて、78枚で占っていきましょう。フルデッキで占うと、解釈の仕方は複雑になりますが、より深みが増します。また、占う内容によって使用するカード枚数を絞ることも可能です。

78枚すべてのカードを使う

5枚以上を展開するスプレッドの場合でも、大アルカナ22枚だけで占っても、もちろんかまいません。けれど、フルデッキで占うと、具体的なキーワードを得ることができます。項目数の多いスプレッドの場合は、なおさらです。カードの強弱も見た目でわかり、診断しやすくなるでしょう。

全カードを使う場合は、特に丁寧にシャッフルし、よく交ざるようにしてください。慣れないうちは、78枚のカードを交ぜるのは大変かもしれません。落ちたり飛び出したりしても気にせず、戻してOKです。

占う内容に合わせてスートを選ぶ

　小アルカナは西洋哲学の四大エレメント「火、風、地、水」に対応しています。次が各スートのエレメントです。「金運を占うときはペンタクル14枚と大アルカナを使う」というように、特定のスートを抜き出すこともできます。2種のスートを組み合わせてもかまいません。ただし、ランダムに適当な枚数を抽出して占うことは避けたほうが良いでしょう。

ワンド

　火を司るワンドは、生命力、情熱、創造性、意志の象徴。ワンドのテーマは「理想の追求」です。生き方や精神的な成長、仕事のやりがい、勉強や研究、趣味についての問いにふさわしいスートです。

ペンタクル

　ペンタクルはコインですからお金を表します。他には「価値」の意味から能力や愛情を、地を司ることから永続性、安定を象徴。金銭問題や物質に関すること、仕事や愛情の悩みでも経済面を含む問いに合います。

ソード

　ソードは言語、技術、文化の象徴で、風を司ることからコミュニケーションの意味があります。人間関係はもちろん、「剣」ですから広い意味での戦い、物事の決定に関する問いのときに選びたいスートです。

カップ

　水を司るカップのテーマは「愛の探求」。カップの液体は、人の感情、他者へ注ぐ愛、天から注がれる愛を表します。感情が中心にある悩み、スピリチュアルな問いへの答え、精神面のプロセスを知るのに合います。

スプレッドの選び方

　1枚引きに慣れてきたら、複数枚を展開するスプレッドへと進みましょう。基本的な2枚、3枚、6枚、7枚、10枚、13枚を引くスプレッドを紹介します。スプレッドは、なぜその配置にするかに意味がありますから、質問に合うスプレッドを選ぶようにしましょう。本書を見ながらでOKですので、正しい順に展開してください。

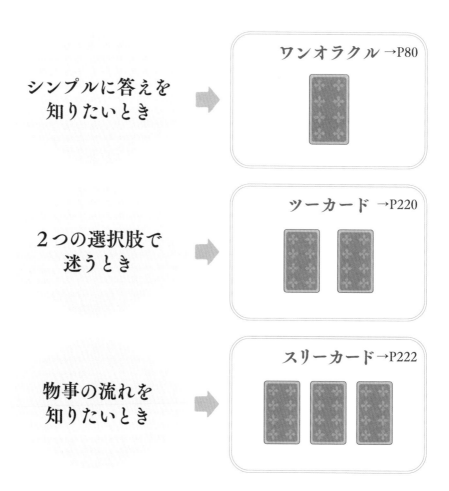

シンプルに答えを
知りたいとき　➡　ワンオラクル →P80

2つの選択肢で
迷うとき　➡　ツーカード →P220

物事の流れを
知りたいとき　➡　スリーカード →P222

特定の人との
相性を知りたいとき

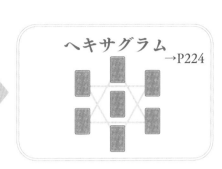

ヘキサグラム →P224

複雑な問題を
整理したいとき

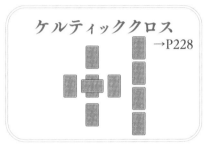

ケルティッククロス →P228

長期的な運気の
流れを知りたいとき

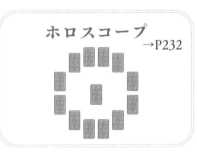

ホロスコープ →P232

仕事の状況と未来を
知りたいとき

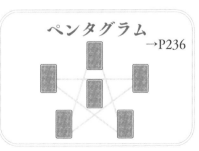

ペンタグラム →P236

ツーカード

シャッフル

↓

カット

↓

左から置く

Aを選んだ
場合

Bを選んだ
場合

どんなスプレッド？

シンプルに２枚を並べるスプレッドです。異なる２つの要素を設定して、比較検討したい占いに合います。「ＡさんとＢさん」「Ａの道とＢの道」「相手と自分」「行動した場合、しなかった場合」など拮抗するものなら何でも占えます。

　２枚ともゴーサインと読めるカードや、２枚ともストップを促しているというケースが生じることもあるでしょう。カードの意味を比べ、よりフィットするほうを選んでかまいません。さらに、Ａ、Ｂそれぞれの未来やアドバイスを１枚ずつ加えることもできます。

こんな質問にはツーカード

質問例1

Aの服とBの服、
今日はどちらを選んだほうが良い？

　Aの服を①、Bの服を②とし、着て行動した場合の運勢です。①は「ペンタクルのクイーン」、②は「力」で、どちらも正位置。Aを選ぶと「穏やかで満ち足りる」、Bなら「厳しい状況」。人同士の対立をコントロールする役割が回ってくる暗示です。仕事や会合、デートにしても、問題が起こらないことを望むならAが良いでしょう。

①
ペンタクルの
クイーン

②
力

質問例 2

ほぼ似た条件で物件の候補が２つ。引っ越し先は、ＡとＢどちらが良い？

物件Ａは「ソードのキング」、物件Ｂは「ワンドのクイーン（逆位置）」です。Ａは理想的な落ち着いた暮らしができそう。ご近所ともスムーズにつき合えるでしょう。Ｂは芯の強さが裏目に出て孤立するというキーワード。Ｂを選ぶとたくましく生活できますが、トラブルの恐れも。Ａの物件がベターと言えます。

① ソードの キング

② ワンドの クイーン（逆位置）

応用 ･･････････ ツーカード ＋ 未来 ･･････････

選択肢２つの現状を見比べた後、さらに診断を深めることができます。それぞれの「未来」をＡの２枚目、Ｂの２枚目の順で引き、外側に置いてください。Ａ、Ｂそれぞれのアドバイスを求めても良いでしょう。

Ａの未来　Ａの現状　Ｂの現状　Ｂの未来

質問例 3

２人とも好感のもてるＡさんとＢさん。交際するなら、どちらの人？

Ａさんは「ワンドの９（逆位置）」で、徐々に不安が浮上すると読めます。Ｂさんは「戦車」で、今後の進展は早そう。大アルカナで存在感があります。Ａさんは２枚目もワンドで、状況が二転三転するかもしれません。Ｂさんの２枚目は感情や、愛情を表すカップで、「恐れないで」と助言。このスプレッドはＢさんをすすめています。

③ ワンドの キング

① ワンドの９ （逆位置）

② 戦車

④ カップの 8

スリーカード

シャッフル
↓
カット
↓
左から置く

① 過去　② 現在　③ 未来

✦ どんなスプレッド？ ✦

　時間軸で占うときにぴったりのスプレッドで、左から「過去・現在・未来」とするのが基本です。①は過去の状態や原因、②は現状、③はこのままいくと近い未来にどうなるかという結果を示します。すべて未来とし、「1週間後、2週間後、3週間後」「1ヵ月後、2ヵ月後、3ヵ月後」という期日をカードに設定しても占えます。運気だけでなく、感情や環境、特定の人との関係性の変化を知るときにもおすすめです。

　「A、B、Cの3つの選択肢」で迷うときに使っても良いでしょう。

＼ こんな質問にはスリーカード ／

質問例1
疎遠になった親友との関係は、これからどうなりますか？

　お互いに自分の時間をもつ必要があったのです（①）。今、動くときがきました（②）。③は「幸せだった過去を懐かしみ、癒やされる」ことを表すカード。疎遠だったのは、意味のあることだったとわかります。課題は終わり、相手と再び近づくタイミングが訪れているのです。連絡を取って、お茶かお酒（カップから）を飲みながらゆっくり話す機会をもちましょう。絆を実感し、心温まるはずです。

①
吊るされた男
（逆位置）

②
ソードの
ナイト

③
カップの
6

＼ こんな質問にはスリーカード ／

質問例2 取り組んでいるプロジェクトの
今後の進展を教えてください。

　これまで不安があったでしょう。自分の真の望みとずれていると感じても、会社の方針などに異を唱えるわけにはいかなかったはず（①）。しかし、ここへきて運命の輪が回り始めました。状況は好転し、主体的に関われるようになります。社会的な出来事や流行が、プロジェクトを後押しする展開に（②）。ただ、③の未来は「愚者（逆位置）」で、「混乱」「責任逃れ」を示します。不安定さを含むので、最終段階まで気を抜かず、仲間の心を１つにすることが大切だと告げているのです。

①
カップの
8

②
運命の輪

③
愚者
（逆位置）

＼ こんな質問にはスリーカード ／

質問例3 金運の波を知って、上手にお金を使いたい。
今後３ヵ月の金運を教えて。

　①を今から１ヵ月間、②を２ヵ月目、③を３ヵ月目とします。①は路頭に迷っている絵柄の「ペンタクルの５」です。今後１ヵ月はお金が出る一方で、かなり苦しい状況が予想できます。その後は節約に励み、一息つけそうです。ただ、いきすぎてヒステリックにならないよう注意を。自分の価値観を人に押しつけないことで金運を呼び込めます（②）。③の３ヵ月目は喜びのカード。満足できる収入や贈り物を手にできるでしょう。

①
ペンタクルの
5

②
女教皇
（逆位置）

③
カップの
3

ヘキサグラム

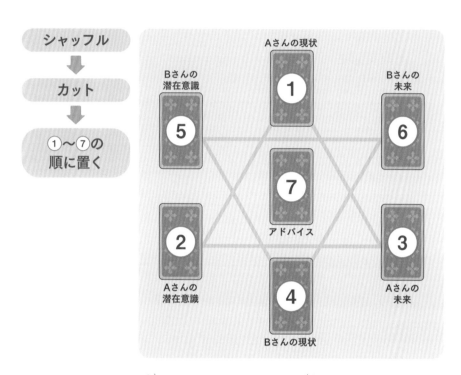

シャッフル
↓
カット
↓
①〜⑦の
順に置く

Aさんの現状
1

Bさんの
潜在意識
5

Bさんの
未来
6

7
アドバイス

Aさんの
潜在意識
2

Aさんの
未来
3

Bさんの現状
4

どんなスプレッド？

　7枚で六芒星の形に配置します。六芒星は古くから魔よけと幸運の形とされ、複数の国の国旗にも描かれています。日本でも「籠目」という魔よけの文様とされてきました。

　上向きと下向きの三角形で構成され、中央がアドバイスカードになります。各三角形を1人分と見なし、2人の相性、コンビネーションを見るのにぴったりのスプレッドです。上向き三角形の上が現状、左下が潜在意識、右下が未来。ちょうどこの上下を逆にした形で、もう1人の状態を診断します。「現状」は精神的なコンディションや相手に対する印象を見ます。「潜在意識」は相手に対する願望や不満を、「未来」は相手と今後どうなっていきたいかを表します。

\\ こんな質問にはヘキサグラム /

質問例1

最近、夫とケンカばかり……。
関係を修復できますか？

① ワンドの2（逆位置）

⑤ ワンドのペイジ

⑥ ペンタクルの8（逆位置）

⑦ ソードのキング（逆位置）

② 恋人

③ 愚者

④ ペンタクルのエース

　Aを妻、Bを夫とします。妻の現状は足踏み状態（①）ですが、②に「恋人」が出ましたから心の奥では円満な夫婦仲を切望しています。この願いを自覚し、実際に夫と衝突することを減らしていきましょう。妻の未来を示す③は「内面が変化し、解放される」という「愚者」。明るい兆しです。

　一方、今の夫は妻の気持ちに気づかず（④）、主導権を握って家庭を保ちたいと思っています（⑤）。けれど、同時にマンネリ感も覚えていて、妻をないがしろにする傾向は続きそう（⑥）。

　中央のアドバイスは「ソードのキング（逆位置）」で、「結婚当初の覚悟や思いやりを思い出そう」と告げています。策略を巡らせたりすれば、取り返しのつかない事態になる恐れもあります。夫の言動を悪くとらえず、妻は根気強く気持ちを伝えていくと良いでしょう。夫は「気づいていないだけ」ですから。関係改善の可能性は大きいと言えます。

話がかみ合わない取引先。
今後の対処法を教えてください。

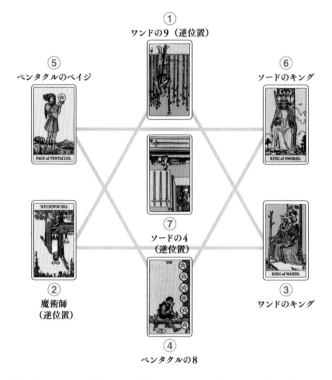

① ワンドの9（逆位置）

⑤ ペンタクルのペイジ

⑥ ソードのキング

⑦ ソードの4（逆位置）

② 魔術師（逆位置）

③ ワンドのキング

④ ペンタクルの8

　Aを質問者、Bを取引先の担当者とします。質問者には創造性の発揮を意味するワンドが2枚現れ、取引先についてはペンタクルが2枚出現。コストや利益が判断の中心にあり、質問者側の能力を測っているとも言えます。

　質問者は、些細なミスも許されない緊張状態（①）。時間的な焦りを感じ、イライラしています（②）。苦しい状況ですが「ワンドのキング」が現れた未来は展望が開けています。権威のある人のサポートも得られるでしょう（③）。

　取引先側を見ると、懸命に取り組んでいて（④）、意欲に満ちています（⑤）。ただ、人の努力の重みには配慮が足らず、マニュアル通りに進めれば成功すると考えていそう。未来は、新しい展開についてのアイデアを提案してくる（⑥）など、質問者ほどずれを気にしていないでしょう。

　アドバイスの⑦は「意欲がよみがえる」「平和的な解決を」という意味。作戦を練り直すことで意思の乖離が抑えられ、次第に順調さが増すでしょう。

質問例3

片思いの相手との相性が気になります。
どんなアプローチが効果的？

① 太陽

⑤ 正義

⑥ ソードのクイーン

⑦ ペンタクルのナイト

② ワンドの3

③ ペンタクルの4

④ ペンタクルのキング

　すべて正位置で、大アルカナの「太陽」と「正義」が現れ、2人の関係の強さが感じ取れます。相性はとても良いでしょう。

　質問者は今、「素晴らしい出会いだ」ととらえ、明るい恋心が燃えています（①）。相手に向かって一歩を踏み出す勇気もあるでしょう（②）。未来を示す③も前向きなカードで、相手をしっかりとつかまえることになるという予想ができます。

　一方、相手は落ち着いた状態で、質問者のアプローチを待っているようです（④）。質問者が自分の恋人候補になりうるかどうか、冷静に検討している様子もうかがえます（⑤と⑥）。

　アドバイスは「一歩ずつ進もう」という「ペンタクルのナイト」。むやみにアタックしていくのでなく、焦らず、相手の言動にしっかりとリアクションしながら距離を縮めていきましょう。きっと良い結果となります。

ケルティッククロス

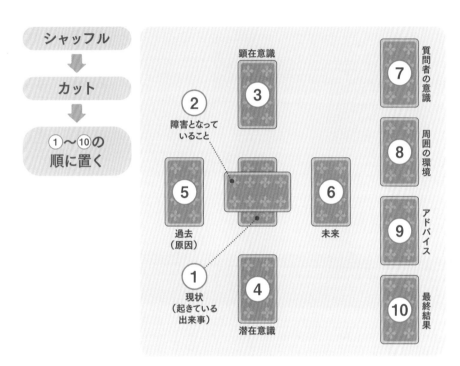

シャッフル
↓
カット
↓
①〜⑩の
順に置く

顕在意識
③

②
障害となって
いること

⑤
過去
（原因）

⑥
未来

①
現状
（起きている
出来事）

④
潜在意識

⑦ 質問者の意識
⑧ 周囲の環境
⑨ アドバイス
⑩ 最終結果

✧ どんなスプレッド？ ✧

　ケルティッククロスとは、十字架の交差している部分に円がある形。ケルト系キリスト教のシンボルです。ケルティッククロス・スプレッドは、タロット占いの代表的なもので、1つの問題を多方向から眺め、深く掘り下げることができるという点で、人気の展開法。占者によって、位置の意味や置く順が多少異なりますが、全体の形は同じです。

　中央に交差するようにカードを置き、その周囲を4枚で囲みます。中央の2枚は現状と障害、左右が過去と未来。上下が顕在意識（質問内容の可能性の場合も）と潜在意識（表に出ていない事柄）です。右側に縦に並べる4枚は、問題の対処法を示します。下から置く方法もありますが、上から順に置きます。

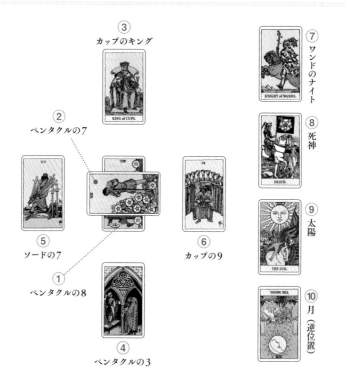

＼ こんな質問にはケルティッククロス ／

質問例 1

職場での人間関係が
うまくいかない理由を教えてください。

③
カップのキング

② ペンタクルの7

⑦ ワンドのナイト

⑧ 死神

⑨ 太陽

⑤ ソードの7

⑥ カップの9

① ペンタクルの8

④ ペンタクルの3

⑩ 月（逆位置）

①は、質問者が真面目な努力家だと告げています。しかし、その努力が反映されていません（②）。職場の人たちに対して広い心で接してきましたし（③）、調和の取れた関係を築く能力は十分あります（④）。これまでも賢く立ち回ろうと考え、いろいろと試したはず（⑤）。今後もそれを続けようとしているでしょうが、今はよかれと思って行動したことが実を結びにくく、失望が募りそう（⑥⑦）。⑧の周囲の状況を表すカードは「死神」。残念ながら、周囲は積極的にこの状態を改善しようとは思っていないようです。

⑨の「太陽」は、自分を信頼することが大切だと励ましています。質問者に落ち度があるとか、特別な理由があるわけではないのです。むしろ周りを気にしすぎないように。仕事にベストを尽くすことを優先すれば、コミュニケーションも自然と細やかになります。まもなく問題は照らされ、質問者の意識も周囲も変わることになります（⑩）。悩ましい状況と決別できるでしょう。

質問例2

長年のパートナーですが、明るい未来が見えません。別れるべき？

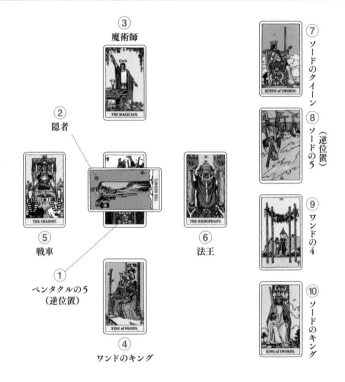

③ 魔術師

② 隠者

⑦ ソードのクイーン

⑧ ソードの5（逆位置）

⑤ 戦車

⑥ 法王

⑨ ワンドの4

① ペンタクルの5（逆位置）

④ ワンドのキング

⑩ ソードのキング

　質問者が精神的につらい状況であることは明らかです（①）。パートナーへの不満をうまく伝えることができず（②）、状況を変えなければと思っているものの（③）、悶々としている状態です。質問者は精神力が強く、未来を切り拓く力が十分にありますので、その点は自分を信頼してください（④）。⑤の「戦車」は物事に全力投球の意味がありますから、パートナーとの関係を良くしようと頑張ってきましたし、今も懸命に努力をしている最中という様子が現れています（⑦）。一方、パートナーは無責任を表すカード（⑧）。自ら明るい未来を築き、質問者を安心させる気持ちは薄いと言わざるを得ません。

　⑥の「法王」は、質問者が「自分の決断は正しかったと確信する」ことを意味。ストレスの多い生活や関係性から離れることが大切だと助言していますから（⑨）、今がまさに、パートナーと距離を置くタイミングです。質問者は物事をクリアに見通すことができます。決断を後悔することはないでしょう（⑩）。

\ こんな質問にはケルティッククロス /

質問例3

仕事のスランプを抜け出すために、
できることを教えてください。

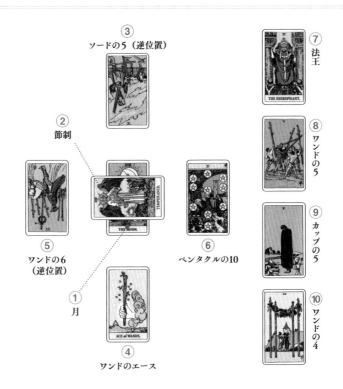

③
ソードの5（逆位置）

②
節制

⑤
ワンドの6
（逆位置）

①
月

④
ワンドのエース

⑥
ペンタクルの10

⑦
法王

⑧
ワンドの5

⑨
カップの5

⑩
ワンドの4

　10枚中4枚がワンドですから、仕事の技術に対する自信を失くし、そのため、情熱も消えかかっているのでしょう。現状（①）は、失敗を恐れて動けない様子を示しています。仕事には、ある程度妥協したり、事実より派手にアピールしたりということも必要ですが、それを良しとしない頑なさが浮上の障害となっていると読めます（②）。さらに、本意ではない方法で失敗した経験（③）や、人に追い越されたり成果を奪われたりした近い過去の出来事（⑤）があなたをスランプの穴に引き留めています。このように1つずつ確かめていけば、きっと気持ちの整理がつき、スランプ脱出のきっかけをつかめるはずです。心の奥に「バリバリと働きたい」という気持ちがあることを信じて（④）。

　未来は確固たるものを手にできますし（⑥）、年長者のサポートもあります（⑦）。環境は完全に良好とは言えませんが（⑧）、早く現状を見つめ、動き出しましょう（⑨）。近いうちに努力は報われるとカードは応援しています（⑩）。

ホロスコープ

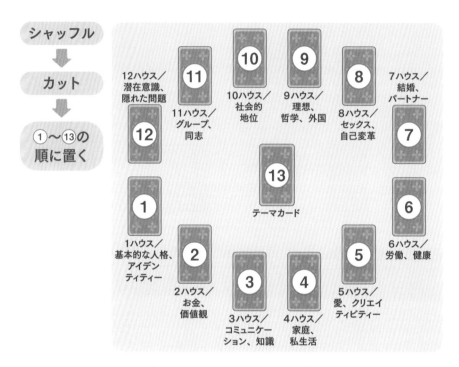

シャッフル
↓
カット
↓
①〜⑬の
順に置く

12ハウス／潜在意識、隠れた問題

11ハウス／グループ、同志

10ハウス／社会的地位

9ハウス／理想、哲学、外国

8ハウス／セックス、自己変革

7ハウス／結婚、パートナー

テーマカード

1ハウス／基本的な人格、アイデンティティー

2ハウス／お金、価値観

3ハウス／コミュニケーション、知識

4ハウス／家庭、私生活

5ハウス／愛、クリエイティビティー

6ハウス／労働、健康

どんなスプレッド？

　ホロスコープとは、特定の日時の星の配置を表した西洋占星術の図です。ホロスコープ・スプレッドはそれを模して、円状の12区分と、中央に1枚置いた計13枚で占います。

　左の①から反時計回りに配置していきます。西洋占星術のハウスの意味と同じで、①は自己、②は金銭、③はコミュニケーション……というように人生の側面を一度に占えます。中央の⑬は現況を象徴するカードで、質問者のテーマに対するアドバイスを表します。特に大アルカナが現れた位置は、そのハウスの意味に力点が置かれていると読みます。また、1年間の流れを1月、2月……、1ヵ月後、2ヵ月後……と時期に当てはめて占うことも可能です。

質問例 1

今日は誕生日。
今後1年の運勢が知りたいです。

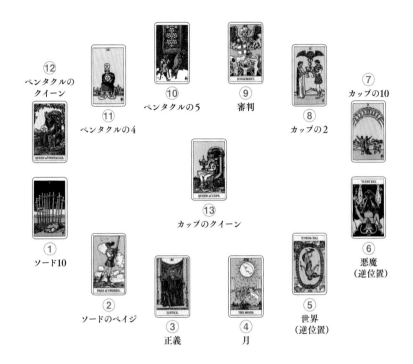

⑫ ペンタクルの
クイーン

⑪ ペンタクルの4

⑩ ペンタクルの5

⑨ 審判

⑧ カップの2

⑦ カップの10

⑬ カップのクイーン

① ソード10

② ソードのペイジ

③ 正義

④ 月

⑤ 世界（逆位置）

⑥ 悪魔（逆位置）

　①を今から1ヵ月間、②を次の1ヵ月として運勢を見ます。①は「夜明け」で、まさに新しい1年の始まり。②も引き続き、新たな出会いの予感が。自分は正しい道を進んでいると自信がもてそう（③）。今後3ヵ月は上昇運と言えます。

　次の3ヵ月は、漠然とした不安（④）、スランプ（⑤）、負のエネルギーが湧く（⑥）と忍耐力が試される期間。「試練期」ですが、あらかじめ覚悟しておくことで、その重さの感じ方はかなり異なるはずです。半年が過ぎると不安は消え（⑦）、人との関係は進展し（⑧）、閉塞的な状況からは完全に脱出（⑨）。「好転期」となります。その次の3ヵ月間はペンタクルが続きます。経済状況や価値観に焦点が当たり、支出増や収入減の暗示です（⑩⑪⑫）。この時期以前に蓄えを増やしておくと安心でしょう。

　⑬は「愛を注ぐ」カード。自分と大切な人たちに愛を注ぎ続け、仕事にも愛を込める。それが今後1年の運気の波を乗りこなす鍵になると告げています。

質問例2　1年がかりのプロジェクトに取り組んでいます。その運気の波を教えて。

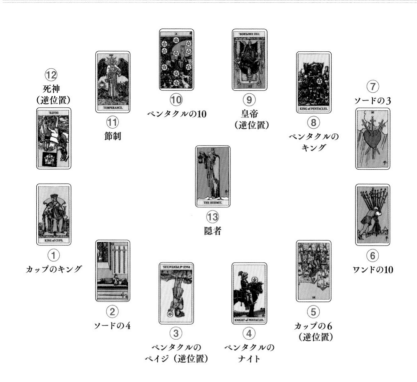

まず、強い意味をもつ大アルカナに注目しましょう。理想の⑨に「裏目に出る」、グループの⑪に「調和」、隠れた問題の⑫に「変化を拒む」の象意が。仕事仲間との関係は良好さを保てるものの、理想と現実の差に悩んだり、決断すべきときに迷ったりということがあるでしょう。時期に当てはめると、後半に大アルカナが偏っていますので、最後まで気が抜けない取り組みと言えます。

前半は数字の若いカードが多く、始動して徐々に軌道に乗る様子がうかがえます。スタート時は多くの協力を得られますが（①）、準備不足や損失の不安を感じそう（②③）。焦らず努力を続けることで（④⑤⑥）実りが見えてきます（⑧）。その前にちょうど半年を過ぎた頃、一度窮地に陥る恐れが（⑦）。この時期は特に用心して進めましょう。仕上げの近づく後半は、前述の通り紆余曲折ありますが、ダイナミックに展開していきます。プロジェクトの成功以上に、自身の反省や精神的な成長をテーマとすべき日々だと⑬が告げています。

こんな質問にはホロスコープ

質問例3 楽しい旅行と転職、子どもの受験を控えています。
どんな1年になりそう？

⑫ ペンタクルの
エース

⑪ ソードのエース
（逆位置）

⑩ 塔（逆位置）

⑨ ペンタクルの
6

⑧ 女帝
（逆位置）

⑦ カップの7

① ソードの9
（逆位置）

② 星

③ 運命の輪

④ ワンドの3
（逆位置）

⑤ ソードのナイト

⑥ ソードの6

⑬ ワンドの2

　イベントと関連するハウスを中心に見ます。遠出は⑨、小旅行は③です。現れたカードに「満足できる」「ストレスからの解放」の意味があり、旅は思い出に残るものとなるでしょう。⑨は相互関係の大切さも示すので、旅によって家族や他者と助け合えるとか、物や思いを交換するといったことがあります。

　転職は仕事の変化ですから⑩と⑥。⑥のカードにズバリ「転職」の象意が。現実の厳しさを知ることになりそうですが、⑩は逆位置なので再生の意味が強まります。初めは戸惑っても、新たな自分を築く転職となるでしょう。

　子どもの受験は、子どもも表す⑤、親子の会話の③、家庭の④を見てみましょう。「知力が高まり勝利をつかむ」という⑤。親子間にはうれしい交流があります。家庭は一時的に受験一色となりますが、家族の協力で良い結果となる予感。テーマカード⑬は「夢を大きく描いて」と励ましています。願望成就のために努力のしがいがある1年となるでしょう。

ペンタグラム

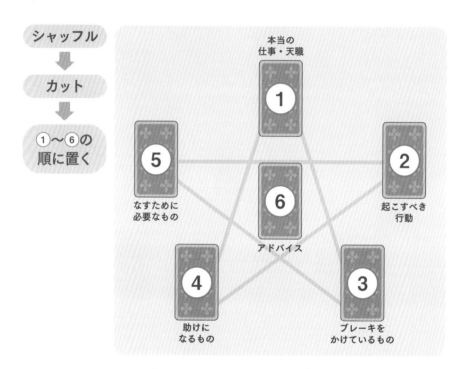

シャッフル
↓
カット
↓
①〜⑥の
順に置く

本当の
仕事・天職
1

5
なすために
必要なもの

6
アドバイス

2
起こすべき
行動

4
助けに
なるもの

3
ブレーキを
かけているもの

どんなスプレッド？

　ペンタグラムとは、物事の五つの要素。五芒星の形に置いて、ワンテーマを流れで読むものです。西洋では「火・地・風・水」の四大元素に「霊」を加えたもの、東洋では「木・火・土・金・水」の陰陽五行説のシンボルとして、古代から世界中で好まれてきた図形です。魔術の記号でもあります。

「現在・現れているもの・隠れているもの・感情・未来」や「現状・適性・才能・選択肢１、選択肢２」のように明確に項目立てをすれば、どんな質問の答えも導き出せるでしょう。ツーカードの応用（P221）のバリエーションとして「２つの選択肢→各問題点→最終結果」としても使えます。本書では、仕事に特化した３つの診断例を挙げました。

\ こんな質問にはペンタグラム /

質問例1 仕事で失敗が多く、周りに迷惑をかけてばかり。
少しでも減らすには？

① ソードの9

⑤ ワンドのナイト

② 皇帝

⑥ ソードの10
（逆位置）

④ カップの6
（逆位置）

③ ワンドの7

　意気消沈した人物が描かれた（①）。まさに今の状況を表しています。天職は具体的には見えてきません。まずは、できることの完成度を高めて、自信を奮い起こしてください（②）。業界や職場の文化、価値観を体得し、実践すべきなのに、それができていないことも原因です（③）。この点も意識して身につけましょう。助けとなるのは幼い頃の記憶です（④）。子ども時代に夢見た仕事や、周りから期待された将来像は何でしたか？　それを思い出すことで癒やされ、情熱が戻るでしょう。失敗を減らすために必要なことは、むしろ積極的な態度です（⑤）。「どうせダメ」と卑屈にならず、特に得意なことには手を挙げていきましょう。小さな成功が積み重なれば、周りの目も変わってくるはず。

　アドバイス（⑥）は「ソードの10」という怖い絵ですが、逆位置なので夜明けにスポットが当たります。失敗の原因を記憶し、「繰り返さない」と決心を。闇が光に変わっていくように次第に悩みは消えるでしょう。

質問例2

給料が低く、労働環境も悪い職場。
転職したほうが良い？

① 力（逆位置）

⑤ 運命の輪

② 星

⑥ 節制（逆位置）

④ ペンタクルの7

③ ソードのキング

　一時的な感情ではないかとカードは諭しています（①）。今の職場で認められたいというのが本心では？　転職の準備はしても良いですが、優先すべきは今の職場で新たな目標を見つけることです（②）。職場の問題点を冷静に見ていて、環境改善や昇給につながるアイデアもあるのに（③）、それを人とシェアしていない姿勢が後ろ向きだと言えます。

　これまでの努力に比べ、手にしたものは少なく、納得がいかないこともカードに現れています。④のカードは、まさに「転職を考える」という意味。けれど、得たもの、今の職場で培われたものもあるはず。その再認識が、単に「他の職場なら天国」という思い込みを抑える助けとなるでしょう。

　今後は劇的な変化の予兆が（⑤）。大幅な組織変更があり、メリットが増すことが考えられますし、同時にヘッドハンティングされる暗示も。焦らず、訪れる転機を賢く選び取って。⑥は「クールダウンせよ」と助言しています。

質問例 3

目標とすべき先輩、抜擢の前例がなく、将来的なキャリアが不安です。

①
ペンタクルのナイト

②
カップの7
（逆位置）

③
ワンドの5

④
ペンタクルの5

⑤
塔（逆位置）

⑥
魔術師

　天職は、大事なものを守る、どちらかというと堅い仕事でしょう（①）。例えば人間の心身の健康、権利や財産、文化遺産などを保持する専門職です。まったく異なる仕事をしている場合は、職種を変えることも視野に入れては？　近い職種ならば、自信をもってまい進してください。職場にロールモデルがいなくても、外に求めましょう。職場のキャリアのルートにこだわらず、どこでも通用するさまざまな力をつけていくことが、真のキャリアアップと言えます。起こすべき行動は現実を直視すること（②）。行く手を阻まれているカードが③に出現し、「助け」の④が路頭に迷う絵です。⑤も「先が見えない」という塔の逆位置。地位向上どころか、足もとも危ういように思えます。しかし、今の心もとなさこそ自分を鍛えるツールととらえてください。孤独な戦いであっても続けましょう。前例がなかったら、自分が前例になれば良いのです。⑥の魔術師が「無から有をつくる力がある。前途は洋々である」と告げています。

中級編 Q & A

**結果が読みにくいときは、
どうしたら良いですか？**

　出た結果に対してどういう行動をしたら良いかを知るために、スプレッド以外の山から改めて引くのが「アドバイスカード」です。さらなるヒントをもらえます。ただ、アドバイスカードとして引くのは2枚まで。アドバイスにより特化しているのはオラクルカードですから、オラクルカードをアドバイスカードにしてもOK。

**逆位置ばかり出るときは、
どういう意味でしょうか？**

　まずシャッフルが十分だったかを考えて、不十分だったならシャッフルのし直しを。それでもスプレッドの半数近くが逆位置で読みにくいと感じるときは、占いを中止するか質問を変えましょう。質問が良くないものだとか、あなたのコンディションが悪いことをカードが示していると言えるからです。正位置だけが出ることはOKです。

**同じスートばかり出るときは、
どういう意味でしょうか？**

　よくシャッフルしたのに同じスートがスプレッドの3割以上という場合は、「多く出ている」と言えます。その質問にふさわしいカードが集まったとして読んでみましょう。そのスートが表すジャンルが、この質問の中で重要なポイントであることを示しています。各スートの得意なジャンルはP217を参照ください。

**スプレッドの順番を間違ってしまったら
やり直したほうが良い？**

 複数枚を並べるときに順番を間違ってしまうのはよくあることです。カードを開く前に気づいたなら、正しい配置に直してください。3、4枚のスプレッドなら、位置を変えなくても「何を占うつもりで、そこに置いたか」をメモしておけば良いでしょう。5枚以上の枚数のスプレッドだと、置き直しは混乱のもと。最初からやり直しましょう。

 **ジャンピングカードは
どう扱ったら良いですか？**

 シャッフルの途中で手から飛び出し、思わぬところに落ちたカードが「ジャンピングカード」。必要性があって飛び出したととらえ、横に置いておきます。質問者の気持ちや助言、注意事項として読んでみましょう。ただし、バラバラと複数手から落ちたものは、ジャンピングカードではありません。

 **ネガティブな結果が出たときのことが忘れられず、
苦手なカードができてしまいました。**

すべてのカードに対して公平な見方をしたいものです。「カードの印象を大事に」と前述していますが、それは表に返したとき、その場でのことです。「塔が出たから失敗だ」など固定した印象はもたないようにしたいもの。もし、特定のカードを見ただけで動悸がするほど固定観念をもってしまったら、デッキを変えましょう。

占いにふさわしいコンディションと、
占わないほうが良いコンディションはありますか？

 直観力が働く状態が望ましいです。イメージが膨らみにくかったり、雑念ばかり浮かんだりするときは控えましょう。体調不良のときはもちろん、空腹や満腹状態、眠気があるとき、お酒が入っているときなど。心を落ち着かせるため、占う前の入浴や瞑想、深呼吸などを自分なりの儀式にするのもおすすめです。

 人を占うとき、
気をつけることはなんですか？

 1人で占うときと同様、質問を研ぎ澄ますことです。家族や友人は照れなどから素直に話さないことも多く、お互いに遠慮も出がちです。相手が知りたい内容を十分に聞きましょう。自分の固定観念に縛られないことも大切。相手に対して勝手なイメージを膨らませず、自分は結果を仲介する翻訳者にすぎないといった姿勢が大切です。

 人を占う場合、シャッフルかカットを
相談者がすべき？

 相談者の思いをのせるために、シャッフルやカットを頼んでも良いですし、相談者の雑念を避けるべく触らせないというのもOKです。ベターと思うほうを選んでください。プロの鑑定師の場合、場のムード作りや時間の効率化、カードを大事にする気持ちから、相談者をルーティンに参加させたりさせなかったりしているのです。

カードを保管しておくときは、
順番をそろえておくべきでしょうか?

　次に占うときに、「まっさらな状態」からシャッフルするため、そろえることをおすすめします。枚数を確認する意味もあります。その後、もとの箱に無理やり詰め込まず、ゆとりのある専用の箱や袋に入れて。タロットボックスやタロットバッグ(巾着袋)という名称で市販もされていますが、新しい物なら何でも良いでしょう。

デッキをたくさん持って
使い分けたほうが良いですか?

　慣れてくると、他のデッキも気になります。絵柄が違えば、イマジネーションの広がりも変わるでしょう。精神的な質問のときはスピリチュアルな絵柄のデッキ、愛情問題は美的なデッキで占うのも楽しいと思います。もちろん、使い分けるべきとか複数持つべきというおすすめではありませんので、その点は理解してください。

古いタロットカードは
どうやって処分したら良い?

　物自体はコーティングされた紙ですから燃えるゴミです。そのまま処分するのに抵抗がある場合、丁寧に紙に包んだり、箱に入れ、感謝の気持ちを心の中で表してから捨てるのはいかがでしょう?　好きな絵柄のカードは数枚残してフレームに入れて飾ったり、手帳などにコラージュしたり、お守りにしても良いと思います。

第三部

応用

実践編

　78枚のタロットカードを使って実際に占えるようになったら、自分だけではなく人のことを占ってみるのも良いでしょう。リーディングの参考になる実際の鑑定レポートと、読み解きをさらに深めるためのコツを紹介します。

AKO 先生による
タロットリーディング

8つの相談鑑定
レポート

夫との関係で悩んでいます。

A：夫が職場の女性と頻繁に連絡を取っていたり、グループで出かけたりすることにもやもやしています。いっそのこと「不快だからやめて」と言ったほうが良いのか、このまま自分の気持ちを言わずに波風を立てないほうが良いのか悩んでいるため、アドバイスが欲しいです。

AKO：ではまず、【Aさんの現状】で1枚引いてみましょう。

1枚目：Aさんの現状

ソードの9

AKO：Aさんにとって夫がまさに悩みの種となっているのでしょう。「ソードの9」に描かれている人のように、Aさんは頭を抱えてしまっている状況のようです。相手に自分の気持ちを伝えることを遠慮してしまい、ずっと1人で寂しい気持ちを溜め込んでいたのではないでしょうか？

A：すごいカードが出ましたね。こんなにはっきりカードに表れるんですね……。思い返してみると、本人に言えないことが多く、1人で悩んでいた気がします。

AKO：Aさんはこんなにも深い悲しみを抱えているのですから、負の連鎖を断ち切るためにも、相手にAさんの気持ちをはっきり伝えたほうが良いと感じました。【どんなふうに夫に伝えれば良いか】という質問で、もう1枚カードを引いてみましょう。

2枚目：どんなふうに夫に伝えれば良いか

カップのエース

AKO：愛のときめきを表すカードが出ましたね！　カップのカードは愛情を表し、エースは特に相手への愛情が強い状態です。Aさんは夫に愛されたいという気持ちが強いと感じました。ですので、"愛されたい"ということをもっと伝えたほうが良いですよ。

A：抱え込んでいたのが良くなかったということですね。

AKO：そうですね。本当の気持ちを隠すのではなく、素直に言うのがAさんにとってベストだと思います。寂しいとか、女性と連絡を取らないで欲しいとか、思っていることをまっすぐ伝えてみてください。夫婦というのは、愛し愛される関係なのですから、遠慮してしまうと良くない方向へ行ってしまいます。

A：わかりました。自分の気持ちを夫に伝えてみようと思います。ただ、夫の気持ちがわからないので、一方通行になってしまいそうなことが少し不安です。

AKO：そうしたら、【夫のAさんへの気持ち】で、さらに1枚引いてみましょう。

3枚目：夫のAさんへの気持ち

カップの2

AKO：再びカップのカードが出ましたね！　さらに、カップのエースと2が連続して出たということは、お互いに思い合っていると読むことができます。2人の気持ちがすれ違っている場合、同じエレメントが出ることはありませんからね。2人の間に誤解が生じているのでしょう。Aさんが、相手の気持ちを確かめることを遠慮しているのかもしれません。

A：そうなんですね。

AKO：大アルカナで「恋人」のカードがありますが、私としては「カップの2」のほうが、恋人っぽいと解釈しています。「恋人」は女性が男性ではなく天使を見ているので、相思相愛というよりは片思いという印象を抱きませんか？　一方で「カップの2」は、2人がきちんと向き合っていますよね。

A：本当ですね。ステキなカードが出てうれしいです。

AKO：「カップの2」は結婚を表すカードですので、やっぱり夫婦なんですよ。相手はAさんのことを思っていると感じました。安心して自分の気持ちを伝えて大丈夫ですよ。

A：よかったです。ありがとうございます。

AKO：ただ、「カップの2」ということは、

関係が育まれている途中と読むこともできるんですよね。Aさんが寂しいということは「ソードの9」が示す通り事実なので、少し引っかかります。

A：そういうふうにも読めるんですね。

AKO：2人の関係性よりも、Aさんの内面のほうが心配になりました。自分の気持ちを素直に伝えるのはおかしいことじゃないですから、どんどん伝えてくださいね！

A：自分で思っている以上に深刻に悩んでいたことに気づきました。

AKO：【Aさんの現状】に「ソードの9」が出ましたからね。相手に伝えるのは迷惑かもと思って、自分の気持ちにふたをしていたのでは？　自分の気持ちに気づいて、受け止め、行動を起こすことがタロット占いで大事なんですよ。

A：完全にふたをしていたと思います。

AKO：あと1つ感じたことは、家庭関係というよりも、恋人のような関係をもちたい雰囲気があると思いました。

A：私たちには子どもがいないので、どちらかというと恋人のような関係を望んでいるところはありますね。

AKO：2人でデートをしたり、一緒に過ごす時間を取れたりしていないことが、Aさんの悩みを余計に大きくさせてしまっている可能性がありますね。スキンシップを取ることでも関係がうまくいくかもしれませんよ。Aさんの気持ちを相手に素直に伝えることも忘れないで！

A：もっと自分の気持ちに素直になって、夫にありのまま伝えてみようと思います。ありがとうございました！

結婚できますか？

Ｂ：つき合って４ヵ月の恋人がいますが、彼と結婚するビジョンが見えません。彼と結婚できるのか、それとも他の人と結婚したほうが良いのかを教えて欲しいです。

AKO：では、Ｂさんと彼の２人を占ってみましょう。相性をみるのにぴったりなヘキサグラムスプレッドで見ていきますね。

①…Ｂさんの現状／ワンドのペイジ
②…Ｂさんの潜在意識／ソードの６
③…Ｂさんの未来／ペンタクルの４
④…恋人の現状／ソードの３
⑤…恋人の潜在意識／カップのエース
⑥…恋人の未来／魔術師（逆位置）
⑦…アドバイス／ワンドの３

AKO：【①Ｂさんの現状】から見てみると、「ワンドのペイジ」ですね。結婚に対して夢をもっているし、希望も感じます。けれど、相手のことが具体的に見えていない状況なのかも。【②Ｂさんの潜在意識】は「ソードの６」で、心のどこかに、別の人を選びたいという気持ちがありそうです。彼と結婚したいというより、結婚自体にプレッシャーを感じていませんか？

Ｂ：そうかもしれません。子どもが好きなので早く子どもが欲しいとか、同級生が次々と結婚しているので、少し焦っています。

AKO：「ソードの６」というのは、どちらかと言うと暗い旅立ちを示すカードなんですよ。今の恋人に会う前に、つらい失恋を経験したことがネックになっているようにも読めます。

Ｂ：前の恋人と別れてすぐ、落ち込んでいるときに今の彼と出会ったので、心はまさに暗い旅立ちでした。

AKO：【③Ｂさんの未来】の位置は、「ペンタクルの４」。このカードだけで見れば、結婚して相手を自分のものにしている状況や、安定感のある未来が浮かぶのですが……。

AKO：相手がBさんのことをどう思っているのかを表す【⑤恋人の潜在意識】は「カップのエース」なんです。相手はBさんに対して愛のある関係を求めているようですよ。カップは何と言っても愛のカードですし、そのエースですからね！　純粋で誠実な人でしょう。Bさんにきちんと愛情がありそうです。

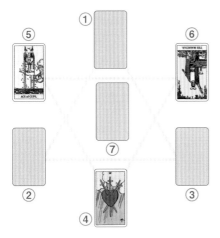

B：はい、とても優しい人です。

AKO：一方で、【④恋人の現状】は「ソードの3」です。このカードは、ハートに剣が刺さっている絵を見てもわかるように、深く傷ついている様子を示すんです。もしかすると、自分自身に関心をもたれていないと感じてしまっているかもしれませんね。

B：たしかに、結婚できるなら彼でなくても良いと思っているんですが、それが伝わってしまってるんですかね……。

AKO：【⑥恋人の未来】は「魔術師（逆位置）」。もしこのカードが正位置であれば、相手が結婚に向けて動いてくれそうですが、逆位置なので消極的な雰囲気。

Bさんの未来で出ている「ペンタクルの4」と合わせて考えると、ペンタクルはお金を表すカードなので、例えば経済力の面で心配があるとか、何か相手がネガティブになる原因がありそうです。

B：そうですね。まだ結婚するには早いかなと思っています。

AKO：Bさん自身がどうするかを決める必要がありそうですね。もう少し彼に向き合ってみたら？　【⑦アドバイス】は「ワンドの3」なので、一歩踏み出すことで良い方向に進みそうですよ。

B：そうなんですね。頑張ってみます。

AKO：カードに描かれている人が、こちらに背中を向けていますよね？　Bさんが今の彼に背中を向けてしまっているのかも。Bさんを表すカードは、3枚ともすべて正位置で出ているし、「ペンタクルの4」が示す"生活の安定"のように、考え方が現実的だと思うんです。

B：そうかもしれません。

AKO：相手のほうがロマンチストで、気持ちこそ「カップのエース」で愛情があるようですが、それをわかりやすく表現していないのかも。それでBさんも未来を確信できないのかなと感じました。

B：彼があまり自分の気持ちを話すタイプではないんですよね。

AKO：つき合い始めからBさんが前の恋を引きずっているように見えたり、結婚が目的になっていることが相手に伝わっていたりして、傷ついている可能性がありそうです。結婚するかどうかの前に、一度きちんと向き合ってみると良いと思いますよ。

妻と実母に
仲良くして欲しい

C：結婚して8年目になる妻と、近距離別居の実母との関係に悩んでいます。結婚当初は実家で食事をしたり、一緒に出かけたりしてくれていましたが、最近は「疲れるからあなただけで行ってきて」と妻は実家にほとんど顔を出していません。極端に仲が悪いわけではないですが、もう少し仲良くして欲しいです。

AKO：これは奥様とお母様ではなく、Cさんと奥様、Cさんとお母様の問題だと感じました。ですから、スリーカードを使ってCさんの過去・現在・未来を見てみましょう。

①…過去／ペンタクルのペイジ
②…現在／ペンタクルのクイーン（逆位置）
③…未来／戦車（逆位置）

AKO：【①過去】は、「ペンタクルのペイジ」ですので、未来への可能性に満ちていたはず。奥様との関係もお母様との関係もうまく行っていたのではないでしょうか？　将来的には子どもが生まれることも想定して、3人がそれぞれ楽しい未来を思い描いていたのでは？

C：そうですね。最初の頃は良かったんです。

AKO：次に【②現状】を見ていきましょう。「ペンタクルのクイーン（逆位置）」ということは、これまで順調に育んできた関係性が何かをきっかけに覆ったのではないでしょうか？　相談内容にはありませんでしたが、妊活がうまくいっていなかったり、Cさんの知らないところで奥様がお母様に子どものことで何か言われたりした可能性があると感じますね。

C：そういったことは妻から特に聞いていないのですが……。

AKO：奥様は控えめな性格の人ですよね。嫌なことがあったとしても、何でもCさんに話しているわけではないのかもしれません。Cさんも面倒なことは聞きたくない、という態度を無意識に取ったりしていませんか？

C：……そういうところがあったかもしれません。

AKO：【③未来】を見ると「戦車（逆位置）」で、希望していない未来を意味します。これは子どもの存在が関係すると思うんです。子どもがいるから幸せ、というわけではないと思いますが、もしかしたらお母様は、子どもがいない夫婦は不幸と感じているかも。そして、孫がいない自分はかわいそうだと思っている可能性がありそうです。奥様はお母様のそんな思いを察して、つらい思いをしているのかもしれません。

C：私は、必ずしも子どもが欲しいわけではないんですよね。

AKO：そういった子どもに関しての思いを、奥様ともお母様ともきちんと話し合ったことはありますか？　Cさんと奥

様とお母様の関係って、こじれてもいませんが、仲良くもない。できるだけ接触を避けることでどうにか関係を保っているように見えるんですよ。このままでは3人が平行線で幸せにはなれません。

C：私はどうすれば……？

AKO：お母様には、現状、子どもがいない理由を伝えましょう。夫婦どちらかの理由で子どもができにくいのであればそれも含めて。あるいは、夫婦ともに今は子どもはいらないけれど、いずれは……と思っているなら、未来の予定も含めて話しましょう。まったく子どもをもつ気がないのなら、それも包み隠さず伝えてください。そして、お母様が夫婦には子どもの存在が必須だと考えているようなら、Cさんと奥様は子どもがいないことを不幸せだとは思っていないことを理解してもらいましょう。

C：母と子どもについて、しっかり話したことはなかったので、話してみます。

AKO：ぜひそうしてください。さらにお母様には、孫がいなくて寂しいかもしれないが将来的に不安な思いをさせないし、長生きして3人で仲良く過ごしていきたいと思っていることを忘れずに伝えてあげてください。

C：わかりました。

AKO：お母様に話す前に、奥様とも子どもについての考え方を確認しないとダメですよ。その際、Cさんが奥様に対して今まできちんと関わってこなかったことに対して詫びてくださいね。そして、奥様の思いをしっかり聞いてあげてください。その上で、Cさんは奥様とお母様

が仲良くしてくれることを望んでいること、そのためにはCさんはどんなことでも協力するつもりであることを伝えてください。

C：もっとしっかりと関われということですね。

AKO：そうです。そして、一番大事なことですが、いつでも自分は奥様の味方でいることも忘れずに。また、【アドバイスカード】を引いたら、「ペンタクルのエース」が出ました。

アドバイスカード
ペンタクルの
エース

AKO：Cさんと奥様とお母様のつかず離れずの緊張関係を改善するためには、まずはCさんが心を開いて、奥様とお母様のそれぞれに本心を打ち明けること。そうすれば心の距離が近づいて、平行線だった3人の関係が変化していくと思うんです。奥様とお母様が仲良くなれば良い、という話ではありません。Cさんの関わりがなければ3人の関係性は変わりませんし、このままでは奥様とCさんの関係も破綻してしまいますよ。

C：妻と母の関係に問題があるとばかり思い込んでいましたが、私が原因だったのかもしれませんね。今まで無関心すぎたと反省しました。考えを改めて、しっかり関わっていきたいと思います。

AKO：今からなら巻き返せます。頑張ってくださいね。

相談4　Dさん・30代

婚活と職場恋愛で
迷っています。

D：真剣に婚活をしている最中です。職場恋愛は考えていませんでしたが、職場の上司から求愛を受けています。彼は既婚者です。たまたま2人きりで残業したときに世間話の延長で「離婚するかもしれない」と打ち明けられました。それから個人的な話をするようになり、「まだ結婚している身でこんなことを言うのは卑怯だけど、君のことを好きになってしまった」と言われました。

AKO：婚活中に職場の既婚者からアプローチを受けるとは、困ったことになりましたね。

D：はい……。不倫は絶対に嫌なので、指輪をはずすまでは恋愛対象として見ることはできないと伝えています。ただ、婚活で良い人と出会えていないこともあって、彼はまったくのなしではない存在なんです。でも、いつ離婚するのかもわからないし……。上司としては尊敬しているので、気まずくもなりたくないです。どうしたら良いのでしょうか？

AKO：あいまいな状態であなたにアプローチして、待たせるようなことを言うなんて誠実さがまるでないですね。私としては不倫を応援したくありませんが、Dさんにとっては気になる相手ということですので、"婚活"か"職場の上司"のどっちを選ぶべきかというテーマで占ってみましょう。この場合のスプレッドは、ツー

カードを使います。

①…A（婚活）を選んだ場合／世界
②…B（職場の上司）を選んだ場合／ソードのエース

AKO：【①A（婚活）を選んだ場合】は「世界」、【②B（職場の上司）を選んだ場合】は「ソードのエース」が出ました。この2枚ですと、婚活を真面目に頑張って欲しい印象を受けました。「世界」が出たということは、最高の幸せを得られる暗示があるということ。婚活に対して迷いがあると、大アルカナは出てこないですよ。Dさんが婚活に対して、本気で向き合っていることがわかりました。

D：実は、婚活がうまくいかなくて諦めかけていたんです。

AKO：「世界」は、完成を表すカードですから、結婚に関するイメージがDさんの中で完成しているんだと思います。婚活がうまくいかないと思っているときだったからこそ、職場の上司のことが少し気になってしまったのかもしれませんね。

D：そうですね……。

AKO：【②B（職場の上司）を選んだ場合】は、「ソードのエース」ですから、そもそも恋愛相手ではありませんね。あくまでも上司と部下という関係です。もしも恋愛関係になったら、争い合うようになるので、おすすめしません。

D：剣だと戦いそうなカードですもんね。

AKO：そうなんです。ソードは知のカー

ドですが、断罪するような剣ですからね。もし、恋愛のカードであるカップが出ていたら上司でも良いかもしれないと思ったのですが、ソードですから、下手したら裁判になる可能性もあります。ソードの中でもエースが一番強い力をもっているんですよ。だからあまり楽観視しないほうが良さそうです。尊敬する職場の上司、という関係をキープしてください。

D：わかりました。

AKO：婚活を真剣に続ければ、必ず家庭をもてるようになるので、職場の上司なんかに気を引かれないで！　上司がどんなにアプローチしてきたとしても、「お酒で酔っぱらっていますね」とか「寝言は寝てから言ってくださいよ」と軽くあしらってくださいよ。

D：フラフラしてる場合じゃないですね（笑）。

AKO：そうですよ。今後も仕事上で良い関係を築くためには、上司のことは尊敬し続けてあげてください。ソードは武器そのものだから、諸刃の剣になりやすいとも言えます。もしも恋愛関係になって円満に関係を築くことができれば大丈夫ですが、こじれたりするとマイナスの関係になってしまう暗示があるんです。その場合、仕事に大きく影響しそうですから、避けたいですよね。

D：そうなるのが怖いですね。できれば気まずくなりたくはないと思っています。

AKO：でしたら、「ソードのエース」のように、掲げた剣に誓うことです。「いつも尊敬しています！」とアピールして、恋愛感情はないことを伝えて自己防衛を

しましょう。上司に対して隙を作らないことが大切ですよ。「上司としてのあなたには好意をもっているし、期待もしているけれど、男としては見ていない」ということを上手に伝えながら適当にあしらいましょうよ。

D：そうですね。

AKO：好意をもってアプローチしてきているのは上司であって、あなたから好きになったわけではないですよね。だから、主導権があるのはあなた。上司に丸め込まれて、不倫の深みにうっかりはまるなんてことは絶対に避けてください！

D：なるほど。でも、うまくできるか心配です……。

AKO：では【アドバイスカード】を引いてみましょう。

アドバイスカード
皇帝

AKO：「皇帝」が出ましたね。実現したいことを明確にしましょうというメッセージを伝えています。強い意志で目標に向かって突き進むことができれば、努力の結果が実る暗示があるカードです。幸せな結婚を目指して、ひるむことなく大胆に行動すれば、あなたに合った素晴らしい相手が必ず現れますよ。上司はあくまでも仕事上でのつき合いにとどめて、婚活にエネルギーを注いでくださいね！

D：わかりました。婚活でステキな人が見つかるまで頑張ります！

253

① …本当の仕事・天職
　　／ソードのクイーン（逆位置）
② …起こすべき行動／ペンタクルの6（逆位置）
③ …ブレーキをかけているもの／カップの8
④ …助けになるもの／恋人
⑤ …なすために必要なもの／魔術師
⑥ …アドバイス／ワンドの6

相談5　Eさん・20代

どんな仕事に就こうか迷っています。

E：現在、転職活動をしています。前職と同じ仕事に就いて、キャリアを積み上げたほうが良いのか、それとも新たな職種にチャレンジしたほうが良いのか迷っている状況です。

AKO：新たな職種というのは、やってみたい仕事があるということでしょうか？

E：やってみたい仕事は特にありませんが、ワーキングホリデーに行きたいと考えています。

AKO：ステキな夢ですね！　今すぐに行きたいというわけではないのですか？

E：そうですね。お金が貯まったら行きたいと考えているのですが、1人暮らしということもあり、タイミングが難しいんですよね。転職してお金が貯まってから行くべきか、転職する前に行っても大丈夫なのかも悩んでいます。年齢制限があるので、早めに決めたいと思ってはいるのですが、どうしたら良いか決め兼ねていて……。

AKO：そうだったんですね。では、まずは仕事について占ってみましょうか。どんな仕事に就きたいか悩んでいらっしゃるので、スプレッドはツーカードではなく、ペンタグラムを使ってみましょう。"天職"を知りたいときに使うスプレッドなんですよ。

E："天職"を知ることができるなんてすごいですね！　楽しみです！

AKO：ペンタグラムの場合、①から順番に読んでいきます。【①本当の仕事・天職】の位置が「ソードのクイーン（逆位置）」ですので、新たな職種ではない気がしますね。準備が整っていないことを表すカードですので、ワーキングホリデーに行きたい気持ちもやはり定まっていない感じがします。正位置で出ていれば、今すぐ行って！と言えたのですが、今の状況だと難しそうですね。

E：何をしたいかが明確に定まっていないことがカードに出ているんですね。

AKO：そうですね。【②起こすべき行動】に「ペンタクルの6（逆位置）」が出ているということは、お金が足りていないから行動できないということを示しています。施しを与えている人の逆位置になっ

ているため、お金をもらいたいと思っている状況なのかも。このカードが正位置で出ていたら、やりたいことをするベストなタイミングという意味になります。

E：なるほど。

AKO：【③ブレーキをかけているもの】が「カップの8」ですから"過去"ですね。過去に何かあったのでしょうか？　これまで積んできたキャリアを表していると読むこともできますね。前職に対する未練が残っていて、やり切った、燃え尽きたという状況ではないようです。完全には捨て切りたくないけど、思っていたものと違ったから、とりあえず背を向けて離れようとしているのでしょう。

E：まさにそうですね。これまで同じ職種で2回転職をしています。前の職場では、入る前に聞いていた環境と違っていたので、うまくいきませんでした。

AKO：だからこんなにもカップが積まれているんですね。相当な悩みを抱えていたのだと思います。

E：すごく悩んでいました。早めに辞めたこともあり、もう少し何かできたのではないかと思っているのかもしれません。

AKO：【④助けになるもの】に「恋人」のカードが出たので、恋人が助けになることもありますが、仕事で聞いた場合は、パートナーという意味合いが強くなります。新しく出会う人が助けてくれそうですよ。異性同性関係なく、惚れ込むような人に出会い、その人を目指すという意味もあります。積極的に新たな出会いを求めてみてくださいね。

E：わかりました。

AKO：【⑤なすために必要なもの】は「魔術師」ですね。チャレンジするしかないという感じです。【②起こすべき行動】でお金が足りないと出ましたが、それは違うよと魔術師が言っている雰囲気があります。お金が貯まったらやりたいとかではなく、やりたいと思ったときに行動するべきと言っていそうです。ワーキングホリデーが本当にしたいなら行けと背中を押してくれていますね。

E：そうなんですね。

AKO：【⑥アドバイス】は「ワンドの6」なので、すごく良いカードですよ！　凱旋している人が描かれていて、華々しい勝利を象徴しています。勝利を勝ち取れると信じることが大事ですね。人生の奇跡は自分自身で起こすものですから。

E：うれしいです！　うまくいくか不安でしたが、頑張ってみようと思います。

AKO：6枚のカードを引いてみて、逆位置は2枚だけでしたね。全体的に強者のカードが出ている印象を受けました。

E：本当ですね。

AKO：【⑤なすために必要なもの】と【⑥アドバイス】を併せて見ると、後は行くしかないのでEさん次第という感じがします。転職の前に、やりたいことにきちんと向き合うことが大事かなと思いました。ワーキングホリデーが本当にやりたいことだったら、ワーキングホリデーに行った人に出会って、人生にもう一度魔法をかけて頑張ってみてとカードが伝えている気がします。

E：ワーキングホリデーに行った人の話を聞いたことはなかったので、漠然とし

たイメージしかありませんでした。

AKO：また、【①本当の仕事・転職】は本人の位置でもあるんです。「ソードのクイーン」ですので、理想や志が高い人だと思います。ただ外国で暮らしたいとかではなくて、ワーキングホリデーを通じて何かを伝えたいなどの目的がありそうです。

E：負けず嫌いな面があるので、そうかもしれません。

AKO：自分にはまだ足りないと思っているかもしれませんが、「魔術師」や「ワンドの6」など、成功をバックアップしてくれるカードが出ているので、自分を信頼してください。理想に向かって進むと決めたら人生の流れが変わります。「ソードのクイーン」が正位置になるようなイメージで突き進んでみてくださいね。

E：ありがとうございます。頑張ります。ただ、とりあえず働かないといけないと焦っています。前職と同じ職種と別の職種のどちらが良いかも教えて欲しいです。

AKO：そうしたら次は、"キャリアを重ねる"か"重ねないか"というテーマで占ってみましょう。この場合のスプレッドは、ツーカードを使います。

①…A（同じ職種）を選んだ場合／愚者
②…B（新しいチャレンジ）を選んだ場合／太陽

AKO：【①A（同じ職種）を選んだ場合】は、「愚者」ですね。未経験のことに着手するという意味をもつカードですので、前職と同じ職種を選んだとしても、もう一度最初から始まるようです。再スタートを切るイメージでしょう。

E：そうなんですか。

AKO：【②B（新しいチャレンジ）を選んだ場合】には、「太陽」のカードが出たので、希望に満ちています。新しい道を心の奥では望んでいるのではないでしょうか？　別の道のほうが魅力的に見えるのかもしれませんね。

E：前の職場で嫌な思いをしたので、別の道のほうが良いのかなと、少し感じていました。

AKO：その思いがカードに出たのかもしれませんね。もし、前職と同じ職種に就いたとしても「愚者」のように、崖っぷちに立ってもう1回始めることになりそうです。これまで培ってきたキャリアは生かせないかもしれません。

E：それだと同じ職種に就く意味は、あまりないと感じますね。

AKO：ただ、2つのカードを比べてみると、どっちを選んでも良さそうです。どっちが好みですかという感じがあります。Eさんは、どちらの道を選んでもうまくいく要素をもっているのでしょう。【①A（同じ職種）を選んだ場合】の「愚者」ですので、もう一度冒険をするという意味があります。「太陽」ですと、更地という意味があるので、まさに新たなチャレンジという感じです。

E：どちらを選んでも成功するということですか？

AKO：そうです。どちらの道に進んでも大丈夫ですよ。

E：よかったです。

AKO：もし、新しい道を選んだとしても、再び同じ職種に戻るチャンスがありそうです。キャリアというのは、同じ仕事を重ねるだけとは限りません。いろいろな経験をしたことで、結果的に自分のキャリアを積み重ねられることもありますよ。

E：そうなんですね。

AKO：若い頃にやったことで、もう二度と関わらないと思ったことに、10年、20年たって関わるということがありますからね。すべての経験がキャリアだと思ってください。

E：キャリアになるのは同じ職種だけだと思っていました。

AKO：Eさんの場合、何事にもグローバルに関われる雰囲気があります。ですから、なおさらどんなこともキャリアになるでしょう。他の職種に行っても、これまでの職種に何らかの形で関わることになり、切り離されない感じがしますよ。

E：それは、カードのどこを見てわかるんですか？

AKO：「愚者」と「太陽」のカードは、どちらも太陽が描かれていますよね？2枚のカードでリンクしているところがあるので、これまでの職種と新しい職種は切り離せないと感じました。しかも、太陽ですから、どちらも希望に満ちた状態であると言えます。

E：リンクしているものでもわかるんですね。

AKO：そうなんです。ツーカード・ス

プレッドで出た結果をまとめると、Eさんの中でときめきがあるのはどっちなのかを基準にして選ぶと良さそうですよ。前の職場で疲れているようですので、離れても大丈夫です。戻りたいと思ったときは、すぐに戻れます。

E：わかりました。

AKO：また、ペンタグラムで見たとき、【③ブレーキをかけているもの】の位置に「カップの8」が出ましたから、前の職場で計り知れないほどの深い悩みを抱えたのでしょう。カップの数が多ければ多いほど、深い悩みを抱えていたと読むんですよ。次に向かうべき道が決められない原因として、心の問題があるかもしれませんね。そのことを踏まえると、"何も考えずに新しいことへ"と「太陽」が後押しをしている感じもしました。

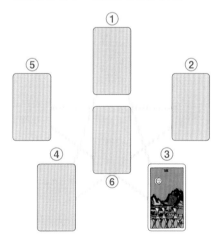

E：そうですね。一度、本当にやりたいことを考えて、気持ちを整理してみたいと思います。ありがとうございました！

AKO：無理せずに、Eさんらしい生き方をしてくださいね！

発信だけで
生活していきたい。

Ｆ：7年前から語学の勉強を始め、3年前に語学学習ブログを立ち上げました。また、占い雑誌の編集やライターをして得た知識を生かして、YouTubeでカードリーディングの動画を投稿しています。今年から収益化できるようになりましたが、ブログやYouTubeだけで生活できるほどの収益は得ていません。いずれは、YouTubeを中心にして生計を立てていきたいのですが可能でしょうか？

AKO：どうして発信をして生活をしていきたいのでしょうか？

Ｆ：そうですね。ここ数年、自分の思いや気づきを発信して収入を得ていきたいという思いがとても強くなり、オリジナルのノウハウがある語学の学習法や長年やってきた占いの知識を生かせるカードリーディングをやることを考えました。ブログもYouTubeの動画も疲れを忘れて作ることに夢中になれますし、独自の世界を表現して誰かの役に立ち、収入を得て生活していけるようになれればと思ったからです。

AKO：しっかりとした思いがあるんですね！　これまでの人生で得たものを生かして生計を立てたい理由がよくわかりました。Ｆさんの人生の流れを深く掘り下げていきたいので、ケルティッククロスを使って見ていきましょう。

Ｆ：よろしくお願いします。

①…現状／女帝
②…障害となっていること／女教皇
③…顕在意識／法王（逆位置）
④…潜在意識／ワンドの6
⑤…過去／ワンドの8
⑥…未来／ペンタクルの4
⑦…質問者の意識／ペンタクルのペイジ
⑧…周囲の環境／ワンドの10（逆位置）
⑨…アドバイス／ワンドの9（逆位置）
⑩…最終結果／ワンドのキング

AKO：【①現状】の位置に「女帝」が出ましたね。生活力の向上や、物質的な成功を意味するカードです。長い間育んできたことや、これまで行ってきた努力が実り、その成果を受け取れる収穫のときが訪れたことを告げているのでしょう。Ｆさんのやる気も十二分に満ちているのではないでしょうか？　今はまだ心もとないと感じることがあるかもしれませんが、いずれは成功できそうな気がしますので心配しすぎないでくださいね。

Ｆ：それはうれしいです。励みになります。

AKO：次に【②障害となっていること】として「女教皇」が出ました。【①現状】

で出た「女帝」の１つ前のカードが「女教皇」です。これが出てくるということは、まだ自分自身を信頼できていないのかも。やる気はあるけれど、どこかで不安を感じてしまうのでは？　客観的になりすぎたり、深く考えて慎重になったりする面が、障害となっているようです。

Ｆ：不安感が消えませんね。

AKO：その自信のなさは、次に引いた【③顕在意識】のカードにも現れましたね。「法王（逆位置）」です。やはり、常にどこかで自分はこの道を進んでも良いのかと疑ってしまう気持ちがあるようです。理想に向かって進んでいる最中で、まさに今、苦労している状況にあると読むこともできます。自分で自分を縛りつけてしまうようなところがあるのではないでしょうか？

Ｆ：あるかもしれません。

AKO：【④潜在意識】は「ワンドの６」。すべてが報われる成功のカードです！　あれこれ心配して不安になるわりに、無意識下では希望と自信に満ちていることを表しています。信念を貫き通すことで、勝利をつかめるということを、潜在的には知っているのかもしれませんね。また、勝利をつかむ覚悟はあるのに、自信のなさが邪魔をしてしまっていると読むこともできます。

Ｆ：何だか矛盾しているんですね、私。

AKO：そうですね。自己矛盾があるように感じました。次はＦさんの【⑤過去】を見てみましょう。出てきたのは「ワンドの８」ですね。これまでの経験を生かして、生計を立てることを目指されてい

ますが、現在に至るまでにいろいろとチャレンジし、知識や経験を重ねてきたからこそ、今のＦさんがあるんですね。物事が急展開するようなことが、何度もあったのではないでしょうか。

Ｆ：そうですね。興味があるとのめり込むタイプでして……。

AKO：次に見たのは【⑥未来】の位置に出た「ペンタクルの４」です。しっかりとペンタクルを抱きしめている絵が象徴するように、確固たる地位や肩書を得る証のカードです。近い将来、望みがかなう未来が見えますね。発信をすることで、安定した収入を得られることを暗示しているのでしょう。

Ｆ：そうなんですね！　良かったです。

AKO：【⑦質問者の意識】は「ペンタクルのペイジ」が出ました。Ｆさんが今の状況に対して、希望をもって取り組みたいと思っていることがわかります。ただ、チャレンジして失敗するのを恐れているという意味もあるので、まさにＦさんを表しているカードのように思えますね。

Ｆ：そうなんですね。自分の好きなことを発信して、どうにか生計を立てていきたいんですが、この年で失敗するかもと思うと少し怖いというのは確かにありますね……。また、ブログかYouTubeのどちらに力を入れてやったほうが良いのかがわからなくて迷っているというのもあるかもしれません。

AKO：ブログもYouTubeも両方やったほうが良いと思います。【⑥未来】と【⑦質問者の意識】に"ペンタクル"のカードが出ていますからね。

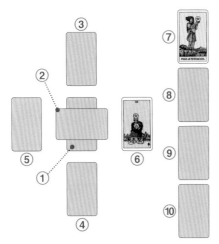

AKO：成功するかどうかを考えるのではなく、やりたいことがあれば、チャレンジあるのみです！ これまで培ってきたものを生かして、どんどん発信すべきですよ。そうすると自然とお金がついてきます。お金を得られないのではないかなどと考えないほうがうまくいきそう。

F：成功するか、収入を得られるか、ということばかり考えていたので、考えを改めてみようと思います。

AKO：ぜひそうしてくださいね。また、これまでのカードを見る限り、十分に成功する見込みはありますよ！

F：本当ですか。うれしいです。

AKO：ただ、Fさんの場合は自分自身が敵になっているみたいですね。【⑧周囲の環境】のカードを見てみましょう。Fさんの周囲に協力者がいるかどうかがわかる位置なのですが、「ワンドの10（逆位置）」が出ました。逆位置ということは、これはFさんの内面の問題であり、周囲は無関係ということがわかります。Fさん、すごく苦労しないと成功できないと

思い込んでいませんか？

F：思い込んでいますね……。

AKO：Fさんは今、自己実現の瀬戸際にいると思います。勇気を出して一歩を踏み出せば、成功がすぐ目の前にあるんです。でも、自己矛盾によって、自ら困難な壁を作ってしまうのでしょう。この思考の癖を解消することが大事です。

F：思い当たることばかりで耳が痛いです。

AKO：Fさんへの【⑨アドバイス】としては、「ワンドの9（逆位置）」が出ました。前途多難と感じているかもしれませんが、その多くはFさん自身が作り出した壁です。考えすぎるとつまずきやすいので、あまり自分に期待せず、結果を決めつけないようにしましょう。計画通りに進まないのが人生です。レールの上を進むのではなく、自分で道を拓いて前に進もうとするときは特にね。

F：はい……。

AKO：Fさんの場合、理想を追い求めていると、理想からずれてしまったときに苦しくなって挫折しやすいのではないでしょうか。できるだけフラットな意識をもってくださいね。今よりもっと楽に生きていけるようになるはずです。

F：わかりました。

AKO：【⑩最終結果】には、夢を実現する「ワンドのキング」が出ました。やりたいことに向けて動くべきタイミングが今なんです。もう迷ったり悩んだりしている段階ではありません。前進あるのみとカードが伝えていますよ。先回って結果を気にしたりせずに、今すぐ行動に移

して実践することが成功への近道です。

F：背中を押してくださりありがとうございます。勇気が出てきました。

AKO：一通り見てみたところ、ワンドのカードが多いですね？

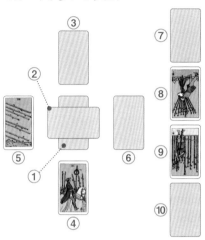

F：本当ですね。

AKO：ワンドのカードが多いということは、Fさんが冒険心やチャレンジ精神が旺盛なことを表していると読むことができます。"ワンド"の性質は炎ですので、トライアンドエラーの繰り返しを示唆しているのでしょう。過去の経験で失敗したことは忘れて、前進したほうが成功をつかめる人ということを表していますよ。

F：ワンドのカードの数だけでも読み解くことができるんですね。

AKO：そうなんです。また、ワンドはこれまで培ってきたものを表すこともあるので、本当にたくさんの経験をされてきたんだと思います。

F：はい。他の人と比べるとたくさんの経験をしてきたと思います。

AKO：やはりそうなんですね。そのこ

とを踏まえると、発信の活動をしながら、物販も始めると良いと思いました。

F：物を売るんですか？

AKO：はい。【①現状】の「女帝」と【⑦質問者の意識】に出た「ペンタクルのペイジ」を見たときに感じました。

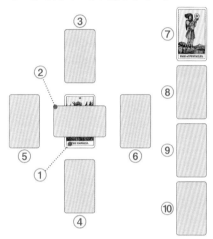

AKO：知性や追及型の人の場合はソードのカードが出ますが、1枚も出ていない上にペンタクルのカードが出ていますので、Fさんは現実的な人なんだと思いますよ。さらに「女帝」は商売という意味をもつカードですから、カードリーディングによるメッセージを発信するだけではなく、何かプラスして物を売ると良いと感じたんですよね。

F：なるほど。何かおすすめの物があれば教えていただきたいです。

AKO：Fさんの得意なことであれば何でも良いと思います！　オリジナルのタロットカード、パワーストーン、手作りアクセサリー、お菓子やケーキでもOK。得意な物を一緒に売ることで、地に足の着いた発展を期待できそうですよ。

これからは平穏に
過ごせますか？

G：ここ数年いろいろありましたが、これからは平穏に、健康に過ごすことができますか？　また、何かすべきことがあれば教えて欲しいです。

AKO：いろいろあった、というのはどんなことでしょうか？　もう少し具体的に教えてください。

G：そうですね……。まず、母が認知症と診断され、在宅介護をしています。介護をしながら、母実家の不動産売却に時間と労力を費やしたことがありました。その際に、伯父の不義理を目の当たりにしたんですよね。もともと血縁関係ではありませんが、とても残念に思うところがありました。

AKO：そうだったのですね。

G：はい。後は、母の介護をするために職場異動を希望して、自宅に近い職場になったことまでは運が良いと思いました。しかし、異動直後にコロナの影響で職場環境が激変してしまったんです。人材流出の余波で業務量が増えた結果、残業時間が増え、当初の目的である在宅介護がきちんとできないストレスを現在も抱えています。

AKO：それは、本末転倒になってしまっていますね……。

G：そうなんです。他にも、健康面では、両親のおかげで大病なく生きてきましたが、ここ数年は健康診断で引っかかったり、帯状疱疹を発症してしまったりしました。大きなストレスを抱える時間が長いと帯状疱疹を再発症する傾向があるので、大病をしないか心配です。母より1日でも長く生きたいという気持ちが大きいので不安があります。

AKO：いろいろあってストレスを抱えているんですね。

G：そうですね。母の介護のことに関しては、周りの人に助けてもらう機会がたくさんありました。とても感謝しています。これからは、恩返しではないですが、何か世の中に対して役立つことをやっていければ良いなと思っています。そのための進むべき方向性を知りたいです。

AKO：特に、気になっていることは、これからの人生の進むべき道ということでしょうか？　今後、何かやってみたいことはありますか？

G：やってみたいことというより、今考えていることは、職場環境が今後も好転しないようならば、休職をして様子見や仕切り直しをしようかという感じです。定年まで4年切っているので悩むところではあるのですが……。また、もともと定年後には、友人の趣味を生かして起業をしようかという話をしていることもあり、それを選択するとどうなるのかという不安もあります。

AKO：わかりました。詳しくお話しいただきありがとうございます。本当に、いろいろ大変なことがあったのですね。今回は、ケルティッククロスを使ってこれまでの流れを見て、進むべき方向性を見てみましょう。

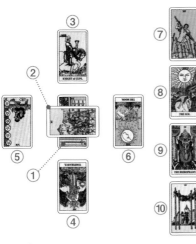

①…現状／ソードの4
②…障害となっていること／カップの6
③…顕在意識／カップのナイト
④…潜在意識／節制（逆位置）
⑤…過去／ペンタクルの8（逆位置）
⑥…未来／月（逆位置）
⑦…質問者の意識／ワンドの7
⑧…周囲の環境／太陽
⑨…アドバイス／法王
⑩…最終結果／ワンドの4

AKO：最初に気になったのは、【⑤過去】の位置に出た「ペンタクルの8（逆位置）」です。疲労やストレスの多い状況を暗示するカードなので、とても苦労してきたことがわかります。今までどうにかもがいてきたけれど、努力が報われる見込みがなくて、将来に不安があるのかもしれません。投げ出したい気持ちになったこともあったのではないでしょうか？

G：はい。つらいことが重なったので、逃げ出したいと思ったことはありますね。

AKO：【①現状】は「ソードの4」ですね。小休止や停止状態、一時の休息を意味するカードです。今は、動きがない状況なのでしょう。過去で、いろいろな苦労を

してきて、それを終えた現状という雰囲気があります。ここまで苦労しながらも、できる限りのことを精いっぱいしてきた様子があります。その結果、心は疲弊してしまい、パンク寸前なのでしょう。1枚目に、いったん立ち止まるというカードが出たので、これからどうしようと思案している状況も表しています。

G：そうですね。悩んでいます。

AKO：何かをしたいという気持ちはわかるのですが「ソードの4」が出たので、可能な限り休んだほうが良いですよ。これは、"戦士の休息"と言われているカードなんです。ゆっくり休むことで、本当に進むべき道が見えてくることを教えてくれていますよ。焦ったり、無理をしたりしないで、というメッセージだと思います。再びチャンスが訪れるはずです。

G：そうなんですね。

AKO：「ソードの4」の上に重なっている【②障害となっていること】には「カップの6」が出ました。このカードは、幸せの記憶と言われている、幼少期の憧憬のようなものを意味します。障害となっていることがあるというよりは、ときが止まっている感じがしますね。Gさん自身が、過去のことにとらわれてしまっているようです。

G：やっぱり過去のストレスのせいですかね……。

AKO：そうかもしれませんね。そうなると、【⑥未来】の位置に「月（逆位置）」が出たことが、気になりますね。今はまだ、はっきりと進みたい方向が見えている状況ではないことに加え、その状況が

しばらく続きそうです。自分はこうありたいという理想に近づけない不満が募ったり、こんな状態で良いのかと悩んだりすることがあるかもしれません。ただ、今回出たカードの流れで見ると、"はっきりした答えを出さないこと"が今のテーマのように感じました。

G：なるほど。

AKO：【④潜在意識】を見ると、「節制（逆位置）」ですので、現状を打破したいとか、前に行きたいという気持ちがやっぱりあるようですね。天使が両手に持っているカップは、愛情を表すカードですが、恋愛とは限らず、誰かに愛されたい、愛を見つけたいという気持ちも示します。Gさんの愛情を傾けられる職場や人間関係など、何か新しい環境を見つけたいと潜在的に思っているのでしょう。

G：そんなふうに読むんですね。

AKO：そうなんですよ。また、【⑦質問者の意識】と【⑩最終結果】を見ると、同じワンドが出ているので、読み解くときのポイントになります。

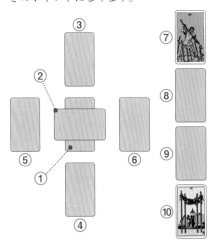

AKO：【⑦質問者の意識】が「ワンドの7」ですから、Gさんは戦っている状況にあるということなんです。ストレスに抗おうとしているのでしょう。【⑩最終結果】が「ワンドの4」ですので、戦った結果、安心できるものを得られると読むことができます。この流れは良いですね。

G：うれしいです！

AKO：また、今が困難な時期というのは「ワンドの7」からもわかるんですよ。カードに描かれた男の人が、こん棒を持って戦っていますよね？

G：すごい数のこん棒が、下から突き上げているのに戦っていますね。

AKO：そうなんです。下から突き上げてくるものに対抗していると読むことができます。そんな逆境にいても、自ら切り拓けるというカードなんですよ。ですから、Gさんが今、困難な状況にいるように思えても、解決する兆しがあるということを示すカードですから、心配しすぎないでくださいね。

G：よかったです。

AKO：【⑧周囲の環境】は「太陽」ですから、Gさんが何も言わなくても、周りの人たちに温かく見守られている印象を受けました。無理しないで、無邪気にいて欲しいと周囲の人たちから思われていそうですよ。介護で助けてくれた人たちを表しているのかもしれませんね。または、お母様の場合もあります。介護はGさんにとって、障害にはなっていないと感じました。

G：本当に周りの人たちには感謝でいっぱいです。

AKO：次の【⑨アドバイス】に出た「法王」が、これまでよく頑張ってきたねとGさんに告げているようですね。新たな導きを待って、急いで動かなくて良いと言っているように見えました。【①現状】の「ソードの4」を読んだときにも言いましたが、しっかり休みなさい、という感じです。リセットできるまで、少しの間インターバルを置いて欲しいというメッセージなのでしょう。

G：休むことが大事なんですね。

AKO：はい。とにかく休んでください！という感じです。最後のカードになりますが、【③顕在意識】の「カップのナイト」は、定年後に友人の趣味を生かして起業しようと思っていることを表しています。喜ばしい結果を暗示するカードですから、今の仕事は定年まで続けたほうが良さそう。定年退職後のごほうびがあると思います。退職後のビジョンを温めながら、頑張りすぎずに続けてください。

G：わかりました。

AKO：定年退職後の起業を今後の目標にして、休職とか見切りとかは考えないほうが良さそうですよ。これから転職をした場合、人間関係とか環境の変化に対応するために労力を使うことになりかねませんからね。ここまで苦労してきたのですから、これ以上苦労する道にいかないでください。自分を甘やかして良いときですよ。

G：そうですね。定年までは続けてみようと思います。

AKO：また、「太陽」と「月」が、スプレッド内に出たということにも、意味があると感じました。

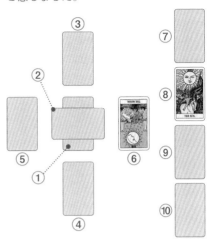

AKO：この2枚のカードが一緒に出たということは、「月」から「太陽」へ変わろうとすることが、これからのテーマに関わってきそうだと思いました。

G：なんだか壮大な感じがしますね。

AKO：そうかもしれませんね。これからもうしばらく、「月（逆位置）」が表すように暗い状況が続くかもしれませんが、もう一度、「太陽」のように明るく生きられることを示唆しているんだと思いますよ。介護は、どちらかというと、優しさや寄り添うという意味をもつ「月」の世界だと感じていましたが、Gさんにとっては「太陽」の世界ですから、介護に関しては何も心配することはなさそうですよ。

G：安心しました。

AKO：自分自身の身体と心の健康を取り戻すことを第一に考え、リセットができたら、目標に向かってくださいね。

G：今後の方向性が見えてうれしいです。ありがとうございました。

彼との出会いの意味が知りたいです。

H：4年前に知り合い、昨年の12月まで交流があった男性の正体を知りたいです。

AKO：どんな人だったんですか？

H：語学に堪能で、IQが高く、私に法的なアドバイスなどもくれて助けてくれました。ただ、実際に会うことはありませんでした。今思えば、名前や年齢、国籍も定かではなく、生い立ち、親の介護、病気など、いろいろな話をしましたが、すべてが作り話だったではないかと感じ、疑心暗鬼に駆られています。

AKO：実際に会うことはなかったとなると、特殊な関係のように思えますね……。その男性との出会いが、Hさんにどんな影響を与えたのかを知りたいというテーマで占いましょう。Hさんの過去・現在・未来がわかる、スリーカードを使うことにしますね。

①…過去／カップの8
②…現在／ワンドのクイーン
③…未来／カップの9（逆位置）

AKO：まず、【①過去】から見てみると、「カップの8」ですね。これは信じていたものがすべて幻想だったと気づき、新しい価値観に目覚めたときに出るカードです。

H：そうなんですね。

AKO：はい。また、カップは聖杯とも呼ばれ、感情や愛情を表します。「カップの8」が出たということは、Hさんはその男性のことが本当に好きだったのでしょう。だからこそ、信じていたものがすべて幻想だったと気づいた後でさえもまだ心を捕らわれていて、彼へのこだわりが抜けないんだと思います。

H：そうかもしれません。

AKO：「カップの8」は過去を意味するカードでもあるので、心残りが解消されない状態ということを示しているのでしょう。

H：今でも彼のことを考えてしまうからですかね。

AKO：そうですね。Hさんは人に対して深い愛情をもっているんだと思います。愛に対してクールであれば、自己防衛本能が勝って、相手を疑う気持ちが出てくるので、深みにはまる前に踏みとどまることができるんです。でも、純粋に愛を求めている場合だと、疑うことを良しとしないため、騙されてしまうことがあるんです。

H：たしかに、騙されてしまったのかもしれません。

AKO：Hさんの場合、実害には至っていないということですよね？　Hさんの真摯な愛が相手に届いていたからこそ、Hさんのことを騙し切れなかったのかもしれませんね。

H：実害はなかったですね。

AKO：本当に良かったです。【②現在】

の位置には、「ワンドのクイーン」が出ていますね。これは戦う女性の象徴みたいなカードです。ピンチのときには何としても大事なものを守ろうとする"女の底力"というイメージがあります。

H：格好いいカードですね！

AKO：そうなんです。Hさんを表しているカードでもあるんですよ。

H：今回のことに限らず、トラブルに遭遇しても、もがき苦しんでいるうちに気づくと乗り越えていて、さらにステップアップしていることがあるのですが、「ワンドのクイーン」はそういうカードなのでしょうか？

AKO：まさにそうですね！　ステップアップ力がすごくあるのは確かです。戦闘的であり、なおかつ情緒的な面も強いから、ミステリアスな男性に魅力を感じて、引き寄せられてしまったのかもしれません。ただ、それは過去のことで、現在は自分を取り戻しつつありそうですね。

H：なるほど。

AKO：それでは【③未来】を見てみましょう。「カップの9（逆位置）」のカードが出ました。【①過去】の「カップの8」で真の望みに気づき、「カップの9」で満たされる流れですが、逆位置ですので一連の流れを一度終了させることが必要なのでしょう。そうすることで幸せな未来へとつながっていくことができると考えます。

H：逆位置だとカードの意味が変わるんですね。

AKO：そうなんですよ。このカードで注目すべき点は、逆位置になっているた

め、カップがすべて下向きになっているという点です。これはカップの中に入っていた水はもう腐ってしまったので、全部捨てたという意味になります。

H：絵柄が逆さまになっていて、まさにそんな感じがします。

AKO：絵柄から読み解くこともあるんですよ。カップが正位置で上向きなら、中身がそのまま入って満たされた状態という意味になるので、宝物としてキレイに並べてコレクションしても良いという意味になるのですが、逆位置でカップが下向きの場合は、腐った中身を捨てて、カップが空になっているから、積極的にリセットしていこうと言う意味になるんです。

H：いつまでも彼の思い出にしがみついてはいけない、思い出は捨てろということですか？

AKO：そうですね。そもそも彼との思い出は実体のないものばかりですよね？　彼の正体は定かではないけれど、心が通い合ったと感じているから忘れられないんだと思います。宝物のように大事にしたい気持ちはわかりますが、思いを断ち切る勇気をもって欲しいのです。そうしないと次の幸せはやってきません。

H：実際に会ってはいないので、実体のない思い出ばかりですね……。心が通じ合ったと感じたのは、幻想だったんでしょうか？

AKO：Hさんもわかっていらっしゃると思いますが、感情ってなかなか割り切れないものですよね。だけど、どこかで区切りをつけないことには先に進めない

んです。だってHさんは、まだ40代ですよね。これから先の人生は長いので、1ヵ所にとどまっているのはもったいないです。過去の人のことを気に留め、"尊敬したい"という気持ちがあること自体、その彼に今もなお心がもっていかれているということなんですよ。そんな状態では、新しい出会いは絶対に訪れません。

H：そうなんですか……。

AKO：そもそも、人って良い面と悪い面があって当たり前なんです。良い面しか見えないのはおかしいんですよ。私はよく、相手の背中に惚れるな、相手の才能に惚れるなと、人にアドバイスをします。背中や才能に惚れるっていうのは、相手の実態を見ずに、自分の理想を反映しているのと同じこと。それって芸能人や二次元の人に恋をしているのと同じなんです。

H：そうですね。良い面しか見えていなかったです。

AKO：【③未来】をもう一押しして欲しい感じがしましたので、【アドバイスカード】を引いてみましょう。

アドバイスカード
ワンドの
ナイト

AKO：【アドバイスカード】は「ワンドのナイト」が出ましたね。これは、未来にまだ見ぬパートナーが待っている可能性が高いということを表します。だから、過去の人にこだわるのはもうやめましょ

う。その人はもう死んだと思って、思い出と一緒に心の中の墓に埋めてください。まだ生きていると思ってしまうと、今もなお愛情を注いで、心がつながってしまうんです。

H：心の墓に埋める……。具体的に私は何をすれば良いのでしょうか？

AKO：まずやるべきことは彼のメールアドレスを処分することですね。そして、彼とのさまざまなやりとりもなかったことにするんです。メールなども捨てましょう。人間というのは本当に不思議なもので、そうでもしないと、実体がない人が、空想でいつまでも存在してしまうんです。実際に会ったことがない彼のことについて思いを巡らすのは、ずっと脳内でその人の存在を作り上げて、一方的な思いで自己完結してるのと同じです。なので、現実の出会いを遠ざけてしまいます。

H：今さら、彼は何者だったのか知りたいというのは、おかしなことなんですね。

AKO：そうです。客観的に見たら、彼はフィクションの存在で実在とは言い難いですから引きずるだけ損です。実態のない過去にとらわれていたら、心が閉ざされたまま閉じ込められてしまいます。少し言葉はきついかもしれませんが、心にスペースがないと何も入ってきませんから傷つくことを恐れないで、現実世界でリアクションのある豊かな出会いを求めて。過去を過去として区切りをつけたなら、きっとすぐに出会いはやってきます。

H：彼のことは忘れて、次に目を向けようと思います！

カードの写真を撮って、
お守りにしてみませんか

　私は鑑定した人に、最後にカードを1枚決めて、それを教えています。相談者にそのカードの写真を撮ってもらい、お守りにするようおすすめして、とても喜ばれているのです。

　あなたも1人占いをしたあとに、1枚選んで、写真を撮ってはいかがでしょうか？　そのときのスプレッドに出てきて、とても励まされたカードでも良いですし、アドバイスカードとして新たに1枚引いたカードでもかまいません。あるいは、「今、行動力が必要だから『戦車』のカード」「希望をもち続けたいから『星』のカード」というようにキーワードで選んでも良いでしょう。

　その他にお守りにするのにおすすめのカードをお知らせします。

　まず、小アルカナの各エースです。エースは、そのエレメントのパワーを最も純粋な形で表現しています。ですから、今の自分に情熱や行動力が足りないと思うときは「ワンドのエース」、コミュニケーション力を上げたいときは「ソードのエース」、人と温かい気持ちを交わしたいときは「カップのエース」、現実的になりたいとか金運・物質運のお守りとしては「ペンタクルのエース」ということです。

　パートナーが欲しいときは、各スートのコートカードから好みのタイプを選んでは？　恋人や伴侶との円満な関係のお守りとしては、「カップの10」「ペンタクルの10」も良いでしょう。

　写真にすれば、カードをいつでもすぐに見ることができます。折にふれて眺めることで、パワーが湧いてくると思います。占いのアドバイス位置に出たカードを撮っておくと、アドバイスの内容を忘れにくくなる、現実の出来事と照合しやすくなるという利点もあります。

リーディングを
上達させる考え方

読み解きの
コツ

リーディングのコツ

✓ **初めからスプレッド全部を読もうとしなくてOK！**
　……全体的に見たときに、
　　自分が気になったカードから読みましょう

　複数枚のスプレッドの場合、カードを置き終わったらすぐに、①から順に見ていこうと思うでしょう。でも、すべてオープンしたときに、目に飛び込んでくるカードがあると思います。印象的な大アルカナ、意味が頭に入っているカード、質問とぴったり符合するような絵柄のカードなど、訴える力の強いカードから、順を問わず読み始めてもOKです。

✓ **自分が気になる部分にフォーカスしてOK！**
　……カードに描かれている事柄と、
　　質問のテーマを自由に結びつけて

　「私は○○によく目が行く」という傾向はありませんか？　P83でふれたように、カードの印象から気になった部分を、自分自身の感性に従って読んでみましょう。たとえば、絵柄の下部分にフォーカスすると、人物が置かれている場所が危険な崖なのか、荒れている水面なのか、はたまた雲の上なのか……。その状況が、必ず質問に対する答えのヒントになっているのです。

✓ **「偶然」をおもしろがってOK！**
　……その偶然には
　　重要なメッセージが隠されているはず

　親子問題を占って、母性を象徴する「女帝」と父性を象徴する「皇帝」が並ぶようなシンクロはよく起こります。カードは相談した内容に合わせて出るのです。戦っている人物は自分、休んでいる人物は相手……など、偶然は必然だと思って見てくださいね。もちろん人物だけではなく動物やモチーフにも必ず意味がありますから、ゲームのように連想を楽しんでください。

☑ 解説書を読んだままイメージしてOK！

……読みながら占っていくうちに、いつのまにか自分なりに理解できます

　カードをオープンしたら、本の中から相談の内容に当てはまる言葉を探してピックアップすることから始めてください。「Aを選んだなら『不安』で、Bを選んだなら『調和』か」という具合に毎回読んでみてくださいね。

　続けていると、解説を何度も見ることになり、同じキーワードを繰り返し読むことになります。無理に暗記しようとしなくても、実際に占いながら解説を読んでいれば、自然とカードの象意が出てくるようになっていくでしょう。

　解説を読んで、もっと状況にぴったりの表現はないだろうかと感じたら、第二段階。カードのストーリーを、状況に照らし合わせて想像をふくらませてください。

　カードのおおもとのイメージに立ち返ることで、よりしっくりと感じる答えを見つけられます。たとえばワンドの7のようにキーワードの「立場を維持する」だけではピンとこなかったとしても、ストーリーを理解することで「優位な状況だからこそ、うまく立ち回れというアドバイスなんだ」ということがわかるでしょう。それを自分の状況に当てはめてみると、答えにつながっていくはずです。

　カードの意味を覚えることに固執せずに、解説を読みながら考えてOKです。ただし「ここには自由と書いてあるけれど、しっくりこない」と立ち止まらず、「気楽な雰囲気という意味での自由かも」など、連想を続けましょう。

　５Ｗ１Ｈで考える手もあります。５Ｗ１Ｈの「いつ・どこで・誰が・何を・なぜ・どうやって」を使い、解説を読みながら、ゆっくりと「これは誰？」「これは何？」と問いかけてみましょう。頭の中で、カチッとつながる瞬間が訪れると思います。

　抽象的な言葉は、辞書を引いたりインターネットの検索に頼ったりしても良いでしょう。また、知っている言葉も本来の意味とずれて覚えていることもあります。結果にピンとこない理由は、言葉の意味を間違えている可能性がありますから、調べることには時間を惜しまないでください。

　カードの解説にあるフレーズは、「土台」「基本」です。そこからまるっきり違う意味にしてしまっては意味がありませんが、基本解釈をもとにしているなら、表現方法はどのようなものでも良いのです。時代に合った言葉や、方言のほうが腑に落ちるなら、そのほうが良いということ。あなたの人生経験や知識、普段使っている言葉を駆使してカードの意味を言語化し、理解していきましょう。

**プロの占い師も初めは同じ。
とにかく回数をこなしていくうちに、
だんだんとわかるようになります。**

☑ 自分なりで良いから占い続ければOK！

……それがタロットをマスターするために、最も効果的な方法です

　読み解く力を上げるには、やはり「慣れ」が必要です。タロットカードは占えば占うほど、ぴったりのメッセージを届けてくれるようになりますから、焦らずに楽しんで占っていきましょう。

　カードを引き、解説を読んで、「こういうことかな」と感じて終わりにしても良いのですが、占いの結果を記録していくと、素晴らしいことがあります。

　まだタロットに慣れていない場合は、やはり意味がわかりやすくなるということ。たとえば、「過去：悪魔…心の中の魔」「現状：死神…変わるべきとき」「未来：星…希望」というメモを取れば、絵柄と単語の両方でインプットでき、答えが明確になるでしょう。

　5枚以上のスプレッドの場合は、メモのキーワード同士に矢印や丸印、関連性など相関図のように書き入れてみると解釈しやすいかもしれませんね。

　また、記録することで、その後実際に起こった出来事と占い結果を照らし合わせることが簡単になるでしょう。

　そして記録をつけることで、自分の成長を感じられます。

見返すと、その変化に気づくと思います。カードに関連性が生まれた場合も気づきやすいでしょう。同じ質問を占ったときに、前回出たカードが今回も出たならば、そのカードは、より強く何かを伝えようとしていると考えてくださいね。

また、占い結果を受けて「こうしよう」と決意したことを忘れにくくなるでしょう。

P303に「リーディング力を高める特訓用シート」をつけましたので、ぜひ活用してください。「行動してみること」を書くことで意欲が湧くでしょうし、実行頻度もぐんと高まるでしょう。

このシートに書き切れないときや、もっといろいろ記録したいという場合は、専用ノートを作ってもOKです。ただし、欄を埋めることやノートをきれいに作ることが目的とならないようにしましょう。カードの意味が一言で腑に落ちる日もあれば、悩みや起こった出来事をたっぷり書く日があっても良いはずです。

Point

占ったことをノートや写真で記録しておくと GOOD！

☑ **スプレッドは覚えなくてOK！**

……「ワンオラクル」を 繰り返すことでも占えます

　複雑な悩み、シリアスな問題には「ヘキサグラム」「ケルティッククロス」「ペンタグラム」のスプレッドがおすすめですが、慣れないうちは「ワンオラクル」を繰り返すという手があります。つまり、質問を小分けにするということです。

　たとえば、「出会いがないが、婚活をしたほうが良いか？」という質問の場合、最初に「私は本当にパートナーを求めている？」と１枚引く。次に「では、すぐ婚活を始めたほうが良い？」、さらに「これまで真剣になれなかったのは、何が原因？」→「それは過去の相手を引きずっているから？」→「周りに協力者はいる？」というように、潜在意識や現状、過去、障害、周囲の環境について、１つずつ聞いてみるのです。ケルティッククロス・スプレッドなどと同じこととなり、深い解釈が可能になります。

　「ワンオラクルだと大雑把にしか占えない」ということではありません。ワンオラクルこそ基本的で、本質を突く占い方なのです。

　ただ、質問の仕方は思いつきで重ねていくのではなく、

前の質問の結果を受けて発展させたり、別の側面を聞いたりする必要があります。あらかじめ、質問例を書き出しておくと、混乱しないという意味で良いかもしれません。

　1つの悩みに対して関連する事柄を聞いていくため、1つの山から次々と引いていっても良いでしょう。ですが、質問の数が多くなる場合は、「ワンオラクルの積み重ね」ですから、質問のたびにカードを戻してシャッフルするのがおすすめです。

　このように、ワンオラクルを繰り返して、質問を深めていくことに慣れると、2枚以上のスプレッドで占うときにも役立ちます。P221の「ツーカードのそれぞれにさらに1枚ずつ加えて未来を読む」の発展形です。複数枚のスプレッドで展開し、その結果を受けて新たな質問を立て、その隣にもう1枚アドバイスカードを引く、または他のスプレッドを展開する。そんなコンビネーションも可能なのです。

Point

「ワンオラクル」でも、質問を重ねていくことで
深い解釈ができます。

☑ **好きなことをイメージすればOK！**

……カードを見て感じたことが正解です

　本書はもとより、どの本やサイトにも「自分なりの解釈で良い」とあります。とはいえ、誰も「その読み方で合っている」と診断してくれるわけではありませんね。自分に都合良く解釈してしまっていないか、ずれていないかと心配になることもあるでしょう。

　不安を覚えながら診断することは、自分の心やカードを信頼していないということ。あなたがカードから受け取ったことが「正解」だと信じてください。そこに「間違い」などはありません。自信をもつようにしましょう。

　では、メッセージの受け取り方について、いくつかヒントをお知らせします。

　繰り返しになりますが、まずは「第一印象」です。ツーカード以上のスプレッドの場合、全体を俯瞰して、第一印象を言葉にしてみてください。「全体的に派手で動きがある」や、「苦しそう」など、素直な感想でOKです。

　そして、絵柄の偏りや数字に注目を。たとえば、「大アルカナが多く、インパクトがある。この問題は大事なのかも」「コートカードが目立つ。関係者が思ったよりいるの

かな」「たくさんのワンドやソードが出ていて、後半の番
号ばかり。この物事は初期の段階ではなく、終わりに近づ
いているのだろうか」など。実際に、込み入った悩みには
さまざまなカードが出る傾向があり、シンプルで結論も明
確な悩みにはカードがスッキリと並ぶものです。

　次に絵柄の細部に注目します。人物が複数描かれたカー
ドの、どれが自分なのかを想像してください。「恋人」に
は男女と天使が、「悪魔」には男女と悪魔が描かれています。
自分が男女のどちらかなのか、天使や悪魔のように２人を
見ている立場なのか。この主体の決め方でも、それぞれ解
釈が異なります。自分が女性だから「女帝」などは自分で、
男性の絵は相手を示すとは限りません。老若男女、動物や
想像上の生物を問わず、あなたの姿や相手の姿だと感じた
ら、それで解釈を進めてかまいません。

　背景の空１つをとっても、晴天、雲が多い、夜の闇、黄
色い背景などがあります。「よく晴れていて見通しがきく」
「暗い中に１人でいる」なども言葉にすれば、質問の答え
とシンクロしていくでしょう。

Point

質問のテーマによって連想をふくらませていくと、
自分だけの正解にたどりつきます。

☑ 逆位置は読まなくてOK！

……難しく感じるなら
正位置の解釈だけで十分です

　逆位置の「読み解き方」についてはP27でもふれています。正位置の意味に対して、「別の角度から見るとこうなる」「時間がかかる」「過剰、または不足していることを表す」「異なる方向に動いている」「表面化していない」と解釈に幅があることを紹介しました。たくさんあるので迷ってしまうかもしれませんね。また、「過剰」と「不足」は相反しますし、「時間がかかる」と「異なる方向に動いている」も、動いているのか止まっているのか、どっちを取れば良いのかわからないと思うこともあるでしょう。

　逆位置も正位置同様、1枚ずつ解説書を読んで、状況に合いそうなキーワードの抽出から始めてください。それでもわかりにくいと感じたら、逆位置でも「正位置の意味」で解釈して大丈夫。逆位置であることよりも、どのカードが出たかが優先されるからです。基本は正位置の意味でとらえ、それが100％ではなく、何らかのひねりが加えられていると、逆位置の意味を受け取ると良いでしょう。

　占う前に「逆位置は見ない」と決めてシャッフルすれば、逆位置となったカードを正位置に戻してしまってOKです。

　ただ、逆位置を採用するつもりでシャッフルし、オープンしてから、「やっぱり見ない」と心変わりするのは避けたほうが良いでしょう。

　逆位置の興味深いところは、絵柄の印象が変わることと、意味が少し変わってメッセージが増えることです。

　どっしりと座っている人物は、逆位置となると不安定に見えますし、「吊るされた男」は苦しさが減り、頭の光が目立って見えます。頭上に輝いていた星や月、太陽は「下にある」「沈む」という印象になり、カップに満たされていたものはこぼれるように感じるでしょう。

　キーワードにしても、崩壊の意味の「塔」は、逆位置なら「崩壊を目の前にして茫然としていても、次は再生に向かっていく」となり、１枚のカードの意味が広がります。

　正位置の読み取りに慣れ、もっと細かいニュアンスが読みたくなったら、逆位置も採用してください。タロットの奥深さにますますはまることでしょう。

Point

**慣れるまでは正位置のみで解釈したほうが簡単。
占う前に「逆位置を採用する・採用しない」の
どちらかを選ぶのは自由。**

☑ 「タロットに何を聞くか」もタロットに聞いてOK！

……タロットは
あなたの本心を知っています

　質問を絞り込まなくては、と考えて文にしてみるものの、どれもどこかずれている気がすることがあるでしょう。複雑な背景があって、どこから質問を切り出したらいいか迷うとか、逆にすべてが霧の中で、「何に悩んでいるのか、自分でもわからない」という場合もあります。さらに、占おうとしたところで、「私は本当にそのことを解決しようと思っているのか」と疑問が湧くこともあるでしょう。

　気持ちが定まるまで、または状況に進展があるまで「待つ」という選択も考えられますが、今の気持ちそのものをタロットに聞く手があります。「私が今、求めているものは何ですか？」「今、どういう聞き方をしたら、私はこのもやもやから抜け出すことができますか？」などと質問して、ワンオラクルで占うのです。

　シャッフル＆カットをしたカードを1つの山にまとめます。山に手をのせ、カードを横に引いて、横1列に広げます。そこから好きなところでパッと1枚引いてください。そのカードが示すことをもとに、質問を立ててみましょう。

　たとえば、「太陽」の正位置が出て、「今求めているもの

は、自分らしさを取り戻すことだ」と示されたなら、次に
シャッフルをし直し、「この問題で、自分らしさを取り戻
すためにできることを教えて」という質問で占う、という
具合です。

　キーワードを質問の中に取り入れても良いでしょう。「正
義」のカードには、「後悔しない選択」というキーワード
があります。「正義」が出た場合、スプレッドを使って聞
く質問では、「この悩みについて、後悔しない選択をする
ためのアドバイスをください」としてみるのです。

　小アルカナのスートの意味で質問を具体的にできる可能
性もあります。ワンオラクルでペンタクルが現れ、「私が
最も知りたいのは、トラブルの中の物質的な問題だ」と気
づいたならば、お金や物にからむ質問を立てて、占ってみ
てください。カップが出たら、「その問題に対する感情に
ポイントがある」ということです。

　今のあなたの心が映し出されたカードから、問題の核心
に迫ることができます。そして、悩みの中でも優先順位の
高いポイントを取り出すことができるでしょう。

Point

**悩みの具体的な原因がわからないときや、
悩みが複雑で１つの質問にできないときは、
タロットに自分の心を映し出してもらいましょう。**

☑ 納得できない結果になってもOK！

……「アドバイスカード」が助けてくれます

　「納得できない結果が現れた」ということは、占う前に「こういう結果になったら良い」と期待していたということです。「この片思いは実る」と言って欲しかったのに、「悲しみ」や「孤独」を意味するカードが出て、気持ちが暗くなるというケースなどが考えられます。

　「愛されます」という結果なら安心し、「少し時間がかかります」とか、「こうすればもっと愛されます」までが許容範囲で、「恋成就の可能性は低い」と読めるカードは受けつけたくないという心理状態。これは、自分の願いに、占いの結果を合わせようとしているわけです。そして、望む答えが決まっているなら、占う必要性があるのか、とそもそもの疑問が湧きます。

　結果の位置のカードを見てガッカリしたときは、自分の本音を分析してみましょう。そして、欲や予測の入り込まない未知の面を聞く質問に変えてみてください。本来なら、どんなカードが出ても、「そこに今必要なメッセージがある」ととらえるべきなのですから。

　それでも、結果のカードの意味がピンとこないという場

合は、アドバイスカードとして、もう１枚引きましょう。「もう少しアドバイスが欲しい」と言って、残ったカードの山から１枚を選びます。ヘキサグラム・スプレッドの⑦やケルティッククロス・スプレッドの⑨など、最初から「アドバイス」の位置があっても、もう１枚加えてかまいません。

それも腑に落ちない場合は、質問を少し変えてもう１枚。ただし、そこまでにしてください。解説ページの「アドバイス」の項目には励ましのフレーズが並べられていますから、それを素直に受けとめ、ポジティブな心理状態を取り戻しましょう。

アドバイスカードを引くとき、残ったカードの山から引いて良いのか、一度すべてをまとめ、シャッフルしてからが良いのかと質問されることがあります。結果についての解釈の仕方について助言を求めているのですから、展開した内容と密接に関係する事柄ととらえ、残った山の一番上、または任意の場所から選んでOKです。

Point

一見バッドエンドでも、
アドバイスカードの解釈によって道が開けます。

✓ 自分の考えや状況とカードが示すものの結果が違ってもOK！

……悩み解決のヒントは
必ずそこにあります

　金銭的に苦しく、改善の方法を質問したのに、現状の位置に「豊かさ」を示すカードが出る。真剣に悩んできたのに、過去に「気楽さ」や「幸福」のカードが出る。恋人に浮気の兆候はまったくないのに、第三者の存在がうかがえるようなカードが出る……こんなふうに、現実とイメージを結びつけにくいとき、「当たっていないんじゃないか」と疑問が頭をよぎると思います。

　P284で、「結果の位置のカードが読み取りにくい」と感じるときはアドバイスカードを加える方法を紹介しました。一方、「過去」や「現在」など途中の項目で解釈しにくいカードが出た場合は、「結果の位置」とは違います。過去や現在に「もう1枚加えて、別の結果を導く」のは混乱のもとです。

　結果以外のプロセスでは、現れたカードを信頼して、そのまま読んでいくようにしましょう。「○○を意味するカードが○○に出ているが、これはどういう意味だろう？」とカードや解説を見ながら、よく考えてみてください。

　その考える時間が、あなたの思い込みや先入観を振り払

い、思考をフラットにするチャンスなのです。

　もしかしたら、自分が100％の被害者だと思っていた過去は、実はそうではないかもしれません。「お先真っ暗」な状況でも、光が差し込んでいたことを思い出したり、救いの手が差し伸べられていたりするかもしれません。

　その場では、カードの意味がまったくわからなくても、記録しておいて、後で見直せば、「このことだったか！」と気づく可能性もあります。

　このように柔軟さや客観性を手に入れられるのも、タロット占いの醍醐味と言えるでしょう。

　最後に、「未来」のカードが意外な物だった場合ですが、この未来は絶対に訪れるものではないのです。今、この状態のまま進めば、こうなるという可能性の１つです。占いの結果を受けて、より幸せな自分になるために行動を起こせば、当然「未来」は変わっていきますよ。

Point

自分の固定観念を振り払うチャンス。
タロットは必ず正しいメッセージを伝えています。

応用編 Q & A

どうしたら当たるようになりますか？

　カードには必ず答えが出ますから、本当は「当たっている」のです。たとえば失恋したのに幸せな雰囲気なカードが出た場合、実は傷ついていなかったとわかります。本人でさえ気づいていない感情もカードは示してくれるのです。自分の思い描いたシナリオ通りの結果をカードが出してくれると期待しないこと。素直な気持ちで読んでみて。

人を占って「当たってない」と言われてしまったら？

　本人に追加でアドバイスカードを引いてもらうと、最終的に明確な結果を出せるかもしれません。また、自分の先入観で鑑定していなかったか考えてみてください。友だちや家族の場合は相手をよく知っているからこそ、初対面の相手であれば少ない情報から、悩みや気持ちを一方的に想定し、勝手にフィルターをかけているかもしれません。

自分の読み方がマンネリになっていそう。もっと深く読むためには何をしたら良い？

　キーワードが頭に入り始めると、その言葉とだけカードを結びつけることが増え、「これで良いのか」と思うことがあります。カード名で検索し、さまざまな解釈を見てみましょう。覚えた言葉の類語を調べてみるとか、語彙を増やすための読書も良いと思います。タロット友達をつくって切磋琢磨することもおすすめです。

カード引くのは山の1枚目ではなく、
好きな場所からでも良いですか？

　カード付属の説明書に記載があればその方法が最優先ですが、好きな方法で引いて大丈夫です。人によってスタイルが違いますし、山の上から6枚は捨てて7枚目から使うという人もいます。トランプのように横に直線に広げて、直感で1枚ずつ引いていくという方法も。気分で変えても問題ないですし、無理に変える必要もありません。

オリジナルスプレッドを
作っても良いのでしょうか？

　自分の好きなように作ってください。定番スプレッドにさらに項目を加えたり、枚数の多いスプレッドの一部分を抜き出したり。ただし、結果やアドバイスという重要な項目ははずさないほうが良いでしょう。スプレッドという形をとらずに、1枚ずつ「これは過去」「次は現在」と決めて引くというワンオラクルを変化させた方法もおすすめです。

タロットは占星術や数秘術など
他の占いと関連性がありますか？

　タロットは、さまざまな要素とつながって意味ができています。星座や惑星、数字とカードの対応も諸説あり、他の占いとも関連していますが、イコールの関係とは言い切れません。タロットをきっかけに興味を抱くことがあれば、ぜひ他の占いも学んでみてください。知識が増えることで、より深くタロットを楽しむことができるでしょう。

占いをするときに
音楽をかけても良いですか？

　音のない空間も良いですが、クラシック音楽やヒーリングミュージックなど、自分の好きな音楽をかけると良いですね。イルカの鳴き声や鳥のさえずりもおすすめです。もし音叉やティンシャ（チベットの儀式用ベル）、シンギングボウルを持っているなら、占いの前に鳴らしてみましょう。心が落ち着き、集中しやすくなるはずです。

植物やクリスタル、アロマキャンドルを
置いたほうが良いですか？

　どちらも占いに必要な直感力を上げてくれます。カード付近に移動させなくても、部屋に置いてあれば十分です。植物よりも古くから地球に存在するクリスタルが、視野を大きく広げてくれるはず。アロマキャンドルの炎と香りはエネルギーを高めてくれます。ぜひ天然香料の物を選んで。また、火の取り扱いには十分注意してくださいね。

大勢で楽しむ良い方法はありますか？

　私が実践しているパーティースプレッドがおすすめ。親しい人が集まったときにシャッフルしたカードをテーブルの上にできるだけ平らにし、大きく広げます。そこで参加者が順に引いていきます。同じテーマでも、各人の質問でもOK。ゲームのようですが、人の発想や言葉にふれることでお互いに大いに刺激があるはずです。

プロにタロット鑑定をしてもらうときの
心がけはありますか？

　自分の悩みがはっきりしないと、占いの結果もぼんやりしてしまうので、とにかく「質問を明確にしておくこと」が大事です。自分で占えるようになっても、人に占ってもらうことは良い経験になります。受け身ではなく積極的に質問し、客観的なアドバイスを楽しみましょう。カードに対して新たな視点を得られることもあるはずです。

タロット占い動画の楽しみ方を
教えてください。

　料理にたとえると、基本の手順は同じだとしても、人によってレシピや作り方は違うもの。占いも同じです。人を参考にすることで、自分なりの方法が確立し、上達します。占いができるようになってから他の人の占い動画を見てみると、質問に対しての切り口や、各カードに対しての受け取り方など、さまざまな点が参考になるはずです。

タロット占いをSNSやインターネットに
投稿するときに気をつけることは？

　注意点は他のコンテンツと同じです。個人情報や著作権物の扱いに気をつけること、誤解を招く言葉は使わないこと、人を傷つけたり争ったりしないことです。また、タロットを冒涜するような表現はやめましょう。楽しく発信が続けられるように、誹謗中傷や批判、失礼な人にはどう対処するかを、あらかじめ決めておくと良いでしょう。

大アルカナ
キーワード早見表

	**0** **愚者** 秘められた可能性		**1／** **Ⅰ 魔術師** 価値ある創造
	**2／** **Ⅱ 女教皇** 高次の知恵		**3／** **Ⅲ 女帝** 愛と豊かさの本質
	**4／** **Ⅳ 皇帝** 優れた統率力		**5／** **Ⅴ 法王** 理想・信仰・実行力
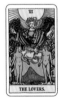	**6／** **Ⅵ 恋人** 幸運の兆し・選択		**7／** **Ⅶ 戦車** 前進する好機
	8／ **Ⅷ 力** 強固な意志・自制		**9／** **Ⅸ 隠者** 内省する・思慮深い

10 /
X 運命の輪

運命的な変化

11 /
XI 正義

冷静な決断・モラル

12 /
XII 吊るされた男

自己犠牲

13 /
XIII 死神

根本的な変容・
秘密の開示

14 /
XIV 節制

循環・保護・調和

15 /
XV 悪魔

本能・衝動・禁忌

16 /
XVI 塔

急激な変化・改変

17 /
XVII 星

恵み・
居場所を見つける

18 /
XVIII 月

不安・不確実・
移ろう心

19 /
XIX 太陽

幸福・新たな創造

20 /
XX 審判

不滅の精神

21 /
XXI 世界

完成と統合・達成

小アルカナ
キーワード早見表

ワンド	
エース	根源的なエネルギー
2	理想の具現化
3	実り多き計画
4	繁栄・安らぎのひととき
5	対立・信念を試される
6	前進・なし遂げる
7	立場を維持する
8	目に見えない力が働く
9	最後まで油断しない
10	重い責任・重圧
ペイジ	情熱的なエネルギー
ナイト	経験値を上げる
クイーン	勝機は確実にものにする
キング	強い意志で周囲を動かす

ペンタクル	
エース	継続は力・幸運の訪れ
2	絶妙なバランスで乗り越える
3	自信を獲得する
4	強い執着・守りに徹する
5	厳しさと向き合う
6	社会貢献・学びを生かす
7	自己価値・目標を見直す
8	才能を育む・着実な成長
9	願望が成就する
10	物事の完成
ペイジ	発展途上・先を思い描く
ナイト	忍耐強く鍛錬する
クイーン	内なる豊かさ
キング	成果の結実・成功

ソード	
エース	社会的認知・主義や主張
2	均衡状態・決心する
3	失意・破綻・刷新
4	休息・心身を充電
5	調和を失った状態
6	再スタートを切る
7	欲に負ける・偽りの態度
8	八方塞がり・独立無縁
9	夜明け前
10	片をつけるとき
ペイジ	天職を求め世界へ飛び立つ
ナイト	勝利を求め突撃・突進
クイーン	厳しい判断・突破口を開く
キング	冷淡で現実的

カップ	
エース	喜び・愛・豊かさ
2	運命的な出会い
3	喜び・豊かな感情・治癒
4	大事なことを見失う
5	ものの大切さに気づく
6	心温まる交流・ノスタルジー
7	非現実的願望と迷い
8	価値観の転換と覚醒
9	心身ともに満ち足りる
10	充足した幸せ
ペイジ	イマジネーション
ナイト	ロマンチックな理想主義
クイーン	献身・愛情・ロマンス
キング	幸運の波に乗る・真の自己実現

タロットと一緒に持ち歩ける
ミニガイド&特訓用シート

ミニガイドの使い方 ※特訓用シートの使い方はP302

切って折って簡単に作れる！

タロットの占い方やスプレッド、カードのキーワードを
さっと確認できる、便利なミニガイドを作成できます。❶～
❸の手順に従ってぜひ作ってみてくださいね！

 コピーする

P297 ～ 301、303を実寸でコピー
してください。

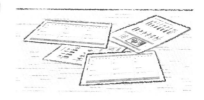

2 切る

外側の線にそって、はさみで切っ
てください。

3 折って箱に入れる

切った紙の点線部分で折ります。
お手持ちのタロットカードの箱に入
れれば、持ち歩けるミニガイドの完
成！ ※テープでとめて冊子のよう
にすると使いやすいですよ。

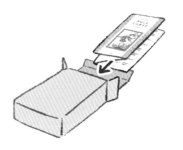

スプレッドの選び方

- シンプルに答えを知りたいとき ⬆ ワンオラクル
- 2つの選択肢で迷うとき ⬆ ツーカード
- 物事の流れを知りたいとき ⬆ スリーカード
- 特定の人との相性を知りたいとき ⬆ ヘキサグラム
- 複雑な問題を整理したいとき ⬆ ケルティッククロス
- 長期的な運気の流れを知りたいとき ⬆ ホロスコープ
- 仕事の状況と未来を知りたいとき ⬆ ペンタグラム

占いの手順

1 占いたいことを具体的に考える

2 スプレッドを決める

3 使うカードを決める

4 カードをシャッフル＆カットする

5 スプレッドの形にカードを置く

6 カードの意味を読む

タロットミニガイド

大アルカナ キーワード一覧①

0	愚者	▶▶	秘められた可能性
1	I 魔術師	▶▶	価値ある創造
2	II 女教皇	▶▶	高次の知恵
3	III 女帝	▶▶	愛と豊かさの本質
4	IV 皇帝	▶▶	優れた統率力
5	V 法王	▶▶	理想・信仰・選択
6	VI 恋人	▶▶	幸運の兆し・好機
7	VII 戦車	▶▶	前進する好機
8	VIII 力	▶▶	強固な意志・自制
9	IX 隠者	▶▶	内省する・思慮深い
10	X 運命の輪	▶▶	運命的な変化

大アルカナ キーワード一覧②

11	XI 正義	▶▶	冷静な決断・モラル
12	XII 吊るされた男	▶▶	自己犠牲
13	XIII 死神	▶▶	根本的な変容・秘密の開示
14	XIV 節制	▶▶	循環・保護・調和
15	XV 悪魔	▶▶	本能・衝動・禁忌
16	XVI 塔	▶▶	急激な変化・改変
17	XVII 星	▶▶	恵み・居場所を見つける
18	XVIII 月	▶▶	不安・不確実・移ろう心
19	XIX 太陽	▶▶	幸福・新たな創造
20	XX 審判	▶▶	不滅の精神
21	XXI 世界	▶▶	完成と統合・達成

ワンド キーワード一覧

エース	▶▶	根源的なエネルギー
2	▶▶	理想の具現化
3	▶▶	実り多き計画
4	▶▶	繁栄・安らぎのひととき
5	▶▶	対立・信念を試される
6	▶▶	前進・なし遂げる
7	▶▶	立場を維持する
8	▶▶	目に見えない力が働く
9	▶▶	最後まで油断しない
10	▶▶	重い責任・重圧
ペイジ	▶▶	情熱的なエネルギー
ナイト	▶▶	経験値を上げる
クイーン	▶▶	勝機は確実にものにする
キング	▶▶	強い意志で周囲を動かす

カップ キーワード一覧

エース	▶▶	喜び・愛・豊かさ
2	▶▶	運命的な出会い
3	▶▶	喜び・豊かな感情・治癒
4	▶▶	大事なことを見失う
5	▶▶	ものの大切さに気づく
6	▶▶	心温まる交流・ノスタルジー
7	▶▶	非現実的願望と迷い
8	▶▶	価値観の転換と覚醒
9	▶▶	心身ともに満ち足りる
10	▶▶	充足した幸せ
ペイジ	▶▶	イマジネーション
ナイト	▶▶	ロマンチックな理想主義
クイーン	▶▶	献身・愛情・ロマンス
キング	▶▶	幸運の波に乗る、真の自己実現

ソード キーワード一覧

エース	▶▶	社会的認知・主義や主張
2	▶▶	均衡状態・決心する
3	▶▶	失意・破綻・刷新
4	▶▶	休息・心身を充電
5	▶▶	調和を失った状態
6	▶▶	再スタートを切る
7	▶▶	欲に負ける・偽りの態度
8	▶▶	八方塞がり・独立無縁
9	▶▶	夜明け前
10	▶▶	片をつけるとき
ペイジ	▶▶	天職を求め世界へ飛び立つ
ナイト	▶▶	勝利を求める突撃・突進
クイーン	▶▶	厳しい判断・突破口を開く
キング	▶▶	冷徹で現実的

ペンタクル キーワード一覧

エース	▶▶	継続は力・幸運の訪れ
2	▶▶	絶妙なバランスで乗り越える
3	▶▶	自信を獲得する
4	▶▶	強い執着・守りに徹する
5	▶▶	厳しさと向き合う
6	▶▶	社会貢献・学びを生かす
7	▶▶	自己価値・目標を見直す
8	▶▶	才能を育む・着実な成長
9	▶▶	願望が成就する
10	▶▶	物事の完成
ペイジ	▶▶	発展途上・先を思い描く
ナイト	▶▶	忍耐強く鍛錬する
クイーン	▶▶	内なる豊かさ
キング	▶▶	成果の結実・成功

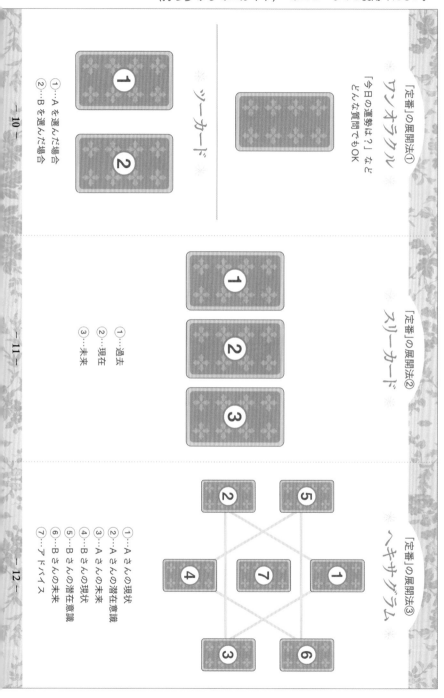

〔定番〕の展開法①

ワンオラクル

「今日の運勢は？」など
どんな質問でもOK

✳ ツーカード

①…Aを選んだ場合
②…Bを選んだ場合

〔定番〕の展開法②

スリーカード

①…過去
②…現在
③…未来

✳ ヘキサグラム

〔定番〕の展開法③

①…Aさんの現状
②…Aさんの潜在意識
③…Aさんの未来
④…Bさんの現状
⑤…Bさんの潜在意識
⑥…Bさんの未来
⑦…アドバイス

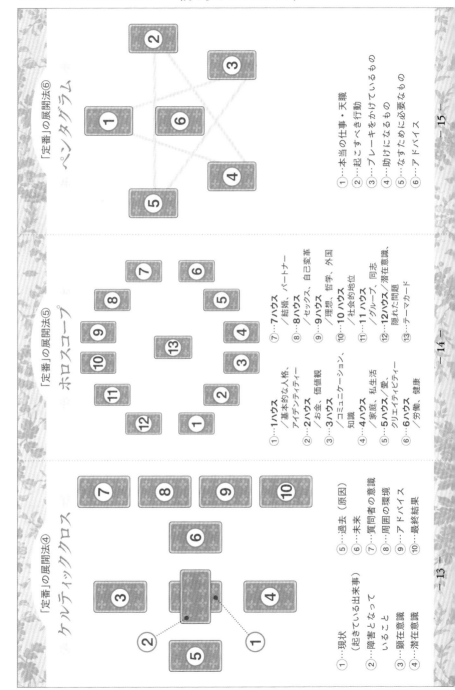

「定番」の展開法⑥
ペンタグラム

①…本当の仕事・天職
②…起こすべき行動
③…ブレーキをかけているもの
④…助けになるもの
⑤…なすために必要なもの
⑥…アドバイス

「定番」の展開法⑤
ホロスコープ

①…1ハウス
　／基本的な人格、アイデンティティー
②…2ハウス
　／お金、価値観
③…3ハウス
　／コミュニケーション、知識
④…4ハウス
　／家庭、私生活
⑤…5ハウス／愛、クリエイティビティー
⑥…6ハウス
　／労働、健康
⑦…7ハウス
　／結婚、パートナー
⑧…8ハウス
　／セックス、自己変革
⑨…9ハウス
　／理想、哲学、外国
⑩…10ハウス
　／社会的地位
⑪…11ハウス
　／グループ、同志
⑫…12ハウス／潜在意識、隠れた問題
⑬…テーマカード

「定番」の展開法④
ケルティッククロス

①…現状
　（起きている出来事）
②…障害となっていること
③…顕在意識
④…潜在意識
⑤…過去（原因）
⑥…未来
⑦…質問者の意識
⑧…周囲の環境
⑨…アドバイス
⑩…最終結果

－13－　　　　－14－　　　　－15－

301

特訓用シートの使い方

タロット占いをした後に、特訓用シートを記入しましょう。

記録することでリーディング力を鍛えられます。

記入例1
スプレッド：ワンオラクル

カップの2

記入例2
スプレッド：ツーカード

ワンドの8　　　　カップの10
(逆位置)

記入例3
スプレッド：ヘキサグラム

教皇　　　死神(逆位置)
(逆位置)　　　　　　カップのキング
　　　　　　　　　　　(逆位置)

　　　　　　ワンドの9

ワンドの2　　　　カップのペイジ
　　　　　　　　　(逆位置)

カップのナイト(逆位置)

2023年 5 月 21 日 7 時 30 分

Q ▶ 今日は良い1日に
なりますか？

解釈 ▶ ステキな1日になりそう。
運命的な出会いをするかも!?

気づいたこと
男女が向き合って、
まさに今恋に落ちたようなカード。

行動してみること
今日は家で過ごすのではなく、
外出してみる。

2022年 12 月 28 日 10 時 00 分

Q ▶ 年末は、実家と義実家の
どちらへ先に行くべき？

解釈 ▶ 実家へ先に行く場合、何
らかのトラブルが起こる予感。義
実家の場合は、穏やかに過ご
せて、親睦を深められそう。

気づいたこと
カップの10は幸せそうな家族が
描かれている。

行動してみること
年末は義実家の家へ
先に行くことを夫に相談する。

2023年 7 月 1 日 17 時 00 分

Q ▶ 子どものテスト結果が悪
かった。私は何をすれば良い？

解釈 ▶ 自分の現状は希望が見
出せない状態。子どもは空回り
して障害に直面。行動を顧みる
必要がある。

気づいたこと
カップ3枚が逆位置。2人の
気持ちがリンクしていると思った。

行動してみること
子どもが今回の失敗を
次に生かせるよう、静かに見守る。

 特訓用シートを書き終えたら

　占ったカードの横に、特訓用シートを置い
て写真を撮りましょう。結果と書き込んだこ
とをすぐに見返すことができるので、リー
ディング力がさらにアップしますよ！

※コピーしてご使用ください。　〈特訓用シート〉

年　月　日　時　分

Q▶

解釈▶

気づいたこと

行動してみること

年　月　日　時　分

Q▶

解釈▶

気づいたこと

行動してみること

年　月　日　時　分

Q▶

解釈▶

気づいたこと

行動してみること

著者／森村あこ（もりむら あこ）

西洋占星術研究家、ホロスコープカウンセラー、ストーンセラピスト、アロマセラピスト。
西アジア、古代オリエントの古代史に造詣が深く、文化人類学、古代文化の研究
に定評あり。シンボルや図象を読み解くのを得意とする。趣味は、世界遺産や考古
学的遺跡の散策。深層心理への深い理解に基づく悩み相談で、多くの人々を勇気
づけ、女性の自立支援や活躍へのサポートなど、幅広く活動を行う。るるぶWebに
て「森村あこの週末占い」連載中。著書に『アルケミア・タロット』『はじめてでも
よくわかる タロット占い入門』（実業之日本社）、『いちばんやさしい オラクルカードリ
ーディングの教科書』（ナツメ社）など多数。
公式HP：https://akoako.hatenablog.com/

カバー・本文デザイン	菅野涼子（説話社デザイン室）
DTP	苅谷涼子
編集協力	千木良まりえ、黒沢真記子、伴野典子、大倉瑠夏（説話社）、 藤沢千穂子、吹上恵美子、冨田聖子、白鳥紀久子
イラスト	cake

78枚のカードの意味から、深く占うリーディングまで
タロットの教科書

2023年10月20日発行　第1版

著　者	森村あこ
発行者	若松和紀
発行所	株式会社 西東社
	〒113-0034　東京都文京区湯島2-3-13
	https://www.seitosha.co.jp/
	電話　03-5800-3120（代）

※本書に記載のない内容のご質問や著者等の連絡先につきましては、お答えできかねます。

ISBN 978-4-7916-3196-4